社会秩序の関係性と国家・地域・私

石井英朗 著

社会評論社

社会秩序の関係性と国家・地域・私＊目次

第一編　国際関係と平和経済

第一章　共同体と権力

一　はじめに

　平和経済の検討は魅力的で豊富な課題に充ち、時代の要請にも応えるテーマである。

　近代から現代に至る世界史の主要な動静を吟味するなら、19世紀が平和の時代だったのに対比して、18世紀と20世紀の前半は戦争の時代だったといってもよい。このことは、平和のシステム＝自由の秩序というものが、巨視的な歴史の進展のなかで、資本主義的商品経済社会における資本蓄積機構の国際的関連との深いかかわりを象徴しているものと予測できる。

　人類の経済生活はもともと平和を予定している。「不分割の生産手段に不分離の生産者の集団が、不可分にむすびついている」（中村吉治）ことを本質的要件として成立してきた前近代社会における共同体においても、たとえそれが身分秩序に守護されていたとしても、社会内的には、平和のシステムが、社会の経済的再生産を確保していたといいうるのであった。

　近代の西欧に成立し、世界的にその体制を普遍化していく資本制商品経済社会においても、われわれは、「原理的には階級的国家が消失して、法治国家となっている点を明確にすること」（宇野弘蔵）を認識できるし、事実上も、19世紀のイギリスにおいては、労働力商品化という体制内のアキレス腱も、好況―恐慌―不況という景気循環過程のうちにみずからの自立的な活力としてのイノベーション機構の確立となって現象し、対外的にも、自由貿易運動として結実する農工間国際分業を主軸とした世界経済の平和的編成を確保したのであった。

　このことは、人類の経済生活のシステムにおいて、その平和的秩序を阻害するものとしての暴力ないし権力というものが予定されておらず、ましてや資本主義＝商品経済体制として成立し展開する近代社会についてこれらの経済原理や経済法則を説くとき、同一次元ではこれを解説しえないことを暗示している。

平和のシステムを侵害する最たるものは、いうまでもなく戦争である。絶対王政として国民国家を創設した18世紀のヨーロッパにおいて、「何が正義であるかの判定者としての教会の権威が失われるとともに、各国家の主権者はそれぞれの判定者として平等に立ち現われ、和戦の決定は主権の属性となり、交戦権は国家の本質的徴表となる」（福田歓一『国家・民族・権力』22ページ）。国家権力つまり主権の発動としての戦争とは、近代史以降に制度化されたものであり、その意味では、1820年前後に著述されたクラウゼヴィッツの『戦争論』のいうごとく、「戦争は政治的手段とは異なる手段をもって継続される政治にほかならない」（岩波文庫・上・14ページ）のである。

しからば国権の発動としての戦争が、国際的な経済編成に連動した政治システムのなかで、いかなる因果関係によって発動されるのかが、その歴史的根拠を問うことによって分析されなければならないであろう。そのことによって、国家的武力衝突としての戦争を導かざるをえなかった経済体制の現実的な問題点を照射しうるからである。また、主権の発動主体たる国家権力の存在基盤も明らかにされなければならず、これはまさに宇野弘蔵（1897—1977）のいう「国家論も資本主義の世界史的発展段階を基盤として始めて具体的に規制せられるものといってよい」との段階論的アプローチを、本来の政治過程の考察としての政治学の援用をえて確定する作業に通ずるものであろう。

市民法の原理的支配が、社会的規範として貫徹する法治国家において、いわば法の支配として、それじたい非階級的形式をとることに歴史的特徴を有しているとすれば、国家主権が主権在民＝国家主権という法的擬制をとることや、国家の政策がかならず〝国民的な立場〟において実施されることを明らかにすることができても、そこから直ちに交戦権の発動を説くことはできない。ティピカルな国家形態の解明や資本蓄積推進策や資本保全策の公共政策への埋没は説けても、戦争に結果する対外政策の原理原則的な根拠は、近代法治国家論という原理論的アプローチからはそもそも解きえようがないからである。

法の支配というとき、それは客観的なルールとして、国家といえども、その権力の行使は適法でなければならないとする、資本の私的社会編成から優越することを規制する権威の獲得を容認しているのであって、まさにイェーリングもいうごとく近代法における「正義の女神」は、片手に「衡器」、片手に「剣」をもって登場するにしても、前者の方が積極的な契機をなしているのであって、後者は前者が一般的に成立している事態を確保している消極的条件にしかすぎないのである。つまり法の支配の貫徹そのものが、政治的権力を規制するそれ自身独自のパフォーマンスをなしているわけである。

わたしはいわき短期大学においてはじめて開講された「平和経済論」を担当することになったが、さしあたりその要点を下記のごとく示した。

①資本主義体制における自由主義＝平和イデオロギーの原理的根拠を講述する。
②その具体的典型としての19世紀中葉におけるイギリスの経済と政治の状況を例証する。
③第一次世界大戦の経済的原因を検出する。
④第二次世界大戦の経済的原因を検出する。
⑤戦後体制が米ソの冷戦を背景にしながらも、平和的環境を維持しつづけた経済的要因について考察する。
⑥現代の社会主義国家や第三世界のはらむ政治的問題を解明する。
⑦21世紀における平和システム維持において、現実的に可能な条件のいくつかを検討する。
⑧付論として、近代における著名な平和論の社会思想史上の位置づけを、平和経済論の視点で再検討する。

このどの一項目をとっても、すくなくとも一書を成すべき論証を要するテーマである。本格的には近く開設される「東日本国際大学」における全学をあげての共通研究課題として、その進捗を田久孝翁理事長は希求するところであろう。

二　岩田論説の検討

本稿では、平和経済論の考察に不可欠な基本前提をなすとともに、国家論の要の位置を占めている〝権力〟の問題について、社会科学としてのアプローチを試みる。ここでは、岩田弘教授の大著『現代社会主義と世界資本主義——共同体・国家・資本主義』（１９８９年・批評社）の検討が有力な手がかりを与えてくれよう。

まず、岩田氏の論説の基軸的部分をいくつか引いてみよう。

「商品経済関係は歴史的には共同体のあいだで発生し、それを外側から結合しつつより広大な社会を形成していく外部的な社会関係にほかならなかったわけであるが、じつは権力関係もまた歴史的には共同体のあいだで発生し、それらを外側から支配し統合しつつより広大な社会を形成していいま一つの外部的な社会関係であった。じっさい、最初の国家が部族国家——支配する部族の国家——としてあらわれることに示されるように、権力関係は、部族共同体間の支配服従関係として発生し、この部族共同体が中世的な農村共同体へと再編成されるとともに、多数の農村共同体を支配し、それらを封建王国へと統合する封建的権力関係へと歴史的に転化したのであった。そしてこの二つの外部的な社会関係のうち権力関係の方が主役を演じ、商品経済関係の方は脇役を演じているという点に、資本主義以前の人類の歴史的発展の特徴があったわけである」（111～2ページ）。

「すべての〝国家〟の真の実体をなすものは、武力に基づく権力関係であり、またこの権力関係そのまた実態をなすものは、人間と土地に対する武力による排他的な支配・領有の関係であって、これはいわゆる国家主権、国家統治権の本質的内容にほかならない。だからこそ、すべての〝国家〟は、必然的にこの排他的支配の境界——国境——をもつのであり、したがってまた、現実的には、この国境を隔てた国家主権相互の関係としてのみ、〝国家〟なのである。……近代ブルジョア社会以前の農業社会にあっては、社会的再生産の基礎単位および基礎的生産関係をなすものは、土地と人間との共同体的結合関係およびこれを基盤にする自給自足的な農業共同体以外にはありえないが、ここでは、〝交易関係〟は補足的、従属的な社会関係にとどまるほかはなく、したがって、こうした農業共同体の多数を武力によって支配する権力関係こそは、これに群小の農業共同体を広範に結合し、地域的、全国的に統合する主要かつ基本的な社会関係であったとしなければならない。……〝国家〟がこのように社会の総括者をなすということは……〝国家〟それ自体が、社会のたんなる上部構造ではなく、社会の重要な生産関係に属する、たちいっていえば、群小の農業共同体の生産力や生産関係を地域的、全国的に結合するより広大な社会的生産関係をなす、ということを意味するものである。〝国家〟は、〝交易関係〟を普遍的組織原理とする近代ブルジョア社会において、はじめて、社会の生産関係やそれの別の表現にほかならぬ階級関係から分離し、社会の法的上部構造へと転化するわけである」（199～200ページ）。

さらにたちいって共同体と権力の関連をみるとき、まず共同体の秩序ということの内実が確認されなければならぬであろう。

それは、「なぜ人間が自分たちの所属する社会集団を血縁的組織として観念するか、そしてまた、自分たちが活動の場とする自然界までも人間化し、その秩序を血縁原理によって説明するか」という問いにスタートし、「それこそは、人間が、自分たちの所属する社会集団を一つの統一的な社会組織、社会秩序として認識し、それに自分たちが帰属する理由を自己説明し、自己納得する素朴で原始的な方法にほかならぬのである。そして遺伝子的プログラムから自由となった人間は、自分たちの所属する社会集団についてのこうした自己認識なしには、もはや総じて、社会集団を組織し編成することはできない」（260ページ）とし、「採集狩猟生活や初期的な農業生活を営む人間集団が、自分たちの所属する社会集団を血縁的組織として観念する、あるいはむしろ血縁的組織へと擬制する、いま一つの理由は、これらの社会集団への個々人の全人格帰属であり、また、こうした全人格的帰属なしには、そしてこれにもとづく全人格的な団結やいわゆる〝実質平等〟なしには、集団も個々人も、ともに、生きのびることはできないという事情であろう。……いいかえれば、こうした血縁組織への凝制は、集団への個々人の全人格的な帰属と全人格的な相互協力とを死活的な組織原理とするすべての社会集団が、そうした組織原理を自己認識し自己確認する特有な観念形態以外のなにものでもないのであって、それが想像上の共同の祖神を鑽仰する儀式が祭りや会食や、さらにはその集団に特異な風習慣行等によって、絶えず繰り返し、再確認されなければならぬのは、そのためにほかならない。こうして、血縁的原理をその観念的な組織原理とするすべての社会集団は、同時にまた、観念的、イデオロギー的、精神的な共同体——一神的、宗教的——をもなすわけである」（261ページ）といって、「現実的な生活共同体および観念的なイデオロギー共同体をなすものとして」いわば「二重の社会集団をなすもの」の一体的な特質が説かれている。そして、こうした共同体は、一定の地域をかれらの生活資源確保のための排他的な支配領域として確保するうえから「土地の排他的占有集団が、同時にまた、武力集団——武力共同体——をもなす、ということを意味」し、「こうした武力共同体は、その性格上、集団へのその成員の全人格的な帰属と、ときには生命ををも含む全人格的な献身とを要求する……つまり、かれらが占有する土地は、祖神によってかれらに与えられた土地であり、それを維持防衛するためには、かれらは生命をも捧げなければならぬわけである」（262〜3ページ）点に、血縁的組織原理をとらざるをえないいま一つの理由をみている。ここでは「共同体武力による排他的な占有関係」とはいっているが、この武力は共同体構成上不可分の要素ないしは、成員内部に機能的に自立しえないものとして説かれており、権力とは区別されている。

岩田氏は本書の「第3章共同体・国家・資本主義」において、マルクスの遺稿『資本主義的生産に先行する諸形態』を検討しつつ、アジア的共同体と専制国家、古典古代的共同体と都市国家、ゲルマン的共同体と封建国家と迫力のある論述を展開しており、それは本書のうちでも格別の手応えに富む部分ではあるが、ここでは共同体と権力という主題に即して、その主要な論点を引いていく。

歴史的な共同体は、いずれも農業共同体であった。

「農業生活の開始とともに、人類は、自分たちの自然的生態環境を人工的な生態環境、一種の人工的自然へと、したがってその労働生産活動によって絶えず繰り返し維持再生産されなければならぬ生態環境へと転化する。……こうした農業社会の再生産二単位は、その性格上、質的に区別されるべき二つの単位に分かれざるをえない。一つは年々植物を栽培したり家畜を飼育したりする直接的な生産単位であり、いま一つは、その根本前提をなし、またその基礎的生産手段をなす土地を維持再生産をするための単位である。いうまでもなく、農業社会の基礎的な単位集団をなすものは、後者であって、まさにこれが農業共同体にほかならない。これに対し前者は、後者――農業共同体――の下位的構成集団として存在するものにすぎず、一般には、それが家族であろう。土地の維持再生産なしには、したがってそのための農業共同体なしには、定住的な農業生活と農業社会は、総じて存立しえないからである」（266～7ページ）。

このような定住的な農業社会における再生産は、みずからのうちに手工業をも包摂し、自給自足的な地域リサイクルシステムの確立として存立するといってもよいが、岩田氏はここから「なぜ農業社会がその一定の発達段階において国家的統合を要求するか」と設問する。

「その第一の理由は、土地をもはやたんなる採集狩猟のためのテリトリーとしてではなく、農業のための基礎的な生産手段として占有確保し、またそのようなものとして絶えず維持再生産しなければならぬ農業共同体にとっては、土地所有関係は、なによりもまず、安定的・恒常的なものでなければならぬからであり、したがって、もはやそれは、個々の共同体相互のあいだの、集団武力による、土地の排他的な占有関係にはとどまりえないからであり、より積極的にいえば、共同体的土地所有の安定化と恒常化のために、多数の共同体の共同行為による、土地所有関係の相互承認と相互保障が、必要となってくるからである。

第二の理由は、定住的な農業生活による人口の増加と農業生産力の増大は、個々の共同体の範囲を超える、多数の共同体の共同行為による、広大な地域の大規模な開発や改良などを必要不可欠にするとともに、またそれを可能にする余力をもつくりだす、という事情であろう。『要綱』も指摘するように、農業共同体は〝再生産と剰余生産のすべての条件を自分自身のうちにもっている〟からである」（２６８ページ）。

「広大な地域の多数の農業共同体のこうした共同行為と統合への要請は、多数の共同体を一つの統合的共同体へと組織し、個々の共同体をその下位的構成体へと再編成する」（同上）が、そこではまだ共同体内関係の組織原理である血縁関係を共同体間関係へと擬制することによって成る共同体的統合関係に主導された共同体国家の成立が説かれる。そして権力の発生、つまり共同体国家の「外的疎外物への転化」の萌芽についてはつぎの一文によみとりえよう。

「多数の農業共同体のこうした統合は、当然のことながら、同時にまたそれらの共同体武力の統合をも意味する。そしてこうした共同体武力の統合は、それらの重層的、階層的なピラミッド型システム化を意味する。共同体武力は、本源的には、個々の共同体による土地の排他的な占有のための対外的武力にほかならないが、しかし、それは、こうした統合と組織化によって、対内的および対外的な二重の武力へと転化するものとしなければならない。すなわち、それは、この統合体の内部に対しては、その土地所有の重層的、階層的秩序を維持保障するための武力――対内的武力――となるのであり、また、その外部の他の統合体に対しては、この統合体による土地の排他的占有を維持防衛するための武力――対外的武力――となるのである」（２６９ページ）。

岩田氏にあっては「定住的な農業社会の根底をなすものは、土地の維持再生産であり、したがって、そのための基礎的な社会集団が、農業社会の基礎的な集団――基礎的共同体――をなすのであって、植物の栽培や家畜の飼養等に従事する直接的な労働生産集団――家族等々――は、この某礎的単位集団の下位的構成部分をなすものにすぎない」（２７５ページ）とされている。つまり共同体の本源的再生産に結びついた生産・生活の基礎単位としての〝家〟household という概念はなく、〝家族〟family にこれが解消されてしまっている点は指摘しておかなければならないが、ともあれこうして「多数の農業共同体の地域的、地方的、全土的な国家的統合は、こうした基礎的共同体がこれらの国家的統合体の下位的構成部分へと転化し、その自己完結的全体性を喪失することを意味せざるをえない。そしてこれはこの基礎的共同体の内部関係へと反作用し、それへの個々の家族や個々人の共同体的所属関係をも部分化し、特殊化せざるをえない……とりわけ、こうした共同体的所属関係の部分化を決定的に推進するものは、共同体武力の国家武力への統合であり、組織化であろう。というのは、以前には、かれらに土地と農業生活を究極的に保障するものは、他の共同体に対して土地を排他的に確保し占有するための共同体武力であり、したがって、こうした共同体武力こそは、かれらを共同体に〝全般的〟全人格的に結びつける現実の、決定的な紐帯をなすものであったが、いまや、それを保障するものは、これらの共同体の上に立つ国家武力だからである。こうして共同体武力の国家的統合が進み、個々の共同体が直接的に武装する必要が少なくなるのに比例して、あるいは、個々の共同体が同時に武力共同体——戦士共同体——でなければならぬ必要が少なくなるのに比例して、血縁的擬制を組織原理とする共同体の〝全般的〟、全人格的な紐帯は、弛緩し、解体していくわけである」（276ページ）。

岩田氏の説くところは明快であるが、共同体についても武力＝権力史観に傾斜し、そのかぎり共同体の特殊歴史的な諸形態に対しても階級史観を一貫している。共同体はもとより一つの経済的自立単位であり、有機的な生産関係としてマルクスのいう「経済的完全体」ökonomische Ganzeであった。それはつねに社会の基礎となる生産過程においてその再生産を担う基礎単位体としての不分割な集団をなす有機体であり、「この場合に共同体という全体の中で、その諸器官としてなされる人々の労働は、その労働の自然的形態、具体性、特殊性に注目されているのである。このように労働の具体性、特殊性が社会関係の紐帯となっている点は商品経済の世界の場合とまさに対照的である。商品経済の世界では、人々の労働の相互の関連は商品交換によってなされる。その場合は、商品、つまり同等な人間労働、労働の一般的・抽象的性格が問題なのである」（矢木明夫『封建領主制と共同体』24ページ）。

また共同体においても分業形態が社会組織の基礎となるが、この点で身分という概念が成立してくる。自然の優位を前提とした農業社会においては、性別、年齢別、あるいは個別的能力の差といった転換不能な区別によって労働が分割され担当される。この自然発生分業の担当という経済上の意義をもつ人々の間の社会的区分・秩序こそ、中村吉治博士が明らかにした、身分的階層とよぶものであり、身分は、共同体的結合を前提にし、その共同体内部の再生産組織としての秩序というまさに生産関係の要を占める意義をもって存在していたのであった。生活（中心的には生産）をめぐって形成される共同体的関係のありかたは、それゆえにこそ固定的な血縁ないしその延長としての族と観念されて成立するし、それがまた生活＝生産組織としての秩序を自然的差別に対応した身分として形成したのであって、この基礎集団は、封建時代にまでなると「家共同体」としての性格を典型的に示してくれる。共同体概念についての混乱を回避すべく、矢木氏はこれを第一次共同体といっているが、「家」はたんなる家族ではなく、全体の一器官が縮小したとはいえ、社会的な生産の基礎単位体としてまさに共同体の性格を基本的に継承しており、またそうでなければ生活＝生産が確保されないのである。岩田説は、生産組織としての第一次共同体を家族に解消してしまっているため、ここから発現する身分概念の重みを考慮にいれず、したがって身分秩序が組織統合の基本的機能をいわば共同体規制として遂行している面が軽視されてしまい、その統合の契機に武力ないし権力を第一義的に求めざるをえない行論となっているといってよい。

「基礎的な第一次共同体と、その投影としての第二次的に再構成された共同体という二つを区別する必要がある。そしてこの第一次共同体の歴史的な展開、運動の仕方と第二次的な共同体のそれとの間には全く相反する仕方がみられるのである」（矢木・同上・14ページ）。

「〝家共同体〟が第一次共同体として生産の基礎単位となったような場合でも、生産・生活の全面的な遂行のなかで、この第一次共同体たる家の補完物として、家と家との連帯的関係という第二次的な社会関係が必要なのである。この際、この第二次的な家連合という社会関係は、その構成要素を第一次共同体としての家としていることから、この第二次的共同体の社会関係の性格が第一次的共同体の性格によって基礎づけられるということになる。第二次共同体の家連合も、家共同体の基本的性格が投影したものとして同様な性格をもつのである。ただ、第一次共同体がそういう性格をもちつつ不分割な有機的一体性をもつ完全体であるのに対して、第二次共同体は不分割な一体性をもつものではないところが異なってくる。あくまでも第二次共同体は共同体的関係の補完物にすぎない。二次的な再構成されたものなのである」（同上・16ページ）。

岩田氏は、「マナー制」として知られる中世的な「ゲルマン的共同体」について、その「根本特徴は、領主が、自分の領有する土地を、それぞれの村落で、領主直営地と、農民家族への配分地――農民保有地――とに分割し、農民保有地に対して、領主直領地で一定の労働に従事する賦役義務を課す、という点にあった。つまり、それは、領主による農民への土地配分を基準にして、領主自身のための農業的再生産と、農民家族のための農業再生産とを、村落単位で結合し、統合する、一つの村落的システムを形成しているのであって、周知のようにその基軸をなすものこそ、いわゆる〝散在耕地制〟――村落所属耕地の多数の地条への細分と、それらの地条の各農家および領主直領地への分散的交錯的な配分制――にほかならなかった。そしてこの場合、一定面積の土地が、森林、草地、原野等々として直接的な農業生産から保留されていたわけであるが、農民によるそれらの共同利用は、個々の農民家族への配分地を基準にして厳重に制限され規制されていたのである。そしてこれは、これらの配分地を甚準にして各農家に賦役義務が課せられた以上、当然であった。つまり、この〝共有地〟は、農民保有地と同じく、ともに領主の領有地であって、農民によるその共同利用は、賦役義務に比例して、厳重に規制されていたわけである」（３０７～８ページ）といって、このことから直ちにつぎのように立言する。

これは、「村落共同体の中枢機構――いわゆる〝共同体規制〟の中枢機構――と、領主によるこの村落共同体の支配領有の中枢機構とが、合一し、一体化しているということであろう。つまり、農業的再生産の維持存続のための共同体規制の中枢機構と、これを支配し搾取するための領主規制の中枢機構とが、合体しているわけであって、これを集中的に表現するものが、村落的行政機関をも兼ねる領主裁判所にほかならなかった。こうした事態は、たしかに一面では、武力による支配服従関係を根本原理とする領主権力といえども、たんに武力的強制だけによっては直接的生産者の集団を支配し搾取しうるものではなく、その支配と搾取を安定的に維持再生産するためには、農業的再生産の共同体的な中枢機能を、自分自身の機能として組織し、それを支配と搾取の基盤にしなければならなかったことを、意味する。だが、同時にこのことは、農民共同体の側からいえば、その中枢機能がいまや共同体自身からは奪いとられて、領主の権力機能へと転化し、したがってその分だけ、農民相互の自治的な共同体関係が縮小し、それがかれらの領主への依存関係へと転化していることを意味する」（３０８ページ）。

「一般には、国家システムとしての封建制は国王による軍事貴族への封土制と後者による前者への軍役制と解されているようであるが……中世的なゲルマン的封建制の特質は、たんに、こうした封土制や軍役制にあるのではなく、それらを担う戦士階級が農民から分離して、自らを独自の国家権力として組織し、こうした国家権力として、その基盤をなす農業共同体それ自体を解体、再組織しているという点になければならない。というのは、中世的なゲルマン的共同体の諸特徴は、それが自然発生的なものではなく、共同体外的な武力的権力によって、賦役貢納システムの安定的な維持再生産を目的として、したがって、そのための経済的手段として、しかも、農業共同体の絶対的な維持存続条件をなすその中枢機構にまで入り込んで、解体再組織された共同体であることを示しているからである」（３２２～3ページ）。

岩田氏は、マルクスの「経済外的強制」を「曖昧な言葉」と評してはいるが、さりとてそれをただちに人の人に対する物理的強制のように解しているわけではない。「じつは、領主直営地における賦役労働といえども、根本的には、領主権力による農業共同体の中枢機関の掌握と、この中枢機関の領主自身の権力機関としての組織とに依存していたのであって、単純に、労働生産過程の内部における直接的な暴力的強制に依存するものではなかったからである。その要をなすものが、村落共同体的な管理統制機関の領主裁判所としての組織であり、また、これによって管理統制される土地の利用配分――共同的に利用される山林原野、牧草地と個別的に利用される耕地へとの土地利用配分――や、耕地の農民保有地と領主直領地とへの散在耕地制的な混在的配分や、共同地と耕作地の利用方法や耕作方法の厳重な共同体規制や、土地地力の維持のための共同労働の組織、等々であった」（４００ページ）といっている。

「つまり、中世的なゲルマン的システムにあっては、領主直領地とそこにおける賦役労働は、このようにして領主権力によって組織され管理統制される村落共同体諸関係の中に分散的に組み込まれ、埋め込まれていたのであって、この限りでは、ここでもまた、直接生産者たちは、これらの〝諸関係の力〟や〝法的規制〟をとおして、領主直領地における剰余労働を自ら行うよう仕向けられていたわけである。そしてこれが、土地と人間の両方に対する封建的な支配領有関係――武力に基づく支配服従関係と一体をなす中世的な土地所有関係――のじっさいの内容であった」（同上）。

われわれは、「農業社会の維持存続の絶対的条件をなし、その基礎的な再生産組織をなす共同体」（岩田・４０１ページ）が、「存続してゆくために共同体的諸規制が客観的に存在し個々人の意志をこえて拘束作用する。こうした共同体諸規制と管理・運営は共同体の首長という地位に属した社会的機能である。人と人との人格的支配関係は物理的な暴力によってではなく、共同体の再生産のために必要な社会機能をもつ地位の占取とその機能の遂行に通じてなされる」（矢木・同上・34ページ）とかんがえている。封建社会でも階級関係は決してそのまま現象するのではなく、身分関係という人格関係をとおして、これを媒介としてなされるのであって、他に移りえようのないヒエラルヒッシュな身分的階層による差別固定化が社会的生産を担う共同体的必然であることを基本にするならば、商品経済社会における階級的差別と混同することの無意味さを知るであろう。

岩田氏は、「中世的なゲルマン的共同体は、それ自身によって存立する第一次的な農業共同体ではなく、領主直領地における賦役労働の搾取を目的にして、領主権力によって繰り返し解体再編成されてきた、第二次的、第三次的な、したがって部分的、特殊的な農業共同体にすぎず、また、そのようなものとして、都市手工業との商品経済的分業関係を早くからその補足的構成要素としてきた」（402ページ）ともいっており、こうした側面に「ゲルマン共同体」の世界史的展開のモメントを見る論述をしており、歴史的な実証を要する問題にもかかわってくるのであるが、われわれは、封建社会の経済関係をみるとき、直接生産者である農民が、本源的に、経済的な意味で完全に独立した、いわば再生産機能を自分自身のなかで完結した小生産者とみなし、他方で、封建的土地所有者を最初からなんらかの生産的機能をもたない、その意味で寄生的な外部からの収奪者としてとらえるかたちでの両者の対抗関係で理解しようとはかんがえていない。

「共同体関係は、基礎的共同体自身の内部関係と、これらの基礎的共同体相互の共同体的結合関係との二つからなりたっている。そして前者の中枢をなすものが、共同体成員への土地の配分と土地、地力の維持再生産をもふくむ農業的再生産の維持保証であり、また、後者の中枢をなすものが、共同体的土地所有とそのための共同体武力の地域的、地方的、全土的な、多重的、多層的な、結合であり、これによる共同体的土地所有の安定化であった」（399ページ）というのが、岩田説の根幹であり、ここでは共同体内部から対外関係への対処として共同体武力発生の必然が明示されている。主体は一つでも、機能としては二つに大別されるというわけである。権力の外来性ということは抽象的命題として理解はされても、また共同体武力の対内・対外の二重化がいわれても説得的とはいえない。「ゲルマン的共同体」にいたっては、階級＝権力史観が濃厚である。われわれは先ず矢木氏とともにつぎの立言を対置せねばならない。

「周知のように経済外強制といわれる直接の人格的支配関係は、直接生産そのものから発生し、しかも生産に対して規定的に反作用するものである。そしてこれを基礎として生産関係の総体が社会の経済的構造を形成し、同時に社会の独自的な政治姿態――封建的な政治支配を形成することになるのである。こうした場合に、権力が生産を媒介し、しかもそこに経済法則の自立性がないといいきることができるであろうか。たしかに、共同体の計画的な労働配分は領主の命令といった形はとるであろう。しかし、その命令の内容は、客観的な、したがって個々人より自立した経済的な再生産の過程、自然史的過程における諸規制によってこそ有効であろう。領主といえども共同体の再生産のためのいわゆる共同体諸規制のもつ法則を自立的なものとして承認せざるをえないであろう」（矢木・同上・37ページ）。

共同体がまさに共同体たる基本的要件は、生産者と生産手段が分離できない点にあるのだから、どのようなスタイルをとろうとも、その有機的一体性は分離できないのである。共同体の存続条件が、いわば民衆の生活条件として発現し、これが支配者の性格を決定し、制約しているわけである。

封建社会とは、この共同体ないし家の内部の家長と家族といった絶対的に転換不能な身分的関係を、土地の寄進と託身という主従関係により積み上げられた土地と人との両全する体系であった。

共同体内部を支配するのは共同体首長であるが、土地と農民はまさにその長とともに一体なるがゆえである。だからこそ「上級主君は、何人も、共同体内部に支配権を伸ばさない。伸ぱしえない。余剰はこの共同体首長、武家が収取する。その一部は彼の軍費である。共同体から直接に上方へ何らの年貢納入も行われない。それ故、共同体首長はその収取においては、労力なり現物なり、必要なとき、必要な量を収取するのである。余剰の限界において、無限界の収取である。……絶対支配のかわりには、生存保証がある。家長と家族員の関係である。共同体内においては、一体の生活と生死がある」（中村吉治『日本の封建社会』72ページ）。

「権力の大小は、家臣の数の多少によるという封建的権力の規定はここに当てはまる。したがって、合戦は家臣の奪いあいである。……合戦は領土拡張戦ではない。……権力は領主を作らない。作れない。鎌倉幕府を頂点に、多数の村落が従属している」（同上・73ページ）。

「村落共同体を単位とし、その首長が上部に従属して、軍務に服し、その主君としての上部権力の支配は村落共同体内に及ぱぬ。そういう領土なき国家だから、上部権力は、直接に土地＝人民を支配しない。何も収取しない。それでは、上部権力が領土支配のための行政組織を作る必要はない。村制度がないのだ。村落共同体が基本的にあるので、村制度がない。あるのは集落である」（同上・74ページ）。

「商品流通の小さい時代であるから、在地武家領主の胃の腑の大きさが収取の限界だとみていいだろう。……本来の共同体的・封建的収取というべきものは、牧歌的なものだった。牧歌的だったが、生産力の低さから脱しえなくて、共同体の生活はあるのだから、万事につけ不自由は当然だった。制約がやたらに多いのも当然だった。領主権力によって不自由になるより前に、領主権力をも含めて不自由な中世ではある。そして、共同体そのものが、個人格は認めていない。個人は家に埋没し、家は村に埋没し、村は上部領主の高次の家に埋没している。同族であるということは、人間関係が直接人身的関係であるということだし、計算されぬ情の世界だということでもある」(同上・77〜78ページ)。

われわれは、日本の中世社会における共同体のありかたを確認してきた。たとえば、「経済外強制は、かつて日本の学会では封建制の指標のごとくみられた。経済外の強制は、封建制でなくとも存在する。……真の封建的制限は計量もできぬ日常的な全人格的なもので、法制化などできるものではない」(同上・128ページ)のである。権力史観が先行しては理解できぬところであろう。

近世の幕藩体制において、「事実が崩れてゆくとき、事実の中に内包されていた性質が、外にあらわれてくる……共同体の健在しているとき、そこに内包されていた土地との密着性が、共同体の分解の進むとき、外からの強制として土地緊縛として制度化されたというのはその一つである。共同体とその支配の階層が、共同体の分解・同族性の崩壊につれて、制度としての上下の格式に整然とされたこともそうである。このあとの方が、制度として、また法制化されたものとして歴然としている。……それは中味が失われてゆこうとするとき、本来あった性質が、わく組として残り、それが権力によって利用され、また権力もそのようなものとして成立したということであるとみなければなるまい」(同上・141ページ)。

そして、当時の生産力や商品経済の発展のレベルからして、「近世の支配権力は、個人または個別農家を抱えて成立することはできなかった。個人または農家は、個別に存在しないからである。そこで、その個人または農家が結びあっている共同体をとらえねばならない。ところがその共同体は、機能的に分化しており、一体の共同体は構成されていない。つかまえる実体がぼんやりしているのである。そこに現れたのが村制度であった」(中村・『中世農業史論』298ページ)。

古代中国史の権威である西嶋定生教授は、「領域国家の支配者である専制君主の特徴的支配の手段が、具体的には官僚制と郡県制であること」(『中国古代の社会と経済』61ページ)として説かれ、前者を支配権力の集団構造における性格と機能、後者を被支配に対する支配の様式に現れたそれとして分析されている。官僚層は、「当時、士と呼ばれて、旧氏族成員を母胎として、物質的には共同体的土地所有そのものに媒介されることなく、また土地の恩給に媒介されることもなく、俸禄あるいは一定地域の封邑からあがる租入の給与を媒介として結合したものであり、その限りにおいて彼等には主君に対する無限定の奉仕と服従とが要求されるものであった」（同上・55ページ）。また「郡県制こそ官僚制の形式と相俟って領域国家の支配の手段となり、しかも官僚制形成当初における支配集団の私的性格を公権的なものに転化せしめる契機ともなるものであった」（同上・56ページ）のであって、「この完成と同時に主君を首長とする支配集団は領域国家の土地・人民を支配する唯一の支配集団となり、主君は中央集権的な専制主君となり、官僚は郡県制を媒介として公権力の運営者となったのである」（同上・58ページ）。

つまり、「個々の農民に対する徴兵が行われるに至る」など「軍事要員の源泉が一部支配氏族から領域内の人民全体に拡大されたこと」（59ページ）や、「氏族の共同体が崩壊し、一方耕地が拡大すると、税の徴収は耕地全域に対して行われ、その負担者は個々の農家となる」（60ページ）わけで、兵役賦課と租税賦課が専制君主の物的基盤の二大眼目として整備されてくるところにあった。つぎの指摘も記憶されてよい。

「秦帝国や漢帝国のような強力な中央集権国家では、人民は徭役に徴発されていたのであるが、しかしそれによって、たとえば関中平野の鄭国渠とか白渠とかいうような大規模な灌漑工事とその維持が行われて、その地域の農業生産が確保され、また黄河下流地帯では大規模な治水工事がしばしば行われて、農村は洪水から守られていた。つまり、そのころの農業生産が持続されるためには、強大な国家権力の機能が重要な条件となっていたのであり、秦・漢時代の華北農業の繁栄の基盤には、このような事情が認められるのである。ところが中央集権的な国家権力が弱体化するとか、あるいは戦乱が継続するとか、あるいはまた地方的小国家が分立するということになると、農業生産をささえていたこのような国家の機能は喪失され、したがって、そこにはかつての繁栄にかわって、荒廃の現象があらわれてくる」（同上・227ページ）。

集権的なシステムを樹立し、壮大な古代文明の華を咲かせた中国の古代帝国といえども、それが農業国家である以上は、水利保全などの共同体機能を両全せねばならなかったことが、いみじくもここに語られているとみてよい。

さて、そろそろ本稿を結ぶにあたって、いまいちど共同体の再確認をしておきたい。

三　共同体の再確認

「生活の諸条件（生産力・自足経済・政治条件など）によって、村と家ができるので、村が家を規制し、家が村を規制する関係にあるから、村があって家ができるのでなく、家があって村をつくるのでもない。同時発生というべきだろう。ともかく、こういう村を村落共同体ということで本当は混乱はないわけだ。基本的な農業において、全体の土地の共同所有・労働組織（村）と、それを分割した所有・労働組織（家）との合成なのである。そこにいわゆる共同体的属性が存在する。同族性はその一つだが、生物関係としてでなく、家に、村にある。家の成員も、村の成員も、たがいに同族である。肉体的・人格的な直接な無媒介の結合体である。祭がそこにある。土地の神・氏の神・農の神またはそれらの合成と、成員の祭への参加がある。無計算に全体が一体として生きる牧歌性がある。それに基本として、共同体のもつ属性が展開し、物質的生活にも精神的生活にも貫徹している。人間相互の保護と従属、生きる権利と義務は不可分である。土地所有と耕作も、権利であり、義務である。同一神のもとの一生命体ということに帰する」（中村吉治『社会史論考』３５５～６ページ）。

「集団を不可欠とすることにおいて共同体は常に家の性格をもつ。家と村といっても、家の二重構造といってもいいのである」（同上・２７９ページ）が、つまりは、「農地を配分し、共同作業を行い、共同生活、共同祭祀を行い、一体として生きている家集団である。そこでは共同体として存在するための規範が生まれる。その規範に従うことで共同体は存在する。そこに〝政治〟がある。祭政一致といわれる状態、性格は、共同体が規範として生みだした神が、共同体を支配するとき、祭の形態をとるからである。政治的権力は、神が持っているのであり、司祭が仲介することによって司祭が共同体支配者である。祭祀的権力者である。その司祭も祭祀も、共同体が生みだした生活組織、秩序の規範の体現者である。その権力者に支配され、支配されつつ変化することによって新しい規範が生まれる」（同上・２０１～２ページ）わけである。

権力の考察もこのような共同体の「原型を措定」するところからはじまらねばならない。いうまでもなく、完結的な一体としての共同体は、「内容的にいえば、いくつかの契機をふんでいるとみなければならない」（同上・２０３ページ）。

われわれは、「何もかも」共同している一体としての家の集団＝村というなかでも、何が大切であるかという点で、「農業における生産構造としての連合体」を共同体といっているわけであって、「農業を実現するための絶対的な諸条件、そのための農家相互の諸関係」に焦点をあてるのである。したがって、農業の発達、商品経済の発展を基底にして、一定の集落を構成している農家も、「生産上においてのつながり（共同体）を変えてゆく」（同上・２０８ページ）自足的・孤立的共同体の新しい共同体への再編成への動きが出てくるのである。

「武士は農民の中から発生した。律令制による郷戸制や班田制が農民にとっては不適当となり、発達する農業に対応して家と村が再編されてゆくのだが、その家の連合単位の長として武士は生まれたのだ。反律令的行為として、彼らは自衛しなければならぬ。武装が必要である。しかしはじめから農民の村がそんな力はもたぬ。だから、同じく反律令的に、その官僚が大土地の所有をすすめて私権力化して貴族化してゆく権力と結託した。貴族の特権下に入るので、土地ぐるみ一族となるのである」（同上・２７９ページ）。

「いうまでもなく、武士は、その存在そのものが権力者としてであった。その道徳は権力者の道徳である。しかし権力者は被支配者の社会と無関係に存在するものではないこともいうまでもない」（同上・２７９ページ）。

岩田氏は、一面では、共同体防衛の内的必然として武力＝権力の発生を説き、他面では、諸共同体を統合する権力の外来性を説いて、これらの相関を明示していない。

「共同体社会は、身分社会であって、階級社会は私有財産制の生まれるまで、農民が土地から引き離されるまで、原始的蓄積の過程を経るまで成立しないのである。勿論、支配者と被支配者はある。権力者はある。それは、身分社会である支配者であり、権力者である故に、絶対的・神権的な威力をもつ」（中村吉治『日本封建制の源流』下・91ページ）。

「身分と土地は、切り離されぬということなのである。西欧で封建というときの根幹のごとくいわれる二つの体系、身分的主従関係と土地の給付関係というのは、本来ひとつのことの両面なのであって、一方を欠くことはできないのである。そういうことが日本の場合はっきり見られるのである」（同上・１３４ページ）。

「共同体首長の土地所有と、その土地の分割給付という形をとるとき、この共同体的規制は、首長による規制として現象する。土地所有についての諸制限（放棄禁止、移転禁止、耕作強制、相続規制等々）、農業について、生活について、一般に及ぶ制約が、首長権力によるものとして現象するのだが、それらは要するに共同体的制限に発しているのである。……共同体の首長、族長もまたその共同体と不可分なのである。彼も共同体を放棄することはできない。土地と人を含めた共同体の首長であることを、共同体が強制している」（同上・90ページ）。

みられるごとく、共同体社会にあっては、権力といえども、個別化、独立化できず、共同体から自由ではありえないのである。権力者としての共同体首長も、共同体内にあり、彼もまた共同体の成員なのであって、支配・被支配の面でみると対立しているが、共同体の拘束を無視できない関係にとりこまれているのである。

中村吉治は、「身分は上下の関係を持つから、階級の古い形となってしまうのですが、そういう視点でなく、人間と人間とが離れられない関係と考えた方がよい」（『社会史研究史』242ページ）ともいっている。

共同体は歴史的概念であり、それは時間をかけて不断の変化をしている。封建的共同体の時代でも、律令以後、明治まで、「個別的な土地所有が進行し、進行しながら共同体的所有も続いている段階」があるわけだが、これとて太閤検地の以前と以後では大きな差がある。

しかし、われわれが共同体の「原型を措定」するとき、「身分層の集中的頂点として君主」（中村『日本封建制の源流』上・67ページ）を認めるのは、実証を別にしてもとうぜんである。まだ所有の区別がなく、土地所有にもとづく主君は存在する根拠がないのである。むしろ「君主の財力は、神主としての財力であるとみねばならない」し、「政治的君主として租税をとったのでもないということになる」（同上・66ページ）。

共同体首長＝君主は、まったく共同体内の経済的関係そのものから、当該生産システムともいいうる秩序の維持者としてその支配的地位を得るのであって、その権力というものは、共同体の位置する生産力段階に制約された自然的秩序において、そのままで支配する方法が与えられているといってよい。つまり、権力の行使＝支配に、首長の個人的恣意の余地がまったく限られているということである。いいかえれば、支配の正当性が、共同体的生活の再生産システムのなかに、合理的に組み込まれている事態なのである。この共同体首長の支配権は、それがまさに身分制の頂点に位置するがゆえに、他に転換を許さぬ絶対的な権威を保持し続けるのであって、近代資本制商品社会における転換可能な階級的権力というものとはまったく異質である。

さて、この共同体という身分社会には避けえぬ二つの問題が生じる。対内的には生産力上昇にともなう問題が一つ、いま一つは対外的問題である。

「対内的に考えると、村の生産力の上昇は、村民と村の土地の結合強化である。そして、漠然たる土地占有でなく、共同体としての村落の土地所有という観念と事実が強くなってくる。それが、同時に君主の土地所有に結ぶ。村としての所有強化は、対外的なことを予想することにおいてなされる」(中村・同上70ページ)。

「対外的にいうと、一つの村として、それを守り、それを確保する必要が出てくる。それはつまり君主としての自己の地位を守るということであるが、そのために強い君主に従属するということであるから、自分の土地、またそこから収取する自分の財力ということが大切となる。あるいは大切と意識されるようになる。要するに自分の村ということが強くなるのである。そうすると、もちろん、人を含めるけれども、そこには自分の土地、自分の所有地ということになってくる。……対外的にさらに、成員家族の分割の方向が出る。その分割は、土地の所有の分割である。……分割したり合わせたりする関係の発展は統制の組織化を求める。そうすると、村の共同作業は一本よりも、組織的に土地管理が必要となる」(同上・69~70ページ)。

「かくのごとくなってきて、諸条件が君主に集中すればぱ、つまり君主の土地所有が強まるということになる。……身分的君主であるとともに、土地所有者としての君主という性格が出てくるわけである。……それだけ君主の権力内容に〝物〟が含められてくる。そこで君主の財力は、祭粢として奉献されたものとともに、土地が内容になる。そうすると、土地所有者であるがゆえに、奉献物を得るという形になる。または奉献物は、土地所有者に奉献されるもののごとき観を呈するとともに、地代のごとき形をとる。租税、貢租のごとくなるのである」(同上・70~71ページ)。

ここに、共同体首長の支配権が、固定化、恒常化しつつ、身分的権威に随伴して、余剰物資や労力の集積といった経済的基盤を獲得してゆき、これらを君主の私有物化してゆく方向の萌芽をみてとれるであろう。

岩田説は、ここに、共同体武力を重視し、これを体現する共同体首長の階級的君主化をみるものといってよいが、第一に、共同体を連合ないし統合する力としては、単に武力のみではない。「力は、恐らくは最も強いものとして宗教的なそれであったであろう。呪力といってもいい。……具体的には、祭に参加するという結合形式である」(中村・同上・82ページ)。生産力の低小な段階だからこそ、個が自立しえず、集団としての共同が必然化される状況にあって、武力的紛争が日常化したとしたなら、共同体の生存そのものが危うくされてしまうであろう。また第二には、この共同体君主の武力的権力といえども、その大小の如何にかかわらず、これは階級的権力とはいえないことである。基本的に土地所有の分化、つまり所有と非所有の区別がない状態が前提されているなかで、村生活を割って、共同体とのつながりを欠いた支配など、そもそも存在しえようがないのである。共同体を維持、存続するうえで不可欠な共同体規制は、いわば法則的に、成員としての支配者にも被支配者にも等質的に及ぶのであって、共同体の本質的な「原型を措定」するならば、この君主の権力に、私的所有を純粋に体現する近代社会の階級的権力を類推することは、いかにも無理である。「したがって、君主の出現のみをもって階級分化が生じたごとくみることはできない。ただ、階級ということを、他人労働の成果の収取者と被収取者というように解すれば、これは階級社会といってよかろう。しかし、そこまで抽象化してしまえば、超歴史的な概念になるだけで、改めて階級の歴史の問題になろう。それゆえ身分の歴史をからませなければならない。その身分の問題を無視して、歴史は階級の歴史であるとする人が多すぎる。ここで一方に偏すべきではないであろう」(同上・72ページ)。

以上の考察によって、共同体首長の支配権力というのが、その社会秩序としての身分の形と性質とによって与えられ、いわば自然的属性として宗教的権威を具有することが理解されたであろう。族長的君主として、彼は、共同体という一体的な経済的相互関係のなかにあったのであって、集団的共同を不可欠とする自給自足的生活を再生産する組織のなかで、機能上遊離しえない一要素として、その地位を規定されているのであった。とうぜんのことながら、君主権といえども、その力の絶対性にもかかわらず、共同体規制に優越することは不可能であったのである。その身分的性格は、基本的には、共同体の位置する歴史的な生産力の段階によって規定されたものであった。

しからば、この共同体君主の支配権力と国家権力の発生とは、どのようにかかわるのであろうか。この共同体の「原型の措定」による君主を、直ちに国家権力の発生とみるわけにはいかないであろう。あらたなる課題が発生したわけである。

(初出：『いわき短期大学紀要』16号・1990年)

第二章　資本主義発生期の国際関係

一　本稿の課題と方法

16世紀から現代に至る凡そ500年間の世界史は、その基本的動向についてみれば、資本制商品経済における主導的資本の蓄積様式が国際的に編成される構図のもとで、現実的な展開をみせてきたのであった。

19世紀以降は、産業革命という画期的な技術革新による機械化された組織的工場システムをベースに、社会的再生産の主役として製造業において産業資本が確立するが、それまでの三世紀間は、世界史的には、資本主義の発生期として位置づけられ、その内実は、体制的な資本関係の創出に向けてのシュトルム・ウント・ドラングを刻する資本の原始的蓄積の過程として進行したのである。

資本関係の先行的要件としての資本の原始的蓄積の主内容を成すものは、農民の土地からの分離であり、つまりは、「労働者と労働実現条件の所有との分離」[1]として、労働力商品が市場において売買できる前提条件を確保することであった。

しかし、国民国家の形成期における対内的ともいえるこの過程は、対外的な国際貿易や戦争と強く相関し、これに側圧されてドラスチックな進行をみせたのであって、マルクスの『資本論』にも活写されている。

「アメリカの金銀産地の発見、原住民の掃滅と奴隷化と鉱山への埋没、東インドの征服と略奪との開始、アフリカの商業的黒人狩猟場への転化、これらのできごとは資本主義的生産の時代の曙光を特徴づけている。このような牧歌的な過程が本源的蓄積の主要契機なのである。これに続いて、全地球を舞台とするヨーロッパ諸国の商業戦が始まる。それはスペインからのネーデルランドの離脱によって開始され、イギリスの反ジャコバン戦争で巨大な範囲に広がり、シナにたいする阿片戦争などで今なお続いている。

いまや本源的蓄積のいろいろな契機は、多かれ少なかれ時間的な順序をなして、ことにスペイン、ポルトガル、オランダ、フランス、イギリスのあいだに分配される。イギリスではこれらの契機は17世紀末には植民制度、国債制度、近代的租税制度、保護貿易制度として体系的に総括される。これらの方法は、一部は、残虐きわまる暴力によって行われる。たとえば、植民制度がそうである。しかし、どの方法も、国家権力、すなわち社会の集中され組織された暴力を利用して、封建的生産様式から資本主義的生産様式への転化過程を温室的に促進して過渡期を短縮しようとする。暴力は、古い社会が新たな社会をはらんだときにはいつでもその助産婦になる。暴力はそれ自体が一つの経済的な潜勢力なのである」[2]。

みられるとおり、資本主義の発生期は、国際連関を編成しつつ、西欧中心の近代世界システムを形成していくのであるが、それはまた、国民国家(Nation State)を核とする国際関係における権力システムを構成する過程でもあった。

とはいえ驚くなかれ「16世紀が明けたとき、世界史の現勢からみれば、ヨーロッパはその地理的区分と同じく、歴史的にもまだ矮小な存在でしかなかった。人口も同世紀初において、イギリスでほぼ300万、スペインで800万、最大を誇ったフランスにおいてさえ1500万にすぎなかった。しかもそれは、千々に分裂していたのである。これをたとえば約2200万を数えたトルコ帝国、さらに多数を数えたであろう中国などと較べれば、その僅少さは論ずるまでもない。北京、バグダード、コンスタンチノープルなどに匹敵すべき一つの巨大都市もなく、精々10万台の数個の都市をのぞけば、寒冷な風土のもと、住民の大部分がまだ土地に緊縛されていたのが、ヨーロッパというものであった」[3]。

まだ自足的な地域世界の寄り集まりにすぎなかったヨーロッパが、やがて世界大に展開してゆく資本制商品経済を主導し、第一次大戦に至るまで近代史という舞台の主役となったことは、先学の研究に加えてなお考察するべき世界史の根幹をなすテーマであろう。ここでは、資本の原始的蓄積を促進する経済的要件と相即した政治的要件をなす国民国家の形成を、国際関係としての戦争と通商的利害に絡ませて16、17、18世紀の主要な事例について、その歴史的典型性を探りつつ検討する。

資本主義とともに、システムとしての国民国家は、西欧から発したものである。その近代国家としてのメルクマールは、①行為主体として和戦の決定をなす主権(Sovereignty)の確立、②暴力機構や租税徴収組織を独占する常備軍と官僚制の整備、③相互に排他的な領域制の確定、にあるといってよい。本稿のアクセントは、「自覚的な国家の主権は、近代国家の基本的特徴ではあるが、同時に、それは一定の国際関係を条件とし、国際政治という場において、相対的に自覚されてくるものだということ[4]」の側面である。

近代の歴史的動向は、資本主義と国民国家というシステムが併立し、併行するかのごとくグローバルに普及し模倣されていくプロセスにおいて演出されてきた。そこでは商品世界が指向する本来的なグローバルリズムを基調として、戦争について正邪の判断を回避する「無差別戦争観」が一般化し、国民国家という複数の権力が分立するインターナショナルな場と関係においては、「権力政治」(Power Politics)が発現せざるえない。

資本主義発生期における国際関係の基本的な舞台装置はこのようなものであった。以下その劇場での主要なドラマを追ってみよう。

二　16世紀

社会変動における近代化の過程は、国民的統合が達成されていく過程でもあった。このさい、「主権国家に起こった諸変化も、世界システムの展開とその相互作用から説明できる[5]」というウォーラーステインの対象のトータルな分析を予定する近代世界システム論は、作業仮説としては極めて有効であると思われる。

15世紀末から16世紀初頭にかけて、史上はじめて政治的帝国とは異なる「ヨーロッパ世界経済」が出現した。商品が共同体と共同体の間から発生したことから類推されるごとく、資本主義はインターナショナルなものとしてしか成立しえないのである。それは、中核(core)、半辺境(semiperiphery)、辺境＝周辺(periphery)、外延部といういくつかの地域類型をもって構成される世界経済としてのシステムをなすのであり、「このシステムの基礎には、決定的に重要な二つの制度がある。〝世界〟的な規模での分業体制と、いくつかの地域における官僚制国家機構とがそれである[6]」。ヨーロッパ中心型の初期世界市場の成立は、意味のある一時代を画するものとしては、15世紀後半から17世紀前半まで「長い16世紀」が含意される要件をトータルにつかまねばならない。

その最大の引き金になったものこそ、地理上の発見であり、ヨーロッパが直接かつ独自に新世界に進出したことであった。当時、東方ビザンツ世界の主要部分たるバルカン半島と東地中海域が、イスラム商業文化の担い手であるオスマン・トルコ勢力に制圧されており、いまだ若くして弱小な大西洋岸の西欧諸国は、新しいルートとフロンティアの開発を急務としていた事情があった。香辛料や絹といったアジア特産品の物流を媒介し、独占的で巨大な利益をもたらす遠隔地貿易である東方貿易の動脈としてのインド航路が開拓され、またアジアに対して独自の輸出商品を欠いていたヨーロッパが、銀の大量流入をもたらす新大陸アメリカを獲得したことは、長期的な国際資金循環を形成しつつ、地域間分業と国際通商を特色とした世界システムを成立させる基盤となったのであった。

こうした対外契機は、やがてアジアとアメリカ大陸という勢力圏を棲み分けたポルトガル・スペインを軸に、アメリカへの新たな労働力供給地としてのアフリカをも組み込みつつ、国際的な経済連関を形成していくが、とうぜんのことながらヨーロッパ内部にもこれに連動したインパクトを与えたのであった。

とりわけ「15世紀末から猛威をふるい、ドイツやスカンディナヴィアの鉱山のさかんな活動にもかかわらず中世の商人たちを圧倒していた金銀への渇望は、この16世紀をつうじて、前代未聞の豊富な貨幣に席をゆずった。もちろん、この豊富さは相対的なものだった。というのは、たえまのない戦争や交換の促進が、つねにより多くの貨幣を要求したからである。とはいえスペインは、この長い世紀のあいだに、金属を満載して西インド諸島からセビリアへ注意ぶかく護送されるガリオン船から、金銀をトン単位でうけとった。１５００年から１６４０年のあいだに、約１８０トンの金と1万7千トンの銀。……こういうスペインの金銀、《ドゥブロン金貨》や《レアル銀貨》が、なぜフランスに入ってきたのか。メキシコからパラグアイにいたる巨大な領土を支配したスペインが、さっそく征服の翌日から、独力ではその経営を確保できなくなったからである。大西洋を航行する多数の船団のための、木材、亜麻布、網具などの不足。乗組員のための小麦粉、肉、果物などの不足。スペインは、征服者たちが要求する武器、織物、器具などを提供することができなかったのだ。この時代の世界の他のどんな国とも同じように、スペインも、需要に応じて大きくなり、強い要求にこたえることができるほどの、弾力的な農業力や工業力をもっていなかった。それで、やむなく隣国に助けを求めたのである。……未開拓の大陸のために力を使い果たしたスペインの人口減少を助長したので、スペインの経済は、ますます武器や織物や小麦を自力で供給することができなくなり、隣国の商人がそういった品物を、よりよい値段でセビリアにもたらすこととなった。あらゆる方向に船が行きかった地中海と大西洋の黄金時代。

……こうしたスペインの出血によって、フランスには貨幣が豊富になった[7]」。

アメリカ大陸銀の流入→物価高騰＝価格革命は、賃金上昇のタイム・ラグを利活用する投資機会を増大させるとともに、地代収入に依存する旧領主層の没落を促進した。ウォーラーステインは、対外進出によって、「労働力に対する土地の比率が大幅に上昇した。これこそ、近代初期の決定的に重要な時期に、ヨーロッパが持続的経済成長を維持しえた根本的原因のひとつである[8]」と指摘している。これは他面において、「長い16世紀」の特徴をなす農村部における農業労働形態の変化を、資本主義的発展のトレンドに促して地域的に強制するものとなったのであった。

また、従来別々に存在していた北イタリア諸都市に中心をおくキリスト教的地中海のシステムと、東西および北ヨーロッパのフランドル・ハンザ貿易圏というふたつのシステムの「結合体のうえに、一方ではオスト・エルベ、ポーランドその他の東ヨーロッパの一部が、また他方では、大西洋沿岸の諸島と新世界の一部がつけ加えられた[9]」という、ヨーロッパの経済的統合性の地政学的成立も見逃せない事実である。

たとえば、16世紀末葉、ロンドンの繁栄はヨーロッパの他都市を大きく引き放したといわれているが、これこそ、全国貿易量の8割に達する未染色毛織物の輸出港としてのロンドンを象徴するものであったし、16世紀ヨーロッパにおけるコモン・マーケットとしてのアントワープと結ぶロンドン・アントワープ枢軸（London-Antwerp axis）という巨大な商路を、来るべきイギリスの跳躍のポテンシャルとして持続したのであった。越智武臣教授は、「16世紀前半に成長を続けた英国産毛織物の市場は、通説のように新大陸にあったのではなく、まずアントワープ市場を介する、こうしたヨーロッパ本土、なかんずく中欧およびレヴァント地方を主とするものであったし、そこにまた、16世紀英国経済に占める首都ロンドンの特殊な繁栄の基盤があった[10]」と、これを実証している。イギリスが新大陸アメリカを農工間国際分業の編成基軸の一環に定着させるのは、なお長い期間を要したのであり、甚本的には産業革命を達成せねばならなかったのであった。16世紀の、ヨーロッパを中心とする世界システムの特徴として、ウォーラーステインは、「誰が誰を支配していたのかが容易に識別しえないということである[11]」という。国民国家は生成期にあり、国家間の特殊ヨーロッパ的な体系が形成されていく過渡期として、中世末期いらい持ち越された問題と新たな通商関係の拡大が交錯して政治動向が規定されていかざるをえない。戦争は、こうした過程の典型的集約をなすものであった。

第一段階を画したのは、イタリア戦争（1494―1559年）であった。ヴェネツィア、ミラノ、ジェノヴァ、フィレンツェを結ぶ北イタリアの小さな四角形は、ヨーロッパの最先進地域であり、都市国家として強力であったが、政治的に生き残るには規模が小さすぎた。分裂した群小都市国家の集合でしかないイタリアでのヘゲモニーを争うものとして、イタリア戦争は16世紀を象徴するものであった。その基本的な要因として注目されるものは、中世的な普遍主義の基盤となっていたローマ教皇権の「超国家的」支配の破砕に先鞭をつけた初期的国民国家フランスのヴァロア王朝と、王朝際的な原理に立つ新しい「超国家的」支配の担い手として登場したハプスブルク家との対決であった。

1495年のナポリ制圧というフランス勢力の急激な進出は、しかし、ヴェネツィアの外交的リーダーシップによって、オーストリア、スペイン、イギリスを含む大連合を成立させた。フランスはイタリアから退却を余儀なくされたが、ここに勢力均衡（Balance of Power）の追求という19世紀に至るまで軍事、外交を含めた国際政治の最高目標となる基本原則が定立されたのである。全西欧的な規模で作動したこの連合の成立は、イデオロギーに依拠する中世を脱した原理的に新たな近代ヨーロッパの国際関係に、無差別で普遍的な行動原理を導入する端緒となったのである。

とりわけ、1519年にカール5世のドイツ王選任によって成立したハプスブルク帝国は、家産制的な支配原理に立脚するそれ自体ひとつの諸国家体系のスタイルを保持しつつ、緊張をはらんだ勢力均衡の過程をとおして、ヨーロッパの統合的編成において、媒介者の役割を果たしたのであった。その後もイタリアをめぐるフランスとハプスブルク帝国との角逐は、後者のスペイン王家との婚姻関係によって、スペイン・フランスという二大カトリック勢力の対抗基軸をつくりだすが、それはまた1559年カトー・カンブレジの和約で、新たな反宗教改革をめぐる抗争に道を拓くものとなったのである。16世紀後半のヨーロッパの国際政治が宗教戦争時代という局面を刻印するのは、たとえば1571年のレパントの海戦によってイスラム勢力としてのトルコ軍に壊滅的な打撃を与え、この前後20余年はスペイン王国の最盛期をなしていたことからも推察されるハプスブルク帝国のスペイン化に象徴されるスペインの優位を占める時代状況に対する後発新興国サイドの巻き返しが作動していたからでもあった。16世紀をリードしたスペインにみる帝国形成の動向は、国民国家としての中規模国家間の国際関係にとってかわるのである。

三　17世紀

30年戦争の国際性とスペイン優位の終焉

この戦争は、１６１８年から48年の30年間、ドイツを舞台として、宗教戦争のかたちが発端となったが、諸列強が介入し、つまるところはハプスブルク帝国の権力基盤を減殺し、諸々の国民国家の体系としての現在のヨーロッパの原型を創出した。

ボヘミアの新教徒に対するカトリック帝国ハプスブルクの弾圧政策からことは始まり、反乱に対する皇帝軍の圧勝からドイツのプロテスタントの勢力の危機直面、デンマークの介入と敗退、次いでスウェーデンの進入と孤立、そして最終局面におけるオランダと結んだフランスの公然たる侵入である。30年戦争は、オランダの独立戦争の側面やハプスブルク帝国内における皇帝対諸侯の対立に加え、スペインと結ばれた帝国の優越を阻止しようとするフランスの動向といった非宗教的で権力政治的要因を色濃くにじませていた。まさしく戦争は、国際政治の一形態となったのである。Ｆ・Ｌ・シューマンは、30年戦争の帰結を簡潔に要約している。

「《ウエストファリアの講和》は、列強間の大戦争の後で、武力の審判の結果をヨーロッパの公法の中に書き入れる大規模の平和取り決めとして最初のものであった。１６４２年にはじまった平和会議が嫌気がさすほど延々と続いた挙げ句、三つの条約が締結された。一つは、１６４８年１月30日ミュンスターでスペインとオランダの間で締結された。第二は、１６４８年10月24日にミュンスターで神聖ローマ帝国、フランスおよびドイツ諸侯の間に結ばれたもので、第三のものは、同日オスナブリュックで帝国とスウェーデンの間に締結された。以上の条約によって旧教徒と新教徒の間の相互の寛容が定められ、スイスとオランダの独立が承認された。ブランデンブルクは、後にプロイセン王国の建国に至る膨張の道にふみ出した。帝国は、昔日に比べれば影のような存在となり、ハプスブルク家はブルボン家から屈辱を受けた。拡大したフランスは、ヨーロッパの運命を決める役割を担うものとして、国際競争場裡へ踏み出した」[12]。

ウエストファリア条約は、〝ドイツ帝国の死亡証書〟となったが、これはフランス革命―ナポレオン戦争後のウィーン会議に至るまでのヨーロッパの国際関係の基礎を決定するものとなった。

30年戦争は、また、ヨーロッパにおけるスペイン優位時代の終焉を告知した側面において、歴史的興亡の新たなダイナミズムを用意するのであった。

成瀬治教授は、「17世紀ヨーロッパの国際政治史は、伝統的に、〝スペインの優位〟の終焉という基本線によって特徴づけられる。それは、より正確にいえば、フェリーペ2世の時代を絶頂とする、国際勢力としてのスペイン＝ハプスブルク王朝の汎ヨーロッパ的支配機構が解体し、差当たりブルボン朝フランスのヘゲモニーのもとで、諸々の主権国家のシステムとしてのヨーロッパ国際社会が古典的な〝勢力均衡〟体制へと移行してゆく過程であった(13)」といっているが、なおその要件として、海上支配＝重商主義時代の国際経済をめぐるスペイン、オランダ、フランス、イギリスの角逐に注目を求めていている。

スペインの国際的優位の支柱は、新大陸からの銀に求められていたから、エリザベス朝のもとで顕著におこなわれたイギリス勢力の大西洋進出は、スペインにとって致命的な脅威となっていた。すでにアルマダ海戦の敗北(1588年）によってスペインの海上支配は相対化していた。輸出産品としてスペインの羊毛は比較優位を保持できず、イギリス毛織物業の興隆と反比例するかたちでスペインの国内産業は基軸産業を持てぬまま衰退していた。このプロセスにおいてとりわけ重要なのは、スペイン領ネーデルランド北部諸州を占めていたオランダの政治的独立と、国際商業における圧倒的優位の確立であった。

1602年に成立した連合東インド会社（V・O・C）は、イギリス東インド会社の10倍以上にあたる約650万ギルダーの資本金を集めた世界最初の株式会社で、黄金の17世紀を経て200年の歴史をもった。胡椒に対し約10倍の価格差をもつ香料諸島のスパイスを主としたオランダ東インド会社の独占貿易の体制は、1630年ごろには完成していた。造船に秀でていたオランダの世界的通商国家としての優位は、アムステルダムの通商、金融における結節点としての繁栄をもたらしたのである。東インド貿易の巨利に加えて、東欧産品の搬出＝再輸出国として、通貨下落損失をカバーしきれなかった羊毛輸出国イギリスを北東欧市場から退却させた同じ原因が、オランダの覇権を確立したのであった。当時、オランダの船舶保有は3万5000隻といわれ、突出していた。

こうなると、国内紛争を克服したイギリス、フランスが海洋国家「ネーデルランド連邦共和国」の前に立ち現れてくるのである。

17世紀の中葉から後半にかけての、3回にわたる英蘭戦争（1652～74年）は、1651年、ピューリタン革命下のクロムウエルの航海条令の発布が発端となった。イギリスの港に貨物を搬送する場合、オランダ船の用船を禁止する主旨で、優勢を誇るオランダ商業と海運に打撃を与える狙いであった。二度にわたる英蘭戦争（1652～54年、1665～67年）の間に、オランダは南米の植民地をポルトガルに奪われ、北米植民地のニューアムステルダム（ニューヨーク）をイギリスに割譲を余儀なくされ、ついでフランスとイギリスが同盟してオランダに対抗した第三次英蘭戦争（1572～74年）によって、オランダは致命的打撃を受けることになった。

「そのころまでのヨーロッパでは、商業や貿易が海賊行為や海戦と不可分に結びつくのが常識であったのだが、17世紀の英蘭戦争はようやくそれが国家間の争いにまで拡大したものであった。それは近代国家形成途上最初の重商主義的商業戦争、海上戦争ということができた」(14)。

こうして近代世界システムにおける16世紀のスペイン、17世紀のオランダの優位は新たな勢力に席を渡すことになる。

17世紀後半には、東インド貿易における輸入品の大宗も胡椒や香料類から木綿（キャラコ）と絹に変わっていった。生活資料として大衆的需要をもつ繊維製品が世界貿易の主役となりつつあり、またアジアにおいてはインド、新大陸においては北米がこの通商連関において重要な地位を占めるようになってきていた。すでに地中海貿易は衰退の拍車がかかっていたが、中継貿易に依存するオランダ型の国際商業も急速にその歴史的役割を完了しつつあったのである。

毛織物工業と資本主義についてはたち入った説明が求められるところであるが、降旗節雄教授は、簡潔にその要点を衝いている。

「一般に〈産業革命〉に対して〈商業革命〉と呼ばれる、この時代の経済的変動は、アジアや新大陸とヨーロッパとの急速な発展を基軸とした。この時代のヨーロッパからの輸出品は、衣料品・金物類・水銀・ぶどう酒・オリーブ油などであったが、その中で終始、繊維製品、とくに毛織物が圧倒的比重を占めた。例えば、16世紀中葉のオランダ、ベルギーの輸出品の72％は工業製品、28％が食料・原料であったが、工業製品のうち亜麻布・サージ・毛織物およびイギリス毛織物の再輸出が80％を占めている。

また17世紀から18世紀のイギリスの輸出商品のうち、羊毛・毛織物がつねに70％前後の比率をしめている。

だから具体的には、ヨーロッパからの毛織物の輸出を主要内容とする世界貿易の発展が〈資本の近代的生活史〉を開いたと規定すべきであろう。資本主義的生産様式の前提となる世界貿易と結びつくのは、たんなる〈商品生産〉ではなく、衣料生産でなくてはならない。何故か。

前近代社会は、さまざまな類型があるとはいえ、すべて共同体を経済的甚礎として成立していた。この共同体の経済的特質は、その共同体成員が必要とする生産手段や生活資料が全面的に共同体内部で再生産されるという点にある。共同体の経済的特質が、この生産物、したがって生産部門の有機的統一性＝全体性にあるとすれば、もしも、その生産物のうちの生活の再生産にとって不可欠な部分が外部から供給されることになれば、共同体の経済は統一性を喪って解体せざるをえないことになる。この商品経済によって外部化され、共同体を解体へ導く生産物種類こそ、衣料としての繊維製品にほかならなかった。

ヨーロッパ中世の共同体の内部における衣科生産の代表は毛織物生産だったから、商品経済が毛織物生産をその内部に包摂するのに比例して、共同体は解体し、資本は徐々に生産過程への支配を拡大するのである。

いうまでもなく、この過程を最も典型的に実現したのは、イギリスにおける資本主義の発生過程であった。商品経済の発展が商品生産をうながし、特定の生産部門を農業共同体から分離しつつ、それを資本の支配下におくという場合、資本主義の成立過程としては、その生産部門が毛織物生産部門であることが決定的であった。イギリスでは、まさにこの毛織物生産部門が、問屋制家内工業ないしマニュファクチュアという形式で資本の支配下に組入れられることによって、資本の生産過程への侵入が開始されたのである。

銀をはじめとする金属製品、塩、ぶどう酒、毛皮、穀物、木材、魚なども重商主義の主要取引商品であったが、これらがかなり大量に貿易品目として登場したとしても、共同体経済の解体、その裏側としての資本主義の発生にとって決定的な影響を支えることはできなかった。15～16世紀に商人資本の活動を世界的に展開したイタリア、スペイン、ポルトガル、オランダ等で、資本主義的生産の順調な発生がみられなかった理由である」(15)。

四　18世紀の世界史が、イギリスとフランスを対抗基軸として展開したのは当然であった

18世紀のヨーロッパ経済は総じて安定的な発展をとげていた。国際関係では、商品経済のグローバリズムが拡大するなかで、ヨーロッパ体制としての一体性の原理が有効に作動し、啓蒙主義の普遍的な理念がこれをささえていたが、現実的な歴史過程においては、第二次百年戦争ともいわれるイギリス・フランス間の抗争が基軸となっていた。戦争を通してイギリスの海上支配の優越性が確定するととも

に、近代世界のシステムとしての展開と一体化は、イギリス経済を軸として構築されてくる。スペイン、スウェーデン、オランダなど前世紀までの強国が凋落し、オスマン・トルコ帝国もヨーロッパへの影響力を喪失したが、ロシアとプロイセンの二国が強国の舞台に接近してきたのが注目される。

1　スペイン継承戦争

スペイン継承戦争（1701〜14年）は、18世紀の国際政治を象徴する幕開けとなった。

ハプスブルク家のスペイン王カルロス2世は病弱のため後継者がなく、王位継承の問題は早くから列強諸国の関心となっていた。継承権からいえば、フランスのブルボン朝、オーストリアのハプスブルク家、バイエルン選帝侯がこれを有していたが、とりわけヨーロッパ大陸におけるフランスのヘゲモニーを追求するルイ14世の対外政策は、スペイン継承問題に注力していた。そしてマドリードの外交戦に勝利を占め、1700年カルロス2世はルイ14世の孫（フェリペ5世）を相続者に指名して死去した。

時あたかも、オーストリア・ハプスブルク家は、トルコに対する勝利を通じて国際的威信を回復しつつあったし、イギリス、オランダの両海洋国家は、スペインの海外植民地および地中海域のスペイン属領の将来が自己の経済的利害に深くかかわることから、スペインのフランス化によるフランスの突出は容認できないものであった。

1701年、イギリス、オランダ、オーストリアはこれに対してハーグ同盟を結成し、ここに10年余にわたる戦争が開始されたのである。戦線はスペイン、イタリア、西ドイツ、英仏海峡から地中海、それにアメリカ植民地にまで拡がった。私拿捕船による敵国の通商破壊も空前の規模に達し、イギリスはその商船の1100隻以上を失ったといわれているが、一方でイギリス海軍は1704年にジブラルタルを占領し、地中海におけるフランス勢力を圧倒していく。総じて戦局は、連合国側の優位を保持したが、フランス側の反撃やイギリス議会における和平派の多数化などにより、1713年、ユトレヒト条約が結ばれた。

ユトレヒト条約は、スペイン継承問題を、その領土分割的処方によるスペイン「帝国」の解体という形で解決したのである。最大の受益者はイギリスであった。イギリスは、スペインとその植民地におけるイギリスの最恵国待遇を勝ち取ったが、実体的には、フランスからはハドソン湾、カナダへの通路としてのニューファウンドランド、スペインからは地中海への通路の要衝たるジブラルタルとミノルカ島を獲得し、その海上支配を拡大し保証する重要拠点を確保したのである。これは、さしあたってスペイン海外市場をめぐるオランダとの通商戦争における、イギリスの決定的な勝利を意味した。

また近代世界システムの視点からは、ユトレヒト条約において実現されたものは、なんといってもフランスのヘゲモニーの否定における〝勢力均衡〟の理念であり、この思想はイギリスのイニシアティヴのもと18世紀以降のヨーロッパ国際政治を規定する指導理念として定着したのである。外交における組織的協力はこの理念に沿うものとなり、ほぼ一世紀のちのナポレオン戦争における対仏大連合のための歴史的前提ともなったのである。

2　オーストリア継承戦争と七年戦争

１７４０年から63年にわたる時期に、オーストリア継承戦争（１７４０～48年）と七年戦争（１７５６～63年）が位置する。いわばオーストリアの犠牲におけるドイツの大国プロシアの出現と、フランスの犠牲におけるイギリス植民地帝国の定礎がその特徴となっている。

まずオーストリア継承戦争であるが、これは当時隆盛の頂点にあったオーストリアのカール６世が１７４０年に没するや否や、その長女マリア・テレジアの王位継承に異議をとなえたバイエルン選帝侯にハプスブルク家の強大を好まぬブルボン朝のフランス、スペインが加担し、さらにプロシアのフリードリヒ大王も、彼女の相続の代償として、シレジアの割譲を要求し、拒絶されると武力をもってこれら占領した。マリア・テレジアに対する同盟が列強の間に結ばれたが、イギリスは、フランス・スペインとの戦いに利用するためにオーストリアを支援した。

海外でも仏領カナダやインドでイギリスとフランスの激突は一進一退を繰り返した。１７４８年のアーヘン条約で、マリア・テレジアは夫のフランツを皇帝として認められたものの、オーストリアは重要な工業地帯でもあるシレジアの領有権をプロシアに渡さざるをえなかった。近代世界システムにおいて強力な存在となるプロシアの台頭である。ヨーロッパ大陸においては、イギリス・フランスのバランスのおいては、イギリス海上権の優位が方向付けられたのであった。

七年戦争は、ヨーロッパにおいてオーストリアとプロシアの間に行われた戦争であったが、植民地の戦況や海戦をみれば、イギリスとフランスの激しい戦争であり、資本主義発生期における国民国家の構築過程における重商主義的政治行動の典型性を示すものといえる。

発端は、さきのオーストリア継承戦争において、シレジアをプロシアに奪われたオーストリアのマリア・テレジアが、失地回復のため二世紀余の伝統的敵対関係にあったブルボン朝のフランスに接近し、〝外交革命〟によって1756年に攻守同盟を成立させたことにある。この形成をみてプロシアのフリードリヒ2世は先手を打ってザクセンに侵入し、戦争となった。フランス、ロシア、スウェーデン、ザクセンなどがオーストリアに味方し、イギリスはプロシアに味方した。

ドイツに関するかぎり、七年戦争は、プロシアの大国としての地位を確定するとともに、帝国内部におけるプロシア・オーストリア併立の二元主義を基礎づけた。しかし、七年戦争はいまひとつ重要な戦争局面をもっていた。それは近代世界システムの形成を貫くイギリス、フランスの抗争が、アメリカとインドという海外植民地のなかでも最重要なところにおいて、ピット首相の強力なリーダーシップのもとで戦局を好転させ、イギリスの完全な海上制覇のもとでフランスの海外軍事基地や植民地は本国から切り離され、1759年、最大拠点たるケベックの陥落によってカナダにおけるフランス勢力が終わりを告げる一方、インドにおいては、1757年、カルカッタ北西のプラッシーの戦いにおいて、フランス・土侯連合軍を敗退させ、イギリスによるインド支配の基礎が固まったのである。遅ればせながら1761年、フランスと同盟して参戦したスペインも、最大の海軍基地ハバナが陥落するなど、強国としてのイギリスが植民地帝国としての地位を確立したことは明らかとなった。

1763年のパリ条約は、七年戦争の重商主義戦争としての典型的特質を告知している。結果として、フランスは、北アメリカでは、カナダ、ミシシッピー川以東のルイジアナをイギリスに、同以西のルイジアナをスペインに譲渡し、ニューファンドランド周辺の漁業権と非武装の2小島を保持するにとどまり、インドでは、シャンデルナゴル、ポンディシェリを除く地域でのイギリスの優越権を認め、その他は、地中海のミノルカ、アフリカのセネガル、西インドのトバゴなど4島をイギリスに返還もしくは譲渡、代りに西インドのマルティニク、アフリカのゴレーなどの返還をうけた。スペインはフロリダをイギリスに譲渡した。

「こうして、イギリスは、17世紀中葉のオランダのヘゲモニーの最終的な継承権をめぐる、一世紀にもおよぶ抗争に勝利したのである。世界のブルジョワのなかで、イギリスに根ざし、イギリス国家の支援をうけた集団が勝ち得たこの勝利を正確に理解するには、イギリスの経営者がフランスに根をおろした競争相手に対してもち得た社会経済的な優位を、イギリス国家がどのようにして政治的に生み出し、拡大しえたのかという問題を分析せざるをえない(16)」。

その一端は、19世紀の世界史に連動していくアメリカ独立戦争とナポレオン戦争を検討することによって果たされるであろう。

3　重商主義の再編成とアメリカ独立戦争

「商人資本的蓄積の進展は、国内外の市場の創出・拡大をつうじて社会の一部に資金の集積を創り出す点で、しかしなかんずく封建体制を解体させ、商品としての労働力を創出する点で、資本主義の生成過程を推進する役割を果たすのであって、資本の原始的蓄積の重要な梃子である」[17]。

この過程は、国民国家の形成と重複しながら、国家権力の作用によって促進され助長されたのであり、こういう事実上資本の原始的蓄積を促進する役割を果たす国家権力の発動＝経済政策・財政の総体が重商主義である。

資本主義の発生期を代表することになるイギリスの重商主義は、17世紀の市民革命（1642～49年のピューリタン革命と1688～89年の名誉革命）を境として、前半のチューダー＝ステュアート王朝による絶対王政期における王権の直接的利害の上に立った個別的な特権の保護といった性格から、後半は、「パラメンタリー・コルベルティズム」といわれるごとく、国王に代わって議会が主導するものとなった。その典型的なものとしてたとえば、「1651年、60年の航海条令は従来の政策を重商主義政策として確立し、初期の個別的特許制度から一歩進んで国民的独占を実現しようとするものとなったのであった。それはいうまでもなく海外貿易の発展が特許制度の枠を出ることになったためであるが、それと同時にアメリカ植民地の貿易が重要となったからである。すなわち51年の条令は、大陸諸国の商品の植民地への輸入を、イギリス本国と同様に、イギリス船、またはその商品の生産国の船舶に限り、植民地商品のイギリス本国および他の植民地への輸入をイギリス船に独占することを規定し、さらに60年の改正では、たばこ、綿花、砂糖、染料等の植民地重要商品をいわゆる列挙商品（the enumerated commodities）として、その輸出先をイギリス本国および植民地に限定し、また一般にイギリス沿岸貿易をイギリス船に独占するというような政策をとった。明らかに当時の競争国オランダに対抗する政策である。それと同時に植民地の産業は、すべて本国のために従属的地位におかれるという重商主義に特有な植民地政策を示すものであった」[18]。

とりわけ、17世紀後半から18世紀にかけて新大陸貿易の重要度が高まり、資本蓄積において新大陸に対してもつ利権への浸透が、国民国家の角逐＝戦争という超政策的手段の行使によってでも争われるほど、いわば国民的利害の迫求としてその関心が、移住植民地としての北アメリカ植民地に焦点を結んだのであった。

アメリカ独立戦争（1776―83年）は、七年戦争としての新大陸で行われたイギリス・フランス抗争の余波にしかすぎなかったともいえる。七年戦争は、ヨーロッパに局限されないグローバルな国際分業を編成していくことをもって資本蓄積の回路を確保しようとするイギリスの国民経済にとって、またそれはイギリス帝国の防衛という点において、これまでのどの戦争よりも死活的意義をもっていた。

「イングランド銀行の創設は直接には戦時における国家の資金需要のせいであった。同行はその全資本120万ポンドを貸付けることを申し入れ、その申し入れは受け入れられた。その資本は数日で約定され、業務は1694年7月27日に発足した」[19]。

しかし、この大きな栄光のために支払われた財政的負担は、名誉革命後の近代国家としての財政的基盤を構成したイングランド銀行を中核とした信用制度の一環をなした公信用――国債によって消化されざるをえなかったものの、莫大な国庫債務として残り、これがいわば重商主義の再編成として、植民地に対する国庫収入増加のための規制強化に走らせることになるのであった。表1、2、3は、この間の消息を容易に伝えるものであろう。組織的暴力による戦争は、それが近代国民国家における主権の発動として遂行されるにせよ、国民経済における財政基盤と財政システムの整備が前提されるのであり、議会というフィルターを通るイギリス国債の国際的信用も篤かったのである。

「18世紀を通じ、19世紀の初頭にいたるまでは、財政の経済に対する関与、干渉はかなりの程度にのぼったのである。すなわち、この時期の政府支出は、平時において国民所得の10％内外、戦時においては20％に近い状況で推移しているのであるが、それは、当時の国民所得がなお少額であったこと、ならびに、支出の大部分が軍事費と公債費であったことによって、国民経済にとってかなりの負担であるとともに、その影響も小さくなかった」[20]。

こうしてみると、七年戦争を通じて明らかとなった現実は、イギリスをして、アメリカ植民地政策に重大な修正を加える必要を生じさせた。膨大な国債残高と旧フランス植民地統治や植民地警備費の要求などである。イギリス本国は大英帝国の結合強化と歳入増加を目的に、これまで低負担とゆるやかな自治を特色としていたアメリカの13植民地に対して、新たな規制と課税を実行したのである。1764年の砂糖条令はその最初のもので、歳入を増加するとともに、従来の通商条令および船舶条令の強化により、重商主義政策を再確認せしめんとするものであった。

表 1　イギリス国家経費の動向（1688 ～ 1817 年）（百万ポンド）

		Ⓐ 政府支出（年平均）	Ⓑ 国民取得（年平均）	Ⓐ／Ⓑ（%）
1688 ～ 1697	ウィリアム三世戦役	5.1	43	11.9
1698 ～ 1701	平時	3.8	43	8.8
1702 ～ 14	アン女王戦役	7.6	46	16.5
1715 ～ 39	平時	5.7	60	9.5
1740 ～ 49	スペイン・オーストリア戦役	9.5	64	14.8
1750 ～ 55	平時	6.6	64	10.3
1756 ～ 66	七年戦役	14.5	75	19.3
1767 ～ 75	平時	9.9	100	9.9
1776 ～ 85	アメリカ独立戦役	21.8	125	17.4
1786 ～ 92	平時	16.6	160	10.4
1793 ～ 1802	第一次対仏戦役	45.4	230	19.7
1803 ～ 17	第二次対仏戦役	80.5	400	20.1

Fisk, H. E. : English Public Finance from the Revolution of 1688, 1920, p.134, 138 より作成

ほぼ10種類にのぼる規制強化のなかで、１７６５年の印紙条令は、法律上や商業上の証書および証券類・酒類販売許可証・パンフレット・新聞・広告・暦・カルタなどに、最低半ペニから最高10ポンドの印紙をはることを命じたもので、貿易という領域で港から徴収される税と異なり、13植民地を一括して直接現地徴収するばかりかあらゆる社会階層に影響を及ぼすことから、啓蒙思想の信奉者たちの反感も手伝って、反英闘争に普遍的性格を与える恰好の材料となったのであった。印紙条令反対運動は、有名な「代表を出さずして課税されることなし」という植民地議会の本国議会に対する請願にみるごとく、政治哲学をもった理論闘争の側面もみせ、印紙条令は一年にして撤廃された。しかしこれはイギリスの譲歩ではなく、１７６７年にはC・タウンゼント蔵相を先頭とした一連の植民地規制法が成立すると、これは植民地自治の原則を侵すものとして本国製品のボイコット運動に拡がり、１７７３年の茶条令は、茶の安定的供給のメリットを超えて東インド会社による茶の直売特許という独占の脅威そのものに、植民地側の反感が一般化し、もはや自治権の侵害を許さぬ状況に立ち至っていたのであった。こうした背景において、１７７６年７月４日の独立宣言があったのである。

「ワシントンが大統領に就任した翌年の１７９０年、第

表２　イギリス国家経費の構成（18世紀）（百万ポンド）

	民事費	軍事費	公債費	合計
1701	0.7 （21.9%）	1.3 （40.6%）	1.2 （37.5%）	3.2 （100）
1792	2.0 （11.4%）	6.2 （35.4%）	9.3 （53.1% ）	17.5 （100）

Nachimson, D. M. : Staatswirtschaft, Eine Kritische-theoretische Beleuchtung, S. 28
（阿部勇訳『財政学』34 ～ 35 頁より作成）
出典：武田隆夫『財政と財政学』

表３　イギリスの戦時財政支出と国債負担（1688 ～ 1815 年）

年　代	戦　争　名	A 支出総額	B 収入総額	C 差引不足額 （国債負担分）	D C/A
*		ポンド	ポンド	ポンド	%
1688 ～ 1697	ファルツ継承戦争	49,320,145	32,766,754	16,553,391	33.6
1702 ～ 13	スペイン継承戦争	93,644,560	64,239,477	29,405,083	31.4
1739 ～ 48	オーストリア継承戦争	95,628,159	65,903,964	29,724,195	31.1
1756 ～ 63	七　年　戦　争	160,573,366	100,555,123	60,018.243	37.4
1776 ～ 83	アメリカ独立戦争	236,462,689	141,902,620	94,560,069	39.9
1793 ～ 1815	対革命フランス戦争	1,657,854,518	1,217,546,439	440,298,079	26.6
合	計	2,293,483,437	1,622,924,377	670,559,060	33.3

＊ ファルツ継承戦争にイギリスは1689年5月に参戦したが、会計年度はミカエル祭(9月29日)より始まるので、ここには1688～89年の参戦前の分も含まれることになる。
〔資料〕P.G.M. Dickson, *The Financial Revolution in Engnand*, p.10.
出典：岩波講座『世界歴史』17 巻、280 ページ。

一回の国勢調査が行われたが、総人口はなんと約393万人、今の東京の3分の1にしかならない。1万人以上の人口をもつのは、わずか5都市にすぎなかった。この数字は、すべて黒人を含めたものである。黒人の総数は約76万人で、人口の19・3％であり、南部のサウスカロライナやヴァジニアのように40％を越えている州もあった」(21)。

アメリカ独立戦争において、人口400万の新国家がイギリスに勝利したことは驚異的である。ひとつはその地理的条件であり、大西洋を超えて広大な新大陸では、優れたイギリス兵力をもってしてもネットワーク化した制圧は至難だったことである。しかし決定的な要因は、フランスとの同盟であった。フランスは1778年にアメリカと同盟条約と友好通商条約とを結び、イギリスと開戦した。フランスの参戦は、ヨーロッパ列強による反英行動の口火となったのであり、79年にはスペインが対英宣戦を布告し、80年には、ロシアがイギリス海軍の中立国船舶の利益侵害に対抗する武装中立同盟を宣言し、これをデンマーク、スェーデン、オランダ、プロシア、オーストリア、ポルトガルを集めて拡大した。列強の大連合状況のまえに、バランス・オプ・パワーから孤立したイギリスは敗者となったのである。

1783年、イギリス・アメリカ間の講和はパリ条約として、合衆国の独立とカナダを除く大西洋岸からミシシッピー河までとフロリダの北からメインの北までの領土の承認、ニューファウンドランド周辺の漁業権とミシシッピー河航行権の承認がされた。一方同日調印されたヴェルサイユ平和条約によって、イギリスはトバゴなど西インド諸島の若干をフランスに、またミノルカ島とフロリダをスペインに割譲した。

アメリカ独立戦争によってイギリスは北米の広大な植民地を失い、重商主義的な第一次イギリス帝国に終止符が打たれたのであった。

4　ナポレオン戦争とウィーン体制

ナポレオン・ボナパルト（1769～1821年・フランスの皇帝在位1804～14年）は、18世紀末のフランス革命を汎ヨーロッパ化し、産業革命の進行を背景に、19世紀のブルジョア民族国家群を併立させた歴史的英傑であったが、国際関係史からみればヨーロッパのウィーン体制を準備したことになる。広大な構想力と突出した現実把握の知的能力に感傷性のない行動力を備えた軍事的天才は、深刻な影響を与えたフランス革命後のブルジョア的安定を志向していた、後進的な過渡期のヨーロッパ大陸諸国を、「ナポレオン法典」（1804年）のイデーをもって掌握していく優れた政治戦略と結びついて発揮されたのである。

ナポレオン戦争は、フランス革命の対外戦争につづいて、ナポレオン政権下のフランスが、１８００年のアルプスを越えたイタリア戦役から１８１４年パリ開城に至る間にヨーロッパ諸国とたたかった戦争の総称である。

この間、１８０５年10月対イギリスのトラファルガー海戦、12月対オーストリア・ロシア連合軍とのアウステルリッツの会戦、１８０６年10月の対プロシアのイェナの先勝とベルリン占領につづくポーランド征服を経て、ベルリン勅令によって、大陸市場をイギリスに対して閉鎖し、フランス産業をこれによって保護育成しようとする大陸体制を「大陸封鎖」をもって確立した。

しかし軍事的制圧のもとで実施された対英封鎖は、農作物の売行不振や植民地物産の不足と密貿易の盛行によって、すでに近代世界システムとして構造化していた先進国イギリスを工業生産・食糧輸入国として成立していた大陸市場の国際通商を遮断されることになり、この事態が、逆に、大国フランスじたいの不況を持続化し、後進的なヨーロッパ大陸諸国の国民経済の衰退を導くものとなるのであった。

またイギリスはその伝統化する外交能力を駆使していくたびかの対仏同盟(coalitions)を組織化し、反ナポレオン戦争を民族的解放運動と結びつける展開を策する。フランスは、１８０９年対オーストリア戦でウィーンを占領、穀物農産物の輸出不振によって反抗的なロシアに対し１８１２年５月、モスクワ遠征に60万の「大陸軍」をもって出発、9月に占領したものの、焦土戦術によって決戦を回避され冬営ならず10月に退却、これがドイツ解放に勢いをつけ、１８１４年のフランス戦役のすえ、３月末パリ開城、４月４日にナポレオンは退位した。

ナポレオンは、革命によって創出された近代的・国民的軍隊を用いてヨーロッパ大陸を支配下におさめ、占領諸国の旧体制を破壊して近代化の促進に寄与したが、ドラスチックなその手法はやがて反ナポレオン民族主義運動の高揚を招いたのであった。

しかし、ナポレオン戦争の国際関係における本質的契機をなしたものは、大陸の大国フランスによる先進国イギリスの打倒であった。フランス帝国の版図は、一時期、事実上の「ヨーロッパ連邦」として、北は北海から南はイタリア半島にのび、東はラインから西はピレネー山脈に及んだ。しかしこの大陸体制はついに制海権を握ることができず、逆にイギリス経済の南アメリカなどグローバルな市場開拓に拍車をかけたのである。これによって、17世紀末以来のイギリス・フランス間第二次百年戦争の最後がしめくくられた。

18世紀のイギリスの外国貿易には劇的な転換があり、「18世紀はじめには、輸出の5分の4はヨーロッパに流れていたのだが、世紀末には5分の1に低下した」(22)。また「フランスが再び1787年から89年の外国貿易の水準を回復するのは、1855年以後のことになる」(23)。19世紀は、これらを総括したウィーン体制として国際関係の基本的な枠組みが進行する。

ナポレオン戦争の後始末のために、1814年9月から15年6月まで、すべての戦争参加国を召集するという形でウィーンで国際会議が開かれた。会議は領土問題で列強の利害が対立して容易に進展せず、「会議は躍る」の様相を示したが、実質的な討議は、イギリス・オーストリア・プロシア・ロシアにフランスを加えた5ヶ国委員会によって処理されたのである。近代国際政治の会議外交における大国の優越が明らかとなった。

ウィーン最終議定書による条約の主な内容は、①正統主義の原則に基づき、フランス、スペイン、ナポリ、ポルトガルなどは旧君主が復位、とくにフランスは1790年当時の国境に復す、②ロシアはワルシャワ大公国の大部分を合併してポーランド王国をつくり、ロシア皇帝がポーランド王を兼ねる、その他スウェーデンからフィンランドを、トルコからベッサラビアを獲得、③プロシアはザクセンの北半分とラインラントとワルシャワ大公国の一部を獲得、④オーストリアはネーデルランド、ポーランド、南ドイツにおける所領を放棄し、その代償としてヴェネツィア、ロンバルディアなど北イタリアの領土を獲得、⑤イギリスはケープ植民地、マルタ島、セイロン島、イオニア諸島を確保、⑥スイスは永世中立国となる、⑦ドイツは、35邦4自由都市より成るドイツ連邦を構成し、フランクフルトに連邦会議においてオーストリアがその議長となる、⑧スウェーデンはフィンランドをロシアに、ポンメルンをプロシアに譲り、代わりにデンマークからノルウェーを獲得、というものであった。

この会議によって樹立されたヨーロッパの政治体制がウィーン体制である。みられるとおり、列強間の領土問題を、辺境地帯や小国の分割などの代償主義により調整し、ヨーロッパの勢力均衡を回復させている。権力政治的現実主義の到達点が、秩序の回復をフランス革命前の状態への復帰をめざすオーストリア首相メッテルニヒやフランス外相タレーランのいわゆる正統主義・復古主義の原理に同調した「神聖同盟」的な、反動と結合した復活という共通項をもったことが特筆されねばならない。

「ナポレオン戦争は一面ではイギリス・フランスの争覇

戦であり、イギリスの産業革命はイギリスの勝利の原因であり、またイギリスの勝利が産業革命を促進していた。その工業力と海軍力を基礎として、イギリスの優越はナポレオンの没落後決定的となった。ウィーン体制の安定のためにはどの国にもましてイギリスの協力が不可欠であったために、イギリスと大陸諸国との利害の一致がウィーン体制の事実上の支柱であった」[24]と斎藤孝教授はいう。つまり、ウィーン会議を主導した正統主義は、イデオロギー的外皮であって、基本的な行動原理は国際システムの安定秩序を突出した帝国の阻止によって実現する勢力均衡の観念だったのである。それはなんら歴史的に新たな理念を提唱するものでないだけに、ナポレオン戦争の戦後処理としては、勢力均衡の実質さえ確保されれば、そのビジョンが貧しく保守的な正統主義でも容認されたのであった。

「ウィーン会議に臨んだイギリスの意図は、海上権と世界市場の制覇であり、フランス革命とナポレオン戦争中にもイギリスはその植民地を拡大しているのであった。ウィーン会議において、イギリスがプロイセンの要求に妥協してロシアに当たらせ、オランダを支持してフランスを抑制しようとした勢力均衡策は、世界商業戦におけるイギリス・フランスの対抗関係、ロシアの南下攻策に対するイギリスの抵抗という背景から促されているのであった。ウィーン会議は、このような意味ではイギリスの勝利に終わった、ということができる」[25]。

時すでにイギリスは産業革命をほぼ達成し、産業資本による自由貿易を基調とした農工間国際分業の編成を指向していた。資本制商品経済システムにおける自由主義は、平和的な国際秩序と戦争に走らない安価な政府を求める方向に推移しつつ、旧来の重商主義から訣別しようとしていたのである。

ちなみに、高坂正堯教授は、七年戦争の勝利に寄せた「使い捨てられる英雄たち」と題する小論で、「イギリス人には生来の懐疑主義があって、それが重要であったように思われる。すなわち、彼らは戦争に敗けてはならないが、勝ってもコストが大きなものであることを認識していた。それに帝国について、イギリスのような小さな島国が世界にまたがる帝国を領有し、経営することは、どこか無理であると感じていたように思われる。少なくとも、それが自らの政治・経済システムを変え、その良さを壊すのではないか、という疑念があった。つまり、イギリスの政治・外交術はその力の限界を認識し、有頂天にならなかったところに成功の原因があるように思われる」[26]といっている。これが先進国市民社会の知恵というものであろう。

産業資本の確立によって、自由主義を基調とする資本主義は、諸国民経済をネットワーク化していくうえで国際社会の平和的安定を第一義としていく。勢力均衡はその最上の舞台装置となるのである。ここに、世界の工場としての地位を占めたイギリスが、国際関係のバランサーとなって、勢力均衡の維持が優先課題として位置づけられた事由がある。

ウィーン体制は、その意味で第一次大戦に至るまでの百年の平和に寄与したのであった。シューマンは、「ワーテルローからサラエヴォまでの一世紀は、特異な意味でユニークな時代としておそらく永遠に残るであろう(27)」といっているが、まさに19世紀は、パクス・ブリタニカ(Pax Britannica)(28)の時代として実現するのである。

5　国民国家と国民国家システム

厳格な意味でのナショナリズム(nationalism)は、国民国家主義であり、ヨーロッパの生み出した特殊な歴史的遺産である。国民国家とは、歴史がその同一性をつくりあげてきた共同体的単体としての民族(nation)、主権国家(sovereign state)、領土国家(territorial state)の三つの組織単位が一致している特殊な制度であった。ヨーロッパに固有で、歴史的例外としての国民国家が、ナショナリズムの発現を競い合いつつ、資本主義という商品経済の汎世界化による社会編成に寄与した過程が、近代世界史の基軸となったわけである。16世紀から19世紀に至るまでそこでは人類史の普遍概念として〝合理的進歩〟が信奉され、この概念は現実的には、産業化(industrialization)におきかえられたのである。

碩学・村上泰亮は、『反古典の政治経済学』という名著を遺した。以下これをひとつの手引きとした本稿の総括的検討をもって結びとしたい。

「先にナショナリズムは国民国家の理想だといったけれども、正確にいえば、ウエストファリア条約で成立したヨーロッパの〝古典的ナショナリズム〟は、

①国民国家そのものの存在

②国民国家システムの存在

の両者を共に不可欠の要件としている。二つの条件は、ヨーロッパの歴史の中では常に不即不離の関係、相互依存の関係にあった(29)」。つまり、条件②の成否が歴史的な質を規定するのであって、それは「システム的なナショナリズム」ともいいうる。

そして、このシステムそのものが資本主義発生期の国際関係において、政治の次元と経済の場面を有機的に絡ませつつ、産業化の過程が進展するのであった。

まず政治の次元である。どんな権力にも下属しない（＝他の上位権力を認めない）ことが特性である主権を前提と

して国際システムを構成しようとするとき、その共存を維持しようとすれば、複数の正義の並存を認めることが必要となる。これは必然的に、単数の正義ないし秩序のみを認める帝国型の正戦(bellum justum)を国民国家の間では公認しないシステムの論理として、「脱正戦論」を導かざるをえない。その具体的な存続形態こそ、中規模国家が相互に牽制し合うパワー・ゲームとしての勢力均衡であり、またその特性をもっとも端的に体現しているのが、バランス・オブ・パワー外交と、合法的手段としての戦争であった。

第一次大戦に至るまで、この無差別戦争観=脱正戦論は、ヨーロッパ内だけのことであり、また後半ナショナリズムの民衆化を伴ったものの、その黄金時代であった。国民国家システムの機能維持が優先されるとき、外交と同じく戦争は政治の合法的な延長であったのである。

このような歴史的文脈をパースペクティブとするならば、資本主義発生期における国民国家の重商主義的対外政策の核心をなすものはまさに戦争であった。戦争をとおしてヨーロッパの国際関係は律せられてきたのであった。

ここで経済の場面をみよう。「これまでの近代に関する限りでいえば、インターナショナリズムを支えてきた影の実力者は、国境を越えて国と国とを結びつける貿易であり、あるいはその全面的拡大を唱えてきた経済的自由主義の思想であった」[30]。そしてまた「国民国家を強固なものとした大きな現実的要因は、産業化の傾向にあった」[31]。

これは重要な認識であるが、しかし村上泰亮は、ナショナリズムに基づく国際関係理論を検討するさいつぎのように立言している。

「いま仮に現実主義的政治理論を自由主義的経済理論で補完しようとすると、二つの理論の思想的背景が、両立しないといっていいほど対称的なことに気付かされる。経済的自由主義の背景には均衡と調和を信じるオプティミズムがあるのに対して、政治的現実主義には世界の調和に対する——ペシミズムとはいわないまでも——懐疑の姿勢がある。つまり、経済学が、分業と貿易という形の協力を生み出すいわゆるPositive-sumの世界に眼を向けているのに対して、伝統的な政治学の発想は、同じ版図を奪いあういわゆるZero-sumの世界に傾いている。振り返ってみれば、この対照ないし対立の問題はこれまでも常にあった。経済的自由主義と国民国家という二つの理念は、思想的に統一されることなく、単に事実として、ヨーロッパ的近代の現実の中で共存してきたにすぎない。国民国家間の利害が調和するようにみえる局面では、経済的オプティミズムが支配的になる。しかし、経済的利益の亀裂が明らかになり、いわゆる重商主義的な応酬が起こって、戦争のおそれが高まる局面では、政治的ペシミズムが主導権を握る。二つの思想は、局面に応じて交代し、交互に全面に登場して、これまでの産業社会を支えてきた。しかしそこにみられる思想状況は、原則なき折衷以上のものではなかった」[32]。

　果たしてそうであろうか。このアプローチの根幹をなしているバランス・オブ・パワー・ゲームには、国民国家についての非浸透性と同質性という二つの前提があった。いわば国家における認識上の共約可能性(commensurability)を所与のものとしていたのである。ヨーロッパで独自に歴史的に形成された共通の慣行や文化がその基調をなしていることは重みのある事実である。しかしなんといっても決定的なのは、資本蓄積を動機とした商品経済による文明普遍化の強固な作用であろう。生産力の増進を担うのも資本であるし、商品＝貨幣経済は国境を越えて共同体の内部にまで外から浸透してゆく。新大陸からの銀の流入がヨーロッパに広汎な価格革命をよびおこしたごとく、商品経済のインパクトこそが、地域的、国民国家的偏差を超えた分業、交易、信用といった競争的ネットワークの地盤を整えるのであり、まさに簿記(book-keeping)が国際語となる条件を確保するものとなるのである。

　そこで、平和維持や国際通貨の供給といった「国際公共財」の主たる出し手としての覇権国(hegemon)が、国際関係の調停者、主導者として事実上要請され、登場してくることになる。資本主義の発生期について、16世紀のスペイン、17世紀のオランダ、18世紀のイギリスは歴史を動かした有力な大国であったが、19世紀のイギリスや20世紀のアメリカと同じレベルの覇権国とはいえない。

　ちなみに、こんにち、ヨーロッパ特有の国民国家の初期形態は、絶対主義(absolutism)と呼ばれている。「その意味は、ローマ教会の理念的統制と封建制の秩序慣行を乗り越えて国王権力が絶対化することであり、その点で絶対王政は、人類史のいたるところでみられた専制主義(autocracy)一般とは鋭く区別される。ヨーロッパの絶対主義は中世を切り捨てて始めて成り立つものであって、……結局、絶対王政は、国力の向上を示すことによって自らを支えていかなければならない実力本位の政治形態だった。……要するに、絶対王政は、経済力の拡大を大きな目標の一つとしてはっきり意識し、その発展過程（資本主義の出現）で発生する多方向の利害を調整しながら国内産業を保護育成しようとする特異な専制王制をさしている。……国民国家的統合に対して、……最大の切札になったのが、絶対王政の経済力拡張主義である」[33]。このような歴史上の正統な文脈からみれば、「絶対主義とは、国民国家と工業資本主義とを媒介し結合し育成しようとする試みであり、いわば最初の〝開発独裁〟である」[34]。重商主義は、そのような開発主義的政策が試みられる集約的表現であり、またその不可欠な手段であった。ここに国民国家成立が国民経済の成立と深く相関する姿が読みとれるわけである。

資本主義を歴史的な社会システムとしてとらえ、「あくなき資本の蓄積こそは、資本主義文明の存在理由であり、その主たる活動である」[35]とみるウォーラーステインは、「近代国家は、完全に自律的な政治体などではなかった。つまり国家というものは、ひとつのインターステイト・システムの不可欠な一部として発展し、形づくられたものである。インターステイト・システムとは、諸国家がそれによって動かざるをえない一連のルールであり、諸国家が生きのびてゆくのに不可欠な合法化の論拠を与えるものである」[36]といって、さらに、「強国をも弱小国をまともに縛る勢力均衡というのは、簡単に崩れる政治的偶発現象などではなかった。それは史的システムとしての資本主義における資本蓄積そのもののなかに、深く根を張っていたのである」[37]と問題の本質を衝いている。

史的システムとしての資本主義のバランス・シートをみるならば、限りなき生産力の増進や自由を無差別に普遍化するモデルの普及といった普遍主義の信奉と併せて、さまざまな反システム運動をよびおこしたというプラスとマイナスの面をもっていた。いずれにせよ、資本主義が、システムの正常な機能を維持しようとすれば、そのための調整コストは不可欠である。その主たる役割を政治が分担するとみてよいが、資本主義発生期の国際関係においては、重商主義戦争がこれを代表したことを直視せざるをえないであろう。

村上泰亮は、近代的進歩主義の内容を産業化とし、この産業化を上位概念とみなし、その制度的柱を国民国家と資本主義といって、「産業化が背景となっているかぎり、二つのシステムは世界的な規模では容易に調和しない」[38]と、二つのシステムを基本的に独立だと前提してその非両立性を遺著では強調している。産業化という巨大な潮流も歴史的現象であり、これを担う主体こそ人格化された資本である。資本蓄積衝動こそ経済の活動源であったし、資本主義は商品経済形態をもって社会的再生産を世界的に編成する歴史的、現実的過程のなかに共同体的な人類の生活活動をも包含するものとなるのである。したがって政治と経済は、社会科学の対象として機能的な分化は生じても、相互に独立的な非両立性を主張するならば、逆に近代世界システムに生じた様々な緊張の根源を明証しえなくなるであろう。事物の本質的要因は始源にある。資本主義発生期の国際関係は、まさにその世界システムの形成をとおしてこの点を傍証するのではなかろうか。

【註】

（1）K.Marx. Das Kapital. Bd. I. S. 742. 訳『全集』23巻2．934ページ
（2）K.Marx. Ibid. S. 779. 訳、『全集』23巻2980ページ
（3）越智武臣、岩波講座『世界歴史』14巻、1969年、13ページ
（4）越智武臣『近代英国の起源』、1966年、ミネルヴァ書房、8ページ
（5）Immanuel Wallerstein “The Modern World System, I” Academic Press, 1974, P7, 川北稔訳『近代世界システム・I』1981年、年岩波書店、9ページ
（6）Ibid. P. 63. 訳、72ページ
（7）ジョルジェ・デュビィ／ロベコンドル、前川貞次郎・島田尚訳『フランス文化史』II、1969年、人文書院、75～6ページ
（8）I. W allerstein. Ibid. P.69. 訳、103ページ
（9）Ibid. P. 68, 訳、103ページ
（10）越智武臣、前掲書、196ページ
（11）Ibid. P. 129, 訳、165ページ
（12）F・L・シューマン、長井信一訳『国際政治』上、1973年、東京大学出版会、79ページ
（13）成瀬治、前掲『世界歴史』14巻、91ページ
（14）浅田実『東インド会社』、1989年、講談社、47ページ
（15）降旗節雄『生きているマルクス』、1993年、文真堂、155～6ページ
（16）I. Wallerstein ″The Modem World System, II″ 1980. P.257～8. 川北稔訳『近代世界システム・1600～1750』、1993年、名古屋大学出版会、316ページ
（17）『大内力経済学大系』第4巻、1985年、東京大学出版会、93ページ
（18）宇野弘蔵『経済政策論（改訂版）』、1971年、弘文堂、64～5ページ

　とはいえJ・クラパムは、航海条令の効果については消極的な評価を見せている。

「対オランダ戦において、イングランド人は、他のオランダ船と並んで、ときおり〝大型平底船〟を拿捕した。しかしこの船を購入することの方が多かった。これを王制復古時代のさまざまの〝航海法〟は防止しようとした。だが、これらの法令は徐々に、かつまた不完全にしか作用しなかった。拿捕船はもちろん〝帰化〟さ

せられた。1676年にいたるまでに、791の帰化船に関する不完全な記録が存在する。これに平穏かつ不法に取得した外国で建造した船を加え給え。さらにまた、全スコットランドの商業船舶は〝異国で〟造られたという、おそらくは誇張された1688年のスコットランドの自認に注目し給え。そうすれば1680年ごろに、少なくともイングランド商船の4分の1はイングランド外で建造された、という見積もりは誤りではないであろう。

　イングランドとオランダの競合および戦争の終焉とともに、オランダ建造船についてきくことが少なくなる。……もっとも重要なことは、イングランドが最初は海軍のために大帆柱と円柱を、ついで船舶そのものをアメリカ植民地から獲得することができたという事実であった。〝帆柱船〟は400トン、さらに大は1000トンに及ぶほど大きくならねばならなかった。これらの船舶は対オランダ戦中にすでに帆走してた。……植民地住民は造船業者となる誘因をそろえていた。かれらの植民地間の関係は海路によっていた。かれらは木材をもっていた。……アメリカの造船業が18世紀イギリスにとってどのような意義をもったかは、独立宣言直前の統計数字で明らかにされる。諸植民地は、数百隻のスクーナーや小舟とともに、年間に100隻以上の横帆式遠洋航海船を建造していた。そして、2343隻の〝植民地建造船〟はイギリス商船全体の3分の1を占めた」。J. Clapham "A Concise Economic History of Britain" 1963. C. U.P.P.235. 山村延昭訳、1981年，未来社、343～4ページ。

　ここでアメリカ植民地において相当数の外航船舶が建造されていたことの指摘は重要であるが、しかしながらイギリスの外から確保される船舶のシェアの大なる事実と、航海条例の重商主義的政策意図とには整合性は見当たらない。クラパムもいうように重商主義は、「各種の消費強制策――毛織物経かたびらでの埋葬についての規則、一切の船舶は国内産帆布の完全なセットを携行すべしとの規則、ボタン穴は一切国内産の糸でかがるべしというやや馬鹿げた小規則」(ibid. P. 292. 訳421ページ）にみるごとく、多岐多様な政策手段が寄せ集められる傾向をみせるのであり、それは、発生期の資本主義において商品経済の発展が国民国家のフレームにおいて生ずるためにいわば助産婦の役割を果たすのである。攻策の当否は歴史的にしか判定されないわけである。

（19）J.Clapham. ibid. P.273、訳395ページ

(20) 武田隆夫『財政と財政学』、1985年、東京大学出版会、82〜3ページ
(21) 猿谷要『物語アメリカの歴史』、1991年、中央公論社、68ページ
(22) I.Wallerstein "The Modern World System, III" 1989. P. 67. 川北稔訳、『近代世界システム・1730〜1840s』、1997年、名古屋大学出版会、123ページ注
(23) Ibid. P.115. 訳、148ページ注
(24) 斎藤孝、岩波講座『世界歴史』18巻、1970年、239ページ
(25) 斎藤孝、同上、246ページ
(26) 高坂正堯『世界史の中から考える』、1996年、新潮社、146ページ
(27) F・L・シューマン、前掲書、91ページ
(28) 石井英朗「資本主義体制と国際平和」、1991年、『いわき短期大学紀要』参照
(29) 村上泰亮、『反古典の政治経済学』上、1992年、中央公論社、82〜3ページ
(30) 村上泰亮、同上、76ページ
(31) 村上泰亮、同上、128ページ
(32) 村上泰亮、同上、158〜9ページ
(33) 村上泰亮、同上、322〜5ページ
(34) 村ト泰光、同上、267ページ
(35) I・ウォーラーステイン、『新版・史的システムとしての資本主義』川北稔訳、1997年、岩波書店、198ページ
(36) ウォーラーステイン、同上、69ページ
(37) ウォーラーステイン、同上、74ページ
(38) 村上泰亮『反古典の政治経済学要綱』、1994年、中央公論社、38ページ

※ なお歴史的事例については、京大西洋史事典編纂会『新編西洋史事典』、1983年、東京創元社を参照している。

(初出:『東日本国際大学研究紀要』第5巻20号・2000年1月)

第三章　資本主義体制と国際平和—19世紀の世界システム—

1　課題

カール・ポランニー（1886〜1964）も指摘するごとく、ナポレオン戦争後第一次世界大戦に至るまでの百年は、その前後の歴史に比して、ヨーロッパは平和の時代であった。

なぜ19世紀に平和の持続が確保されたのか。これは、深刻に問われてよいテーマである。

この問、世界経済は、産業革命の先頭に立ったイギリスに主導された資本主義の自由主義的な発展をみた。つまり自由貿易体制こそ平和を保証し、継続させたものといってよいであろう。とすると、金本位制とリンクした自由貿易のシステムが、対外的関係において国際政治システムとして発現し、単純に相対化しえない歴史的質としての平和的環境の維持保全に有効な機能をはたしたものと予想できる。

こうした歴史的現実の根底に潜む要因を検出し究明することが本稿の課題となるであろう。国際関係論において必ず説かれるバランス・オブ・パワーなる勢力均衡策が、19世紀においてその典型をみるのも、それが世界経済の基本的な枠組みをベースとした国際関係における政治的結晶として説けることにあるように思考される。

2　19世紀の平和

まず、19世紀の平和を確認しよう。

「19世紀は、西ヨーロッパ文明の年代記に前代未聞の現象、すなわち平和の一〇〇年（1815〜1914）を生み出した。クリミア戦争——これは多かれ少なかれ植民地での事件にすぎない——を別にすれば、イギリス、フランス、プロシア、オーストリア、イタリア、ロシア相互間では、全部でわずか18ヶ月間しか戦争が起こらなかった。これに先立つ二世紀について対応する数字をみると、一世紀平均60ないし70年の大戦争があることがわかる。これにたいし19世紀に勃発した最も激しい1870—1871年の普仏戦争でさえ、一年足らずの期間で終了した。だからこそ敗戦国はその通貨になんの障害も起こすことなく、前例をみぬほどの賠償額を支払いえたのであった。

実利主義的平和主義のこのような勝利は、けっして衝突につながる深刻な原因がなかったからではない。強力な国家や大帝国の国内および対外的状況のほとんど間断ない変動にもかかわらず、こうした協調的な歴史が展開されたのだ。

この世紀の前半には、内乱や革命、反革命的干渉が日常茶飯事であった。……しかし、これらの衝突のどれひとつをとっても局地化されていたし、激変を生ずるような機会はほかにも無数にあったが、これらは巨大列強間の共同行動か譲歩によって鎮静された。手段がいかに異なっていたにせよ、結果は同じであった。世紀前半には、立憲制は禁じられ、神聖同盟が平和の名のもとに自由を抑圧した。これにたいし後半には、再びまた平和の名のもとに、企業精神に富んだ銀行家たちによって立憲制が暴君たちに押しつけられた。このようにいろいろな姿で、しかも変動常なきイデオロギーのもとでときには進歩と自由の名のもとに、ときには王冠や教会の権威によって、ときには株式取引所か銀行の慈悲によって、あるいはまた買収や賄賂によって、道徳論や啓発的な呼びかけによって同じ結果が生みだされた。すなわち、平和が維持されたのだ(1)」。

猪口邦子教授の紹介する、戦争の回数、継続期間、軍隊の構成、戦死者数、参戦国数、動員率などから各世紀の戦争規模を指数化したソローキンの戦争指標によると、15世紀を１００として16世紀が１８０、17世紀が５００、18世紀が３７０、19世紀は１２０、20世紀が３０８０と、ヨーロッパ勢力の戦争の強度が表現されている。

「各戦争の参戦国数の平均は、16世紀は2・4、17世紀は2・6、18世紀は3・7、19世紀は3・2、20世紀前半は4・8に増えた。また各戦争における主要国の平均参戦期間は、15世紀から18世紀までは一貫して2・5年前後で、19世紀は1・4年となってパクス・ブリタニカ下の安定期を思わせるが、20世紀には一気に4・0年になる。……加筆するならば、16、17世紀のヨーロッパ主要国が正式に戦争活動に関わっていた年月は平均して約65％であった(2)」。

一〇〇年の平和という「こうしたほとんど奇跡的な事態はバランス・オブ・パワーの作用に負うものではあったが、バランス・オブ・パワーのもたらしたこうした結果は、一般にいえばこの作用自体とは無関係である。……事実、勢力が均衡するためには、武力を行使しうる三つないしそれ以上の権力単位のあいだで、それらが常に最強国の権力の増大に抗して弱い側を結合するように行動すればことたりるのである。世界史をとおして、バランス・オブ・パワーは、独立の維持をこれに頼る国々にとっての重要問題であった。しかし、バランス・オブ・パワーは、同盟国を変えつつ形成される諸グループ間の問断ない戦争によってのみ、こうした成果を達成していたのだ。古代ギリシアや北イタリアの都市国家の例はこのようなものであった。すなわち、仲間を変え相手を変えての戦争が長期にわたってこれら諸国家に独立を保たせたのであった。これと同じ原理が、二〇〇年以上ものあいだ、ミュンスター・ウェストファリア条約締結時（1648年）にヨーロッパを形成していた諸国の主権を守りつづけたのである。それから65年後のユトレヒト条約のなかで、条約加盟諸国が厳格にこの原理を厳守しようと宣言したとき、これによって彼らはこの原理を一つのシステムに具体化させ、強弱にかかわらずいずれの国も同様に、戦争という手段によって生存していける相互保障体制を確立したのであった。この同じメカニズムが19世紀には戦争よりもむしろ平和をもたらした事実は、歴史家の関心をそそる問題である」[3]。

3　勢力均衡体制

さて、世界史的にみて19世紀においてもっとも有効に機能した国際政治体系としての勢力均衡体制の実質はいかなるものであったろうか。

フランケルのいうごとく、巨視的レベルにおける「国際政治体系には、国内的政治体系の前提条件となる二つのものが欠けている。すなわち、生活共同体という社会的基礎および政府という政治構造がないのである。……対外主権は、個々の政府が国際政治体系の内部でそれぞれ至高であり、部分が全体に優先するということを意味している。換言すれば、国家の内部では政治体系が強力に中央集権化されているのに対し、国際的政治体系は高度に分権化されている。更に、現代的な用語でいえば、国際体系は〝下位体系に支配されている〟のである」[4]。

つまり、国際政治体系の構成の実体は何であるか、という根本的な問題があるわけであるが、「1648年から1914年にかけて作動していたバランス・オブ・パワー体系は今日の国際社会の甚礎であり、国際政治学の用語の源泉であるから、これを研究することは確かに重要である」[5]。

ここで、中世的秩序の公式の終焉といわれる1648年のウエストファリア条約（30年戦争の終結と神聖ローマ帝国の事実上の解体）から1914年までの長い期間存続し、フランス革命やナポレオン戦争の挑戦に耐えて驚くべき安定性を示した勢力均衡 balance of power の実質について、フランケルや猪口教授に依拠して概観しておきたい[6]。

バランス・オブ・パワー体系は、ホッブズのいうそれぞれの主体はたがいに狼であるという〝自然状態〟を容認している。国家は競争し猜疑し合うものとしてとどまり、それぞれの国は自国の行動についての至上の判定者であることを与件にしていた。それは、高潔な理想に裏打ちされた壮大な平和構想ではなく、各国の独立維持という強迫観念が一強国による全体の統合を拒否し、大戦争を回避するという、ウエストファリア講和による均衡のとれた領土配分を正統性原則とするリアリズムの理念による体制であった。

その基本的な行動の原理は、①膨張主義の牽制、②同盟の非絶対性、③外交交渉の重視、④敗者復活、⑤システム内小国の独立の保障ないし分割、に要約できる。

膨張主義の牽制とは、世界帝国の成立を阻止するもので、勢力の拡張を牽制し合いながら現状維持的均衡を図ることで、とりわけスペイン継承戦争（１７０１―１４年）をめぐる英仏を軸とした権力闘争は、フランスのヘゲモニーの否定と非ヨーロッパ地域をヨーロッパ世界の客体として膨張過程を許容するものとなり、ユトレヒト講和（１７１３年）は、勢力均衡原理の圏外に、イギリスをして膨張の矛先を向かわしめ、イギリスの商業的世界覇権への契機となった。それは、ヨーロッパでは勢力均衡のバランサーである一方、世界においては〝自由貿易帝国主義〟ともいわれる覇権国としてのイギリスの世界戦略の起点ともなったのである。

同盟の非絶対性とは、即物的に柔軟な同盟のことで、同盟は目的については限定的であり、期間については短期的であることが望ましく、イデオロギーなど信条的な要素で結ばれる同盟は勢力を均衡させていくのに必要な機能性の喪失につながりかねないという考え方である。オーストリア継承戦争（１７４０―４８年）、七年戦争（１７５６―６３年）におけるイギリス外交は、勢力均衡のためには妥協的に同盟を組み替えるという典型的事例であった。勢力均衡とは、限定的対立の域をこえるような根源的亀裂はヨーロッパ世界に存在しないという認識に支えられた安全保障体制であった。

外交交渉の重視とは、軍事的手段より外交による問題解決を優先するという当然の原則であるが、勢力均衡とは基本において急激な変動を排する現状維持的保守性に立脚した体制であり、外交の方が戦争より優先されるのは平和主義の理念からではなく、外交の本質が連続性にあるのに対して、戦争は不確定性と変動をシステムにもたらすという認識からであったといえる。

敗者のシステムへの復帰も、急激な変動を回避するところから編み出された。主要敗戦国の徹底破壊やシステムからの抹殺は戦後の勢力均衡に著しい変化をもたらすという認識から否定され、戦後処理は敗戦国を処罰するという小状況からの発想ではなく、システムの均衡を回復するという大状況における命題にそって実行されるのが原則であった。ナポレオン戦争という全ヨーロッパ的破壊の後でさえ、ウィーン会議の最大の課題はフランスを主要メンバーの一国とする勢力均衡体制を回復することであった。

システム内小国の独立の保障とは、小国を尊重する立場からではなく、小国を征服したり併合することによる特定の大国の強大化を防ぎ、ヨーロッパにおける大国間勢力均衡を狂わせるような不確定要因をことごとく排するという発想から生まれた。小国の独立が危ぶまれる場合には、近隣の大国が単独にこれを吸収しないよう、分割の原理が適用される。とりわけ、バルカン一帯は、勢力均衡の最終局面においてロシアを中心とする汎スラブ主義とドイツ・オーストリアを中心とする汎ゲルマン主義の力学が交錯する〝死の十字〟に小国群が引き裂かれていた。

猪口教授によると、このような行動原理で維持された勢力均衡体制には、相即不離な歴史的前提条件があったとして、①共通の文化的道徳的基盤の存在、②劇的な技術革新の不在、③5ヵ国の主要国の存在、④矛盾調整地帯としての周辺の存在、を挙げている。こうした条件の変化ないし消滅は、バランス・オブ・パワー体系の有効性を喪失させていくのである。

第一の共通の文化的紐帯としては、まず君主間には婚姻関係で強化された共通の様式と保守的価値があった。じじつ、18世紀ヨーロッパには王朝インターナショナルという表現が似つかわしく、ウィーン体制は新君主連合の別名であった。しかし、資本主義経済の進展とともに労働者の反抗や社会主義の浸透が社会の深部から復古的保守体制に対する内圧を高め、またかつてはヨーロッパ王室という共通項で結ばれた国家間も、先発国と後発資本主義国に分かれて異なった世界観を持つようになる。

第二の劇的な技術革新の不在は、勢力の構図が軍事技術の突破などで激変しないために不可欠な条件であったが、19世紀後半には戦艦や大砲などをめぐる技術革新と軍拡競争が急速に展開し、伝統的な勢力均衡外交の手法ではもはや対応できないダイナミズムが渦巻くようになった。

第三にいう5列強とは、イギリス、フランス、オーストリア、プロイセン、ロシアで、主要国が4ヵ国であれば同盟が2ヵ国ずつに割れて固定化しやすく、またあまり数が増えれば互いに勢力を均衡させにくいという面があった。統一イタリアの登場や、アメリカ、日本の台頭が、本質的にヨーロッパ国際体系としてのバランス・オブ・パワーを揺るがしていくのである。

第四の矛盾の調整地帯としての周辺とは、ヨーロッパ内部における大国の小国支配が極限に至り、世界では帝国主義的分割が行き詰まったとき、ヨーロッパの心臓部における勢力均衡は破綻した。

なお、フランケルは経済的要因を加えて、「国際間の安定は、幾つかの有利な状況のおかげで強まることができた。まず、核兵器の発明に当たるような劇的な技術革新がなかった。経済的発展のための余地が十分にあった。また、海外への膨張という有用な安全弁があったため諸国は、競争相手国を深刻に脅かすことなくその力を増大させることができ、均衡状態を維持するために必要な獲物の取り合いの機会を広く与えられていた。国力を増大させるためには、工業化と植民地拡大という途をとるのが、ヨーロッパの他の国々の征服をはかるよりもはるかに成功の見込みの大きいやり方であった」[7]といっている。

ポランニーのバランス・オブ・パワーについての認識は、重層的、複眼的であり、19世紀の世界システムをトータルに把える視点を提供している。

ひとつの意味づけは、「勢力諸単位の本性に直接、基礎を置いている」もので、「それは、個々の活動体がパワーの体現者としてふるまう限りにおいては、彼らの動機のいかんを問わず、現実のものとなる」[8]ところに、政治学的性格を検証するもので、その行動原理やこの枠組みの前提条件については上述したとおりである。

「公式に設定されたセンター、定期的会合、常任の役員、強制力を持つ行動規約こそなかったが、ただ高官たちや外交機関のメンバーのあいだの継続的かつ緊密な接触によって、ヨーロッパは一つの体制に形づくられていた。照会、要請、覚書——同時にも単独にも交され、また、条件が一致することもあれば一致しない場合もある——を律する厳格な慣例が、事態をどたん場に追いこむことなく勢力状況を表現し、他方では新しい妥協の途を、あるいは——最終的に交渉決裂の場合の——共同行動の新しい途を用意する手段となっていた。実際、もし強国の正当な利益が脅かされるならば小国の問題に共同介入できるという権利なるものが、陰然と組織されたヨーロッパ理事会が存在するのと同等の意味をもつことになった」[9]。

このヨーロッパの均衡維持に機能し、とりわけ政治システムとして19世紀の平和の持続に有効であったバランス・オブ・パワー・システムは、ヨーロッパ列強による国民経済の国際的編成としての世界経済と、いかなる事態において連関し、連動していたのか、この点がつぎの課題となる。

4　ポランニーの論説

ポランニーの立言を追ってみよう。

「19世紀文明は四つの制度のうえに成り立っていた。第一は、一世紀のあいだ長期的破壊的な強大国間の戦争の勃発を完全に回避してきたバランス・オブ・パワー・システムである。第二は、特異な組織である世界経済を象徴する国際金本位制である。第三は、前代未聞の物質的繁栄を生み出した自己調整的市場である。そして第四は、自由主義的国家であった。

……このシステムの源泉と母体は自己調整的市場であった。この新制度こそが特殊な文明を生ぜしめていたのである。金本位制はたんに国内市場システムを国際分野に拡大しようとするひとつの企てにすぎなかった。バランス・オブ・パワー・システムは金本位制のうえに築かれ、そして部分的には金本位制を通して機能する上部構造であった。自由主義的国家はそれ自体が自己調整的市場のつくりだしたものであった。19世紀システムを築く鍵は市場経済を支配する法則にあった」(10)。

ここには、19世紀社会の文明史的意義を世界史の座標軸上に位置づける基本的フレームが総括されている。ポランニーは、19世紀の世界システムの母体となった自己調整的市場システムが20世紀の社会の経済的再生産の実質をそのメカニズムのうちにトータルに包摂できなくなり、戦間期1920年代の再調整の失敗からこれに続く30年代、40年代の激動のうちに20世紀システムへの「大転換」を予定するとともに、19世紀に絶対規されていた自由主義のイデオロギーを相対化するのである。

しかしここでは、政治的な勢力均衡体制を支える経済的分野でのポランニーの発言を追究してみなければならない。

「この非公式のシステムを支える最も強力な柱は、おそらく、しばしば何らかの通商条約により、あるいは慣習と伝統とによって機能する何らかの国際機関をとおしてとり結ばれていた巨額にのぼる国際的な私的取引であった。各国政府およびその有力な市民は、こうした国際的取引の多様な金融的・経済的・法律的織布の中に織り込まれていた。局地的な戦争は、こうした関係の部分的な一時停止を意味したにすぎない。戦争の形勢によっては敵方に不利益を蒙らせることになるかもしれない取引停止に比べて、取引を恒久的にあるいは少なくとも暫時はそのまま継続することのもたらす利益の方が圧倒的に大きかった。

文明社会の生活全体に浸透し、国境をものり越えた私的利益のこうした無言の圧力は、国際的相互連繫の見えざる大黒柱であり、バランス・オブ・パワーがヨーロッパ協調や国際連盟といった組織的な形態をとらなかった場合ですら、この原理に有効な制裁手段を与えていたのである」[11]。「金融――これは影響力を与えるチャンネルのひとつであった――は、多数の独立国家の政策決定にたいする強力な調整者の役割を果たした。貸付とその更新は信用にかかっており、その信用は行動のあり方にかかっていた。立憲政府（立憲制でなければ強い難色が示された）のもとでは行動は予算に反映されたし、通貨の対外的価値は予算にたいする評価と切り離しえなかったから、債務国政府は、自国通貨の為替相場を注意深く見守り、そして予算状態の健全性に疑いを生じさせるような政策を避けるのが得策というものであった。ある国が金本位制を一度採用すれば、この有益な格率 (maxim) が強力な行動準則となった。そしてこれは変動しうる幅を最小に限定することになった。金本位制と立憲制は、新しい国家秩序への忠誠を象徴するこれら二つの制度を採用した多数の小国に、ロンドンのシティの声を伝える媒体であった。パックス・ブリタニカは、ときには重艦砲の不吉な威厳でその権勢を維持することもあったが、それより頻繁に、国際通貨の網の目の糸を適宜たぐりよせることによって、その座を保持したのであった」[12]。

「貿易は平和と結びついておこなわれるようになっていた。過去においては、貿易組織は軍事的であり戦闘的であった。それは、海賊、追剝、武装隊商、猟師、帯剣商人、都市の武装市民、探検征服者、植民征服者、人狩り奴隷貿易商、特許会社の植民地軍隊、等々に付随する行為であった。いまやこのことはすっかり忘れ去られた。貿易は、いまや、全面戦争下では機能しえない国際通貨システムに依拠していた。それは平和を必要とし、諸列強はこれを維持するように努めていた。しかし、バランス・オブ・パワー・システムはそれのみでは平和を保障するものではなかった。これを保障したのは国際金融であった。貿易は従来とちがって平和に支えられるという原則は、国際金融の存在自体に具現されているのであった」[13]。

「経済生活の新しい組織化が平和の一〇〇年の背景をなしていた。第一期には、ナポレオン動乱期にみられたように勃興しつつある中産階級が平和を脅かす主たる革命勢力であった。神聖同盟が反動的平和をつくりあげたのは、国内的動乱のこの新しい要因にたいしてであった。第二期には、新しい経済は勝利した。いまや中産階級自身、反動的な前任者よりもずっと強力で、しかも新しい経済の国民的・国際的性格に育まれた、平和への関心の担い手となっていた。

しかしどちらの時期にも、平和への関心が実効力をもちえたのは、国内の諸勢力を平和の範囲内で活動できるようにする社会的諸器官をバランス・オブ・パワー・システムに提供することにより、このシステムを平和の大義に奉仕するよう仕向けることができたからに他ならない。神聖同盟のもとでは、この器官とはローマ教会の精神的、物質的権力に支えられた封建勢力と王権であり、ヨーロッパ協調のもとではそれは国際金融とこれと同盟関係にあった国内銀行制度であった。これら両期を過度に区別するには及ばない。1816—46年の平和の30年にも、すでに大英帝国は平和と経済活動を追い求めており、神聖同盟もロスチャイルド家の援助を軽くみていたわけでもなかった。ヨーロッパ協調においてもまた、国際金融はしばしば王家や貴族との提携に頼らなければならなかった。しかしこうした事実は、いずれの場合にも平和は諸列強の外交当局によってのみ維持されたのではなく、一般的関心を体して行動する具体的な組織体の助けに支えられていたというわれわれの主張を強化するだけである。

いいかえれば新しい経済を背景にしてのみ、バランス・オブ・パワー・システムは全面的な戦火を避けえたのである。しかしヨーロッパ協調がなしとげたことの方が、神聖同盟が達成したことより比較にならぬほど巨大であった。というのは、後者は一定の大陸の限られた地域での平和を維持したのにたいし、前者は世界的規模で、しかも社会的、経済的進歩が地球上の地図を革命的に塗り変えつつある時期と並行してこれをなしたのである。この巨大な政治的偉業は、資本家（haute finance）という特殊な存在の出現の結果であった。この資本家は、国際的生活の政治組織とのあいだを繋ぐ環であったのである。

平和の組織は経済の組織に依拠していたということが、これで明らかになったにちがいない。しかし、これら二つの組織は非常に異なった性格をもっていた。平和の政治的組織については〝組織〟という言葉の最も広い意味でのみ語ることができた。というのは、ヨーロッパ協調は本質的には平和の体制ではなく、戦争の果たす機能によって守られた独立主権国家間の体制にすぎなかったからである。経済の世界的組織についてはこれと反対のことがいえる。もし〝組織〟という語を、中央から指令をうけ各々の職務担当者によって動かされる機関についてのみ使用するという一面的な解釈を受け容れない限り、この組織がよってたつ一般に受け容れられた原則ほど具体的なものはありえなかったということを認めなければならない。予算と軍備、外国貿易と原料供給、国家的独立と主権がいまや通貨と信用の機能となった。19世紀の第四・4半世紀までには、世界の商品価格が大陸の数百万の農民の生活にとっての大問題となり、ロンドン貨幣市場の影響は日々世界中の実業家たちに及び、各国政府は世界資本市場の状況に照らして将来の計画を練った。狂人でなければ、国際経済システムが人類の物質的実存の要諦であることを疑わなかったであろう。このシステムが、その機能を果たすために平和を必要としたからこそ、バランス・オブ・パワーはそれに役立てられたのだ。この経済システムをとり去ってしまえば、平和への関心は政治から消えてしまうだろう。このシステムを措いては、平和への関心にとっての十全な土台をなすものはなかったであろうし、たとえ平和への関心が存在するとしても平和を維持しえなかったであろう。ヨーロッパ協調の成功は経済の新しい国際組織の要請に由来しており、したがって必然的に後者の解体とともに終焉することであろう[14]」。

　ポランニーから長く引いてきたが、みられるとおり、それは19世紀の世界システムにかかわる政治、経済を一貫して通底している天才的ともいえるグランド・デザインである。ポランニーは、「国際通貨制度の政治的な機能を理解した人はほとんどいなかった[15]」といって、これに着目するのであるが、とはいえ、これ以上の自由貿易・金本位制についての論究はみあたらない。

　一方、ポランニーはこの『大転換』巻末の注解のなかで、「イギリスの国家政策であるバランス・オブ・パワーとヨーロッパの体制としてのバランス・オブ・パワーとを表現上同じ言葉で扱うこと」に注意して、対外政策としての「バランス・オブ・パワー政策はイギリスに特有な制度である。それは純粋に実利主義的、かつ実際的な政策であって、バランス・オブ・パワー原理ないしバランス・オブ・パワーシステムと混同してはならない。この政策は、イギリスが大陸沿岸――政治的に組織された諸社会からなっていた――に面する島国の位置にあったことから結果したことであった」といっている。

「この政策は、チューダー朝のもとで明確にうちたてられ、……大陸におけるバランス・オブ・パワー・システムの出現にほぼ二世紀先行し、しかもその発展は、……バランス・オブ・パワー原理の大陸的な源泉とまったくかかわりをもたなかった。だが、イギリスの国家政策はこうしたシステムの成長によって大いに助けられることになった。というのは、これによってイギリスは、大陸の指導的強国に対抗する同盟を容易に結ぶことができるようになったからである。その結果、イギリスの政治家はつぎのような考えを抱くようになった。すなわち、イギリスのバランス・オブ・パワー政策は、事実上バランス・オブ・パワーの原理の一表現であり、こうした政策をとるということは、たんにイギリスがこの原理に甚づく体制の中でみずからの役割を演じているにすぎないのだ、と。それでも自己防衛というイギリス自身の政策と、何であれこの政策を推進する助けとなるであろう原理との相違は、イギリスの政治家によって意識的に曖昧にされるということはなかった」と、エドワード・グレイの発言を引いている。

「大英帝国は、ヨーロッパのいずれかの強国グループが優勢になることが安定と平和に寄与するように思われた場合には、たてまえとしてそれに逆うことはなかった。一般的には、そのような体制を支持することが第一にとるべき選択であったのである。その支配的勢力が攻撃的となり、みずからの利益が脅かされると感じるときにのみ、イギリスは意識的政策とはいえないにしても、自衛本能によって、まさにバランス・オブ・パワーと呼びうるようななにものかに魅きつけられるのである」。

つまり、「このように、自分自身のしかるべき利益になったからこそ、イギリスは大陸のバランス・オブ・パワー・システムの成長を支持し、その理論を揚げたのである。そうすることがイギリスの政策の一部となった」(16)。

となるとここでわれわれは、19世紀のイギリス経済の基本的構造について再確認することが必要となるし、ポランニーの示唆するところを立ちいって検討しなければならないであろう。

5　19世紀イギリスの資本主義

「イギリスが多くの工業製品の唯一の供給者であり、その他多くの製品の最も低廉な製造業者であったということが、凡ゆる点でイギリスと世界の他の国々との経済関係を規定した。それは特にヴィクトリア盛期に繁栄へ向って上昇していた頃に顕著であった」(17)。

「この時代の貿易は、イギリスの生産の発展と当時の世界が到達していた経済発展段階との二つの線の上に立脚した特殊な形態の貿易であった。

イギリス連合王国の工業化のためと、自国の農場で全部賄いきれないほど膨張した人口のため必要とした食料や工業原料の輸入貿易がこの時代の偉大な商業の中心を形成するにいたった。例えば工業原料の一つである綿花は、35,756千ポンドに上がり、1860年の輸入表の首位を占めていた。それに次ぐものは穀物で31,671千ポンド、以下砂糖、羊毛、生糸、木材、茶、油、ぶどう酒およびバターの順で、これらが最も輸入額の大きい10品目である。……保護貿易の撤廃と自由貿易の開始がもたらした最初の効果は、工業製品の輸入ではなくて食料と原料の輸入を促進したことであった。

……主要な輸出品は何といっても工業製品であり、それも過去70年ないし80年間の技術や組織の革命の結果もたらされた新しい生産方法による工業製品であった。１８６０年では輸出品目の第一位は綿製品（すなわち反物）で、その額は４２、１４１千ポンドに上り、次いで毛織物は１２、１５６千ポンドで、さらに鉄、鋼は12、１５４千ポンドになっており、以下は綿糸・麻製品・羊毛と毛糸・小間物・装身具・機械・金物や刃物および石炭の順になる。……19世紀中葉におけるイギリスの貿易は、大体において輸入した食料と原料に対する工業製品の交換という形態をとっていた。それはまた大体においてなお農業国と考えられているような国々と工業国との貿易であり、したがって貿易の範囲も世界的規模で行われた。

……アメリカ植民地が分離して合衆国が生まれたが、このことは貿易の主流には殆ど変化を起さなかった。イギリスは依然として工業製品の輸出国であった、いないっそう顕著にさえなった。合衆国は南北戦争（１８６１～６５年）になっても、いなその後においてすらなお、概して食料や原料を産する原生産物生産国であった。かくてこれら二つの社会は直接相互に必要であった。１８７０年代初期に合衆国はイギリスの輸入高の18パーセントを供給し、イギリス輸出の14パーセントを受け入れた[18]」。

コート教授の指摘するごとく、「世界的規模において工業製品と原生産物との交換が行われることが、世界経済におけるイギリスの地位を特徴づけていた[19]」が、１８６０年前後は綿織物の輸出依存率が4分の3も占めていることに示されるように、「イギリスは綿工業によって他の諸国を農業国としながら自らは〝世界の工場〟としての地位を確保[20]」したのである。

つまり、19世紀の世界における農工間国際分業の発達としての自由貿易の促進という構図となるのであるが、とはいえこれは、イギリスの資本主義が農業を自分の体外におし出していったことと相即不離の事態であった。

じじつ、「農業生産がしだいに国外におし出されてゆき、工業国として特化してゆく傾向がすすむ[21]」という脈流は判然としている。

古典派経済学の重要な一柱をなす、資本蓄積→人口増加→穀物需要増加→劣等地耕作進展→穀物価格上昇→地代上昇・賃金上昇→利潤低下、というリカード命題を時代の思潮として、穀物条令は撤廃（１８４６年）された。広汎に形成された資本家的農業は、50～60年代「イギリス農業の黄金時代」を現出するが、70年代以降急激に縮小してゆく。19世紀の末までに、イギリスは食料の大部分は輸入に依存することになった。

大内教授によれば、イギリス農業が国際的にみて「競争力を失ったというのは、いうまでもなくリカード的な比較生産性の効果である。イギリスが工業生産物を輸出し農産物を輸入するという関係のなかでは、工業の生産力の上昇がより速くその比較優位性が強まれば強まるほど、国産農産物は輸入品にたいして割高にならざるをえなかったのである」ということになり、「農業はその生産が自然的諸条件からより強く制約を受けるという点においても、またそこでは土地所有をはじめとして伝統的社会関係がより強く残存し、資本の自由が制限されるという点においても、資本主義にとってはより処理しにくい生産部門であり、その生産力の上昇は相対的に立ち遅れを示すことになりやすい。それゆえ資本主義としては、そういう生産部門は外部に押し出し、工業生産物の輸出をもって国内の農業生産を代位せしめたほうがより効率的であるということになる。農業生産の縮小、消滅はこういう合理性の現れだったのである」[22]。

イギリス資本主義は、自らの国民経済の自由主義的基調のなかで、農業の外部化を貫徹した唯一のものであった。このことが19世紀イギリスの自由貿易体制に歴史的な規定を与えてくるのである。イギリスの資本主義は、「産業革命を経過したのちには、唯一の先進工業国としてその市場を世界に拡大しまたそのことをつうじてみずからの蓄積を促進してきた。しかし、この輸出はそれだけで自立的に伸張しえたわけではなかった。その反面でイギリスが輸入をそれ以上の速度で拡大させ、農産国と工業国との国際分業を発達させながら世界にたいして一大輸入市場となっていったこと、および厖大な資金を相手国にたいして提供し、それに購買力を賦与しつつそれをみずからの輸出拡大に結びつけたこと、それこそがイギリスをして〝世界の工場〟たらしめた秘密だったのである」[23]。

6　自由貿易と金本位制

さてつぎに、この自由貿易体制と金本位制についてその連関を考察せねばならない。

古典派の公準、リカード命題のいまひとつの循環的認識論に、輸入超過→為替下落→金流出→国内銀行券の収縮→物価下落→輸出拡大→為替の上昇→金流入、という一連のシェーマがある。つまり景気循環の波動をとおして、金の国際的移動と連動し、金による貨幣の価値尺度としての機能によって物価水準の上限・下限を規定しながら、国内均衡と国際均衡を自動的かつ同時的に調整するというメカニズムである。

「好況の進行は、イギリスの信用を膨張させ、それが現実的蓄積の鈍化に制約されて、物価騰貴をひきおこす。その結果、イギリスの貿易収支は悪化しひいては為替相場の低落が生じて、対外決済のためにイングランド銀行の金準備がひき出される。信用の、つまり発券のいっそうの膨張が要請されるその時点で、イングランド銀行は、発券の制限をつうじて、信用収縮を強制せざるをえなくなる。これこそが恐慌の発端である。そして、この貨幣＝信用恐慌は商業恐慌をつうじて産業恐慌に及び、全再生産構造を震撼させるのである。それゆえ、金は恐慌発生のための、不可欠の環として機能しているのである。もちろん、金がそれ自身で恐慌をひきおこしているわけではない。恐慌を必然にするのは、信用膨張を必然的に随伴する現実資本の蓄積であり、それが労働力商品の枯渇——具体的には綿花等の輸入原料の騰貴という形に転化されて現れもする——によって実質的に鈍化する過程である。つづめていえば、労働力を商品化するという資本主義に特有の矛盾が、恐慌という資本主義に特有の破綻をもたらす根本要因なのである。とはいえ、そうした現実資本の蓄積の帰結を、恐慌という状態で暴露するための不可欠の機構が、本来的貨幣としての金と信用との関係であり、その過程が具体的にイングランド銀行の金準備の対外流出による減少に規制された発券の制限を主経路としている以上、国際的な金の運動こそが、周期的な世界恐慌をひきおこしつつ自由主義段階の蓄積を進行させる全機構の結節点だったといっていいのである。ピール条令が代表する国際金本位制は、右の資本主義の論理の、きわめて即物的な硬直した形での制度化なのであった[24]」。

このような意味において、「国際金本位制は、貨幣金の国際的運動という景気循環に不可欠な装置の法制的確定であり、価格機構の制度的に凝縮された表現であった[25]」が、いわば「資本主義の自立性を保証するいみをもっていた[26]」金本位制のもとで、国際関係も国内関係と同じく一元的に処理しえたことに、われわれは19世紀システムの根幹をなす自由貿易・金本位制のセットに格別の意義を認めるのである。つまり、貿易システムに代表される国際関係が、国民経済としての一国資本主義の原理のうちに内部化されるのであって、このことは、19世紀の世界システムの考察について特殊歴史的な規定に制約された方法を要請するものといえよう。

経済認識がヨーロッパ中心主義でとりわけイギリス資本主義の歴史的展開を対象として抽象化されるのも、資本蓄積の進行という至上命令が、自由主義的世界経済としてのイギリス中心の世界編成＝パクス・ブリタニカというシステム全体を通して有効に作用してきたからである。

「産業革命が終了した19世紀半ばには、イギリスは他に冠絶した経済的地位を占めていた。綿と鉄において世界総生産高のそれぞれ約2分の1、石炭が3分の2、金属製品で5分の2をイギリス一国のみで生産していたという簡単な数字が、それを端的に物語っている。イギリスは当時、〝世界の工場〟であるにとどまらず、世界における工業独占の地位を保持していたとさえいうことができよう。単にイギリスの生産高が圧倒的であったばかりではない。その生産性（国際競争力）においても、イギリスに比肩する国はなかった。綿工業を例にとれば、40番手綿糸価格が１７７９年から１８３０年間に約14分の１に激落し、キャリコ価格の場合は１８１４年から１８３０年間に約４分の１に低下していることからもそのことは推察されよう[27]」。

経済学が原理論として発達してくることに関説した大内教授のつぎの指摘は留意されてよい。

「当時は資本主義はなおイギリスにおいてのみ完成された姿をとっており、やがて〝中心〟を形づくるにいたる西欧諸国やアメリカの資本主義は、ようやく産業革命を経過しつつあったにすぎなかった。それだけに経済学はまず一国資本主義として資本主義を捉え、その内部構造の分析に研究の焦点をあつめることになったし、世界的連関はそういう資本主義の対外関係として把握されることにもなったのである。しかもこの対外関係は、自由主義的政策が展開されるなかで国境のもつ意義がしだいに稀薄になるのにつれて、対内関係と同質化してゆく傾向を強めていった。世界市場はいわば国内市場の外延的な拡大にほかならなかったのである。外国貿易を捨象した経済学の体系が組み立てられることになったのもそのためであったといってい い[28]」。

19世紀、とりわけ１８２０～７０年期には、基本的にはイギリスが唯一の工業国として綿製品を中心とする工業製品を世界に供給するとともに、縁辺から周辺に配置された諸国が農業国として原料、食料など一次産品をこれに供給するという農工間国際分業の構造が成立した。H・C・ケアリーはこれを「イギリス体制」と名づけたが、ここでは縁辺諸国もまだ農業国として、イギリス経済そのものの循環運動に従属せしめられていた。いわば国民経済としてみたイギリス産業資本を基軸とする再生産軌道そのものがイギリスの資本主義的先進性のゆえに、農工間国際分業として現実的に展開し、世界的規模で定置されたわけで、これがシステムをなす起動力は、その〝中心〟ないしは〝核〟をなすイギリスにあったのである。またそのかぎりにおいて、この国際分業体制は、世界の諸地域をたんに〝補完的衛星経済〟地域として編成したのではなかった。

基本的にそれは、イギリスの資本蓄積にとって不可欠なパートナーなのであって、等価交換を予定する農工間水平分業のシステムであった。金本位制によって、イギリスが〝核〟となり、これによって一元的に統合されるような世界経済の成立をみるのも、国際的に自由な商品交換秩序が機能的枠組みをえたことを証するものにほかならない。

生活資料の大宗たる衣料品のなかでもポピュラーな綿製品を加工貿易の基軸にしたイギリス資本主義が、それぞれ国民経済として成立途上の縁辺諸国をその回路に確保し、世界経済として統合をはかるとき、その推進原理となったのがリカードの比較生産性理論であり、自由貿易の理念であった。生産性の上昇率において、相対的に優位な条件を持つ産業が、有利な交易条件を得るわけだから、自由貿易とはそもそも輸出強者の論理であるといってよい。また、海軍力を背景とした開国、開港の強制など、「自由貿易帝国主義」といわれる面も無視できないが、しかし、19世紀の自由主義的世界経済をパクス・ブリタニカとして編成し、これの持続的安定を推進するものとして、自由貿易、金本位制ほどその威力を発揮し、ヨーロッパにおける各主権国家の国境を相対化し、イギリスを中心とした世界経済の平和的展開に寄与したシステムは歴史上他に類をみないであろう。いつか、20世紀の世界システムの考察において、国際経済機能を代表するものとして、ＩＭＦ・ＧＡＴＴ体制が論じられようが、それと比しても制度的深度、システム統合力の密度においてこれを超えるものはみあたらない。

いいかえれば、自由貿易は、近代主権国家の形式的な特徴とされる①領域性、②官僚制、③常備軍のうち、国境の意味を消極化し、商品取引の公正＝平和の持続によって権力国家の面を消極化し、つまりは領域性と常備軍を相対化することによって近代国家を法治国家化していく作用をもったともいえるであろう。

7　結び

そろそろここで、バランス・オブ・パワー・システムについて改めての考察が求められてくる。

「バランス・オブ・パワーの概念に混乱が生まれる要因は、この概念を単に状況を記述するものとみる場合と、規範あるいは政策を示す場合と、さらに国際政治の法則を示す場合の三通りの場合があり、これらが必ずしも明確に区別されていないことである」[29]という指摘は留意されねばならない。

かりに、バランス・オブ・パワーの法則は正しいであろうかと問うたとき、「近代世界システムがこれまでのところ世界帝国になっていないという現実からみると、これまでのところは正しかったといえるのであろう。ただし、この法則自体は、十分経験的に検証されたものでも、自明な公理から完全に論理的に導きだされたものでもないので、せいぜいのところ、正しそうにみえるとでもいうほかない。……しかし、バランス・オブ・パワーの法則が、かりに正しかったとして、それは平和をもたらすであろうか。答えは、明らかに否である。この法則自体には、平和をもたらすという要素は含まれていないからである。最終的にはこの法則が言うところは、世界帝国の成立の防止であって、世界平和の達成ではないからである。そして、世界帝国の防止のためには、この法則は、各国は当然戦争をすると前提しているのである。……バランス・オブ・パワーの状況が壊されないように戦争が行われたのである[30]」と田中教授は答える。時代の経済システムと連動しないとき、それは、単なる政治のゲームになってしまうであろうことを、よく理解させてくれている。

いまひとつ紹介すると、ウォーラーステインは、「インターステイトを世界帝国に変えてしまおうという動きは、史的システムとしての資本主義のもとではついに成功しなかったのだが、それは、この経済システムの構造的基礎がそのような動きに対する抵抗を示したばかりか、主だった資本蓄積者たちが資本主義的〝世界経済〟の〝世界帝国〟への転換は根本的にかれら自身の利害に反する、とはっきり意識していたのであった[31]」といって勢力均衡が保たれた理由を「ヘゲモニー」の三つの例――17世紀中頃のオランダ、19世紀半ばのイギリス、20世紀中頃におけるアメリカの例で説いている。

「いずれの場合も、ヘゲモニーが成立したのは、軍事力による征服の試み――ハプスブルク朝によるもの、フランスによるもの、そしてドイツによるもの――が、失敗したのちのことであった。それぞれのヘゲモニーはいずれも、陸上の戦闘を中心としたきわめて破壊的な〝世界戦争〟とでもよぶべきものの刻印を刻みこまれてもいる。つまり前後30年くらいにもおよぶ間歇的な戦闘の期間があり、その時代のすべての軍事大国を巻き込む大戦争があった。1618年から48年にかけての30年戦争、1796年から1815年までのナポレオン戦争、1914年から1945年に至るまでの20世紀の諸戦争――これも、長期にわたる単一の世界戦争……とみるべきである――がそれである。これらの戦争で勝利を得たのは、いずれも戦争前には本質的に海洋強国であった国だということは、銘記しておかなければならない。しかし歴史的に大陸国家として展開してきた別の強国が戦争の相手であり、しかもその大陸国家が〝世界経済〟を〝世界帝国〟に転換させようとしているように思われる以上、ほんらい海洋国家であった国も、戦争に勝つためには自ら大陸国家に変容せざるをえなかったのである。

しかし、勝利を決定づけたのは、軍事力ではなかった。もっとも重要な要因は、経済力であった。つまり、特定の国家内に位置する資本蓄積者たちが、経済活動の主要な三つの局面すべてにおいて他国の人々を圧倒する力を持つことが、その条件であった。ここでいう三つの局面とは、農業および工業生産の局面、商業の局面、さらに金融の局面のことである。とくに、短期的ヘゲモニー国家の資本蓄積者たちは、他の強国に住んでいる競争相手より遥かに効率が良くなり、その結果、そうした強国の〝国内〟においてさえ、市場を握ってしまうことになった。もっとも、こういうヘゲモニー状態は、いずれも長くは続かなかった。それぞれのヘゲモニーが崩壊したのも、政治的、軍事的理由というよりは、主として経済的理由によってであった。いずれのケースでも、一時的に成立した三重の経済的優越そのものが、資本主義の現実が生み出す二つの強固な大岩にぶつかってしまったのである。すなわち、ひとつは、他国より高い効率を生み出した諸要因はつねに他国によって模倣されてしまう、という事実であった。本当に脆弱な国家は模倣をする能力もないが、中程度の強さの国家がそれを行うわけで、しかも後進国家には古い設備を償却する必要がないという利点が、つねに認められもした。第二には、ヘゲモニー国家は、何ものによっても妨げられることのない経済活動の自由を維持することに強い関心を抱いており、従って国内の再分配政策によって労働者との平和を買い取ろうとしがちであった。しかし、時間が経つにつれて、このような方策は競争力の喪失につながり、ひいてはヘゲモニーの終焉を結果した。そのうえ、ヘゲモニー国家が広大な地域と水域の防衛〝責任〟なるものを負うにつれて、経済的負担はむやみに膨張し、〝世界戦争〟前の低い軍事支出の水準を守れなくなってしまったのである。

したがって、強国をも弱小国をも、ともに縛る勢力均衡というのは、簡単に崩れる政治的、偶発現象などではなかった。それは、史的システムとしての資本主義における資本蓄積の様式そのもののなかに深く根を張っていたのである」(32)。

これはユニークな論点を示しつつも〝ヘゲモニー〟の興亡を類型的に説いているだけで、バランス・オブ・パワー・システムとの対応も明示的でなく、それぞれの世紀に特有な政治と経済との相関も意識されていない。

バランス・オブ・パワーは、用法上、両義性をもっていた。ひとつは平衡状態を維持している国家間の力関係のパターンを説明する〝システム概念〟としてであり、いまひとつは政策決定者が意識的に国家間の力の平衡状態を維持する目的で追及する〝価値概念〟としてである。これが、国際関係に稳健さをもたらすシステムとしてその利点を現実化し、近代のヨーロッパ、とりわけ19世紀にその黄金時代を経験しえたのは決して偶然とはいえないのである。

それは、国際社会のアナーキーを前提としつつも、ヘンリー8世（在位1509〜47年）以来のイギリスの伝統的なヨーロッパ大陸均衡政策として、経済強国イギリスが均衡の操縦者ないしささえ手となっていたのであった。外交技術としての勢力均衡は、それ自体では、平和の装置になりうるかあるいは戦争の原因なのかは論証も反証もできない。近代ヨーロッパの各国が、伝統的、文化的、政治的に共有した多かれ少なかれ同一の行動基準というものは、資本制商品経済の発展という命題を共通の理念とし、これを国際的正統性として普遍化したところに、バランス・オブ・パワーが概念化される現実的可能性と歴史的根拠があったのであった。そしてそれは、単なるヨーロッパ5列強の併存によってではなく、経済的覇権国家としてのイギリスによって推進されたところに、19世紀の国際社会における独自の意義があったのである。主権国家としての各国の政治的にそれぞれ対等な水平交流を現実的に支持した基盤こそ、イギリスに主導される自由貿易・金本位制なのであった。

資本主義は、まったく同質の土壌のうえで成立するものではない。それが現実に体制として19世紀の世界システムをなした根拠は、国民経済としての個別性をもったイギリス資本主義の発展が、国際的な等価交換体系としての自由貿易＝農工間国際分業を条件とし、産業資本による生産力の優越的な発展を基礎にして、その自立性を世界経済の全体性において確保していたことにあったのである。いわば部分性を普遍性となし、一国性が世界性をもって実現するわけであるが、イギリス資本主義の生産力の高度な発展が、世界貿易の覇権を結果として現実化したのであり、自由貿易と金本位制はその舞台装置であった。

商品交換＝自由貿易がヨコにフラットな関連をもつのにたいして、不均衡のバランサーとしての金融が、通貨圏とその中心地の成立を制度化したタテのピラミッド構造をもつというこの表裏一体化した自由貿易・金本位制こそ、経済過程における国民性と世界性を世界市場編成として現実化するものであった。

19世紀の歴史世界のダイナミズムは、基本的に、ヨーロッパの国際システムとして作動した。イギリスが、国際関係における権力行使において帝国型のスタイルを採らず、バランサーとしての外交関係を主導した歴史的な意義もここにあるといってよい。

　近代史においてもっとも安定性を示した19世紀の世界システムは、イギリスという指導的資本主義国の商品経済構造とそれに対応する上部構造としての国際関係までも含む完結性をもった社会システムとして認識されるのである。

　それは、支配的資本による蓄積様式の定常的性格に起因する運動を集約するものとして典型的特質をもち、そこに一貫する傾向的なタイプ論として構成されるのである。バランス・オブ・パワーも、自由主義という歴史的な段階における国際関係を表出するタイプとして確定されるとみてよい。

　われわれは、バランス・オブ・パワーを19世紀において自由貿易・金本位制と連動した、とりわけバランサーとしてのイギリスによって推進された国際政治システムとして位置づけることによって、その有機的同体質を検証し、その世界システムとしての有効な作動を一〇〇年の平和のうちにみるものである。それが19世紀の世界システムとして定着したことこそ、資本主義の進歩が希望であった時代の、平和の実質的な基盤となったのであった。

【注】

（１）Karl Polanyi"The Great Transfor mation".1957. Boston. P. 5～6 カール・ポランニー『大転換』吉沢・野口・長尾・杉村訳、6～7ページ
（２）猪口邦子『戦争と平和』１６２ページ
（３）Polanyi. ibid. P. 6～7 訳、7～8ページ
（４）フランケル『国際関係論（新版）』田中治男訳２３４ページ
（５）フランケル、同上、２３７～8ページ
（６）フランケル、同上、２４３～２５７ページ。猪口、同上、２００～２０７ページ
（７）フランケル、同上、２４６ページ
（８）Polanyi. ibid.P.260. 訳、３５３ページ
（９）Polanyi. ibid. P. 262. 訳、３５５ページ
（１０）Polanyi. ibid. P. 3. 訳、3～4ページ
（１１）Polanyi. ibid. P.262. 訳、３５６ページ
（１２）Polanyi. ibid. P.14. 訳、17ページ
（１３）Polanyi. ibid. P.15. 訳、19ページ
（１４）Polanyi. ibid. P.17～8. 訳、21～23ページ
（１５）Polanyi. ibid. P. 20. 訳、26ページ
（１６）Polanyi. ibid. P. 259～60. 訳、３５１～２ページ
（１７）W・コート『イギリス近代経済史』荒川・天川訳３５６ページ

（18）コート、同上、357～360ページ
（19）コート、同上、363ページ
（20）宇野弘蔵『経済政策論』改訂版85ページ
（21）『大内力経済学大系』第4巻164ページ
（22）大内力、同上、169～70ページ
（23）大内力、同上、188ページ
（24）馬場宏二、『世界経済・基軸と周辺』104ページ
（25）馬場宏二、同上、108ページ
（26）大内力、同上、178ページ
（27）石坂昭雄・船山栄一・宮野啓二・諸田実『西洋経済史』165ページ
（28）『大内力経済学大系』第6巻29ページ
（29）田中明彦『世界システム』67ページ
（30）田中明彦、同上、71ページ
（31）I・ウォーラースティン『史的システムとしての資本主義』川北稔訳73～4ページ
（32）ウォーラースティン、同上、75～8ページ

（初出：『いわき短期大学紀要』17号・1991年）

第四章　戦争と平和の国際関係略史

平和とは何よりもまず人類の経済生活における安定的な秩序の保全である。人類は、ロビンソン・クルーソーのように孤立して生存しえないことからして、類的存在として、なんらかの社会を構成し、当該社会システムの構成員としてのみ成立しているわけである。長い人類史のなかで、この4~500年のうちに、商品経済という新たなシステムが社会編成を主導する大きな力をもってたちあらわれてくると、それまでの農業を中心としたローカルで、人と人との関係も対面的で直接的な共同体的生活関係による身分的な秩序が崩れて、社会関係は、商品や貨幣によって媒介されるものに代置され、モノとモノとの関係という廻り道を余儀なくされることとなった。つまり、家族を唯一の例外として、人間の経済生活は、市場という商品経済のメカニズムをとおしてでなければ成立しない事態があたりまえとなったのである。

経済学の原理は、人間の労働力まで含めてすべての生活資料としての対象的事物が商品として統合される世界における法則的関連を純粋に完結させるものであり、その法則性は、景気の循環的波動を描きつつもいわば繰り返し発現する姿において検出されるといってよい。

いわば経済原論の世界は、人類の経済生活における欲望の多様性や無限性は容認されていても、そこには契約を破る暴力装置はいっさい前提されておらず、厖大な社会的分業の体系を連節する商品コストを基準とした交換システムとして、平和的で節度のある人びとの経済生活の再生産が、法則的に論証され、その実現が担保されているものと認識されているわけである。抽象度の高い純粋な商品世界は、たとえそこに恐慌があっても、権力組織や暴力装置は存在せず、経済過程はまさに平和的秩序を首尾一貫しているといってよい。経済原論では国家を説く必要もないし、またその必然性もないのである。

すべての経済対象が商品という形態をもって処理される社会システムは、資本主義体制といわれているが、歴史的にみると、資本主義は、世界史的傾向として、民族国家、国民国家、租税国家として国民経済を成立させながら発展してきたのであった。法制史的にみても、和戦の決定をなす近代国家の〝主権〟は、一国的におのずから確立したものではなく、対外関係をとおして発展をみせた国民経済と深い相関をもっている。つまり近代世界における資本蓄積の主導権を争う国際関係の展開をとおして、国家の機能やその歴史的役割が発揮され、対外的徴表としての主権も確定してくるのである。事実、地域的特性や歴史的位相を異にしつつも、国民経済としての集約と完成を予定されていた近代国家における資本蓄積をめぐる利害の対立は、国際関係史における戦争をしばしば発現させることとなるのであった。

平和の対極となる戦争は、したがって資本主義の世界史的な発展の特質を見極める経済発展段階論の次元で、資本蓄積の基本的タイプを国家的に統括させ、国際的な覇権の興亡の底に流れる国際関係上の焦点を析出させ、既存の平和的な経済秩序を更新させる必然性を検証させねばならないことになろう。

かくして、戦争と平和へのアプローチの第一歩は、資本蓄積の主導的傾向に即した資本主義の発生期、成立期、変質期という発展段階論をふまえたその類型性の確認にはじまるのである。つまりまずは、国際秩序としての平和の歴史的意義について、逆に戦争のタイプ別検出をとおして近代国家の段階的推移のうちに確定しようとするわけである。

一　歴史における戦争と平和

1　資本主義発生期における国際関係

時期は15世紀の後半から18世紀の中葉にかけてのおよそ三世紀におよぶ。資本の原始的蓄積期ともいわれ、遠隔地貿易や植民地経営など対外的な発展をもって国民的統一に利するうえで、政治手段としての戦争の数もすくなからず、こんにちのヨーロッパの原型を保持したままで同盟の組かえもしばしばおこなわれた。他方において、対内的には、土地と農民の原生的結合の分離が共同体の解体として進行し、国内市場の拡充がもたらされた。こうした国民経済の成立＝国民国家の形成をになったものが絶対王制であり、その特徴的な経済政策が重商主義といわれることから資本主義発展の段階区分からは重商主義段階ともいわれる。

生産力のレベルからみれば、熟練を要件とする手工業であり、家内工業から問屋制度やマニュファクチュアに至るまで本質的な変化はない。経済構造を編成する基軸産業の位置を占めたものが、生活必需品としての衣料品における羊毛工業であり、これを担う主導的資本が商人資本であった。

羅針盤と銃火砲という新しいテクノロジーによって誘導され、「地理上の発見」を生んだ大航海時代は海洋王国ポルトガルによる海上輸送路の確保と独占的貿易の拠点づくりによってはじまった。ついで国際社会としてひとつの世界に至る「長い16世紀」がスペイン、さらにオランダの台頭によって招かれるが、それは、アジアからの高価な胡椒や香料、アメリカ大陸からの大量の金銀という遠隔地貿易がもたらす莫大な富を基盤としていた。17世紀から18世紀の世界史は、国際的な覇権を求めるフランスとイギリスの抗争を主軸としていた。

近代初頭におけるヨーロッパ大戦ともいわれる30年戦争は、1648年のウエストファリア条約によって終結したが、17世紀なかばのこれを分水嶺として、ヨーロッパ世界は、宗教的勢力が最高権力として戦争を遂行する時代に訣別し、世俗的な主権を具備した国家はついに、内外に対する暴力装置・権力機構を独占するというこの一点において、他のあらゆる社会組織から区別される主体に成りあがったのである。近代国家はまさに国際関係の政治力学を成立させる決定的な環節をなす対外関係の処理としての戦争をとおして生誕し、それが生まれるや否や、つぎは逆に国家のみの大事業としての戦争を生むことになるのである。これこそ、国際社会における国家中心システムの発現であった。そうであれは最優先価値概念として、富国強兵が時代のトレンドになるのはとうぜんであった。

とりわけ、イギリス、フランス間の覇権争いは、近代社会における資本主義成立期の戦争の特質を照射するものであり、1689年から97年いたる植民地戦争を皮切りに、スペイン王位継承戦争（1701～14年）は、18世紀における国際関係の基礎をつくったもので、実質的には英仏の海上支配戦というべきで、とりわけジブラルタルの奪取はイギリスの対仏優位に資するものであり、オーストリア王位継承戦（1740～48年）は、プロシアの台頭を伴いつつもイギリス体制を決定的にする端緒を与えた。また七年戦争（1756～63年）では、英仏の植民地戦争が進行したが、イギリスはその海軍力でフランスを破り、インドと北アフリカでのフランスの勢力伸長を抑えるとともに、フランスよりカナダを取得した。これによって世界のシーレーンを支配する海上勢力の確保がイギリス戦略の基礎としてその名実を得たわけであり、フランスの海上貿易は崩壊の危機に直面し、その社会的不安はフランス革命に影響することになる。アメリカ独立戦争をめぐる両国の抗争（1775～83年）も、大英帝国とヨーロッパ列強、とりわけ英仏間の植民地戦争の継続であった。これによってイギリスはフランスやスペインの大陸諸国に一定の譲歩をなすが、それは部分的なものにすぎなかった。延々と続く重商主義段階における英仏両国のさいごの対決は、ナポレオンに対抗する第一次欧州同盟（１７９３〜９７年）、第三次対仏大同盟（１８０５〜１５年）であった。この戦争を象徴するものは、ネルソンのイギリス艦隊がフランス・スペイン連合艦隊をトラファルガー海戦で敗ったことであった。ナポレオンの国民軍をもってしても、大陸随一の強国フランスはイギリスに勝利することはできなかったのである。イギリスは海軍力でフランスより優位に立っていたが、ヨーロッパ大陸にそのヘゲモニーを求めず、王朝インターナショナルにおける勢力均衡のバランサーとしてその外交力を駆使したことは特質されねばならない。それは国民経済に羊毛工業という基軸産業をもち、貿易制度を基準として商品経済を発展させてきたイギリスの自負であり、資本主義の発展を促進することが最大の国益となるとみるブルジョア的コンセンサスの対外的発現であった。またこのいみで、この歴史的過程を総括する典型国としてイギリスを例証しうるのである。この時期は、度重なる戦争を含むものの、それは、資本主義が確立し、国民経済の国際的併存と協調が自由貿易体制としてネット・ワークされる来るべき自由主義段階の一〇〇年の平和を予定する波乱の準備期間をなすものであった。

２　資本主義確立期における国際関係

この時期は、経済と政治のどちらにアクセントをおくかによって異なるがほぼ19世紀の一〇〇年とみてよい。機械の出現によって産業革命が急速に進行し、熟練を要しない単純労働が普遍性をもったことは、圧倒的多数を占める労働者の歴史的位置を確定するものとなった。つまり、綿紡績と石炭と蒸気機関の結合にその典型をみせる近代的工場制度が確立したことが、労働生産性を飛躍的に向上させたのであって、とりわけ生活必需品の大宗をなす綿工業が基軸産業となり、産業資本が主導的資本となって自立的、連続的な操業を展開したことは画期的であった。人間が働けばみずからの生存分以上の剰余を産出しうるという文明の基礎を、資本の蓄積様式の全面的展開のうちに確立したのである。人類の経済生活の再生産を資本が主体となって実現したことは、経済過程の自立性と純粋性を実証するものであり、社会科学としての経済学を導いた。この時期の経済政策は、自由主義として過去の重商主義的な各種の特権や規制を廃止するものであり、工場法や国民教育制度の導入は一般的な資本蓄積の増進に寄与するところであった。

金本位制とリンクした自由貿易体制の推進に集約される経済的自由主義の完成こそが時代のライト・モチーフであった。

市民社会の確立は国家形態においても夜警国家観を浸透させたのであり、自立自助のイデオロギーが支配的となった。政治の介入なしに、産業資本は景気循環機構の確立をとおしてみずからの生命力を保持したのである。その世界史的典型国がイギリスであったことはいうまでもない。この時期、イギリスは〝世界の工場〟といわれ、その工業生産力と価格競争力によって国際分業を編成していったのであった。したがって自由貿易システムを国際的に普遍化することがイギリス体制を確保する最優先のテーマであったわけで、国際関係においてその強大な海軍力を根幹とした軍事力を行使せず、外交手段を主として、もっぱらバランサーとしてヨーロッパ列強間の勢力均衡に留意したのであった。ソローキンの戦争指標によると、15世紀を100として16世紀が180、17世紀が500、18世紀が370、19世紀は120、20世紀が3080とヨーロッパ勢力の戦争の強度が表現されている。

近現代史において、K・ポランニーもいうごとく、ナポレオン戦争から第一次世界大戦にいたる一〇〇年間の平和の持続を直視するとき、19世紀がもっとも平和な時代であったことは、資本主義の自由主義段階におけるイギリスの体制的使命にその根拠を見出せるのである。19世紀はロンドンの第一回博覧会（1851年）の成功が象徴するごとく、イギリスの世紀であったが、この時期に、イギリスからおよそ1200万人の大量移民が、北米、南アフリカ、オーストラリアに進出していることも特筆されたい。こうして経済的自由主義はストレートに政治的平和主義へと連動する姿において、19世紀のパクス・ブリタニカが現出したのであって、H・J・パーマストンの外交に象徴されるごとく、自由貿易・金本位制と相即したバランス・オブ・パワー・システムにおいてイギリスは核心的な地位を占め、その国際的影響力を駆使することによって、戦争を回避し平和を持続する状況をつくりだし、政経が一元的に作動する国際的秩序を保持したのであった。これこそ資本主義平和の本質的枠組を呈示するものにほかならない。19世紀のこの時期においても、英仏を主とする欧米諸国によるアジア・アフリカなどに対する植民地獲得が競争的に進行したことは事実であるが、それは産業資本的資本蓄積機構に基づく世界市場編成に大きなインパクトを結果するには至らなかったのである。

3 資本主義の変質と国際関係

帝国主義段階は資本主義の変質期であり、実質的には19世紀末葉大不況期の70年代から第一次大戦を経過するまでのおよそ半世紀である。この時期の基軸産業は鉄鋼業に代表される重化学工業であり、これらの基幹的な産業は不可避的に固定資本の巨大化を要件とするため、その資本調達においてこれまでとは異なった特殊な対応が要請されるのであった。すでに軽工業としての綿業において主として個人企業によって経済的成熟を達成していたイギリスにおいてではなく、後進国としてのドイツやアメリカにおいて重工業の急速な発展がもたらされたのは、自由主義的個人主義を基調としたイギリス型の資本主義になじまぬ構造を予定するもので、交通革命による鉄道の広範な普及や大型鉄鋼船による航路の開設といった鉄鋼需要に象徴される重工業の発展は、これまでの資本主義の変質を余儀なくさせるものとして、新たなる資本蓄積様式を展開させる主導的資本としての金融資本の成立を告知させるのであった。

とりわけドイツにおいては、手形割引を主とする商業銀行としてよりも、長期資金の供与に傾斜するように銀行の役割が変化し、株式会社制度の活用によって銀行資本が産業資本と組織的に癒着する方式が活発化してくる。こうした資本の形態を金融資本というが、銀行がみずから株式発行業務に関与し、広範な大衆の零細資金を集中すると同時に、大株主としても君臨し、資金と支配の集中を併せて達成することとなったのであった。したがって金融資本は必然的に組織的独占を形成せざるをえないし、そうして成立した重工業は、企業としても装置型設備を有する技術的特性からしてもまた大規模投資にともなう巨額の減価償却の必要上からも、連続的大量生産を指向せざるをえないことになる。つまり巨大な重化学工業を基盤とする金融資本にとってその製品の販路＝市場問題はきわめて緊迫した課題となるわけで、これを積極的に補完するものが帝国主義の経済政策であった。その内実は、国内市場では独占価格をもって販売して平均利潤を超える独占利潤を得るとともに、過剰生産物を海外でさばくために組織的ダンピングを強行するというもので、こうした内外の二重価格制を確保するために採用されたのが、自国産業保護の名目で設定された高率関税であり、このいみで関税政策は組織的独占を擁護する帝国主義政策の典型をなすものとなった。こうした状況の展開はそれだけで終結せず、過剰資本のはけ口として資本輸出も活発化し、軍事力の後押しも得て植民地の再分割や新たな勢力圏への拡充を活発化するのである。ドイツにおいては、産業構造における後進資本主義国としての奇形性が国民経済構築におけるその積極性と不即不離の関係をなしていた。ベルリン→ビザンチン→バグダットに至る鉄道をとおした東欧から中近東を射程に入れる「３Ｂ政策」といわれた拡張策などはその一例である。

またこの時期から、資本の有機的構成の高度化のために、農村人口の都市への流出が停滞し、小農民の多数残存の傾向が明確となり、世界的な農産物の過剰生産を背景に、農産物価格の低位による長期的な農業不況が一般化してきた。農民保護策が帝国主義の社会政策における重要な環をなすものとなり、国家もこの時期、社会政策費や軍事費の膨張を主因として、財政の肥大化によって特徴づけられた体制維持国家へと変質していった。

こうした状況を背景として、過剰資本の処理を根幹とした帝国主義的膨張は、世界政策へと進展し、その調整措置として、防衛側に立つイギリスも従来のバランサーとしての栄光ある孤立をすて、同盟政策へと転換し、ヨーロッパの主たる大国は、三国同盟と三国協商という二つのブロックにわかれた。戦争は外交の延長でもある。イギリスの包囲政策に対し、早晩ドイツが強行突破するのは必然であった。諸列強の国際的対立の焦点は、とくにおおくの矛盾を抱えているバルカン地域であった。ここが火付け役となって、１９１４年7月から１８年11月まで、史上はじめて主要な帝国主義諸国がその覇権をかけて二つの陣営に分かれて死闘を繰りひろげるという典型的な帝国主義戦争としての第一次大戦が歴史的な現実となった。

連合国側、同盟国側あわせて動員戦力は６５０３万人、直接戦死者８５３万人、直接戦費１８６３億ドルという巨大なもので、一日平均の戦死者も５５０９人に達した。長期化した戦争は世界的規模にいたり、ヨーロッパの諸国では国民生活全体が戦争遂行のため再編成される総力戦(Total War)となった。それは重化学工業化の時代における戦争の恐怖や残虐性を、銃後の戦場化によっても如実に示したが、軍事と産業の一体化、婦人の職場進出、政府による経済過程の統制と管理、世論操作の重要な役割なども定着させた。

第一次大戦は、人類の歴史に最大かつ深刻なインパクトを与えた。革命と戦争の20世紀を刻印づけるものとなったのである。１９１７年11月のロシア革命によって社会主義政権が生誕したが、この大戦による１７００万人というロシア側の死亡者を抜きにしてこの革命の成功は考えられないのであり、まさに第一次大戦は、古典的帝国主義の世界史に終止符をうつものであった。

１９１９年から第二次大戦が始まる39年までの20年間は、戦間期(inter-War years)と呼ばれているが、１９２０年代は、資本主義の再組織化にいたる過渡期となった。

大戦は、旧世界の勢力均衡外交のあり方を一変させ、経済的国際主義が主流となり、国際協調による平和の維持という考えを担うべく国際連盟の創設や不戦条約に集約される平和共存が試みられ、また将来の平和は各国における国内改革に依存するという国内秩序を重視する見解も有力となってきた。

世界経済の実態は、大戦によっておおきな転換をみせていた。①ロシアの社会主義国家としての資本主義体制からの離脱、②パクス・ブリタニカの崩壊と中心のアメリカへの移行、③英仏中心主義のベルサイユ体制のもとで、ドイツの苛酷な賠償支払いにおけるアメリカ資金による循環システムの成立、④カナダ、ブラジル、アルゼンチン、オーストラリアなど新興農業国の出現と先進諸国の小農保護政策による農産物の慢性的過剰による世界農業問題の発生、といった状況がそれである。

しかるに、当時の経済政策においては、あの平和な19世紀の安定的発展に回帰すべく、均衡財政主義、自由貿易主義、金本位制の三つが柱とされ、実業家の平和が指向されていた。1925年のイギリスの金本位制復帰は旧平価でなされたため、デフレ政策と併行して「短期借・長期貸」といった変則的な海外投資を継続せざるをえず、ロンドン市場の地位は相対的に低下していったのである。一方アメリカは、自動車を中心として輸出額世界一位となり、資本輸出も膨大なものとなった。資金の循環構造からみても、世界経済はドル依存によって再建金本位制を維持しえたのである。しかし20年代、耐久消費財ブームによって大衆消費社会を先行させたアメリカの景気も1929年10月24日「暗黒の木曜日」にはじまるウォール街の〝株式の大暴落〟によって、史上空前の深刻な恐慌に突入し、これが全世界に波及することになるのであった。

この世界大恐慌こそ、資本主義の新たな再組織化への強烈な引き金となるのである。

二　現代資本主義と国際秩序

1　資本主義の再組織化と国際関係

1932年、アメリカの失業率は25%、1300万人に達し、工業生産高も29年比2分の1弱となり、卸売物価3割減、農産物価格46%、株価27%、GNP4割減というおどろくべき経済指標を示した。31年にはイギリス、ドイツ、日本などが金兌換を停止し、金本位制の全面的崩壊となる。中心国の通貨を基軸通貨とする金本位制は、貿易と金融によって各国を結合する商品経済に特有な国際システムであったが、この崩壊は、即自的、本来的な世界システムとしての資本主義体制の解体を告知するものとみてよいであろう。資本による経済過程の全面的な支配と統合が破綻し、国家による資本主義の再組織化が、これ以降急進展をみせてくるのである。

支配主体としての国家による経済への介入と組織化の有力な手だてとなったのが、管理通貨制度の採用とケインズ政策であった。〝労資同権化〟のトレンドが濃淡はあれ定着化し、国家は、資本を規制しつつ、構造的過剰人口の処理を完全雇用策と社会政策の両面で展開するようになる。資本による自立性の喪失を代位する国家は、いよいよもって資本主義の体制維持機能を強く発現させてくるのである。アメリカにおけるニュー・ディールとドイツにおけるナチス経済はその具体化として注目される。公共投資による大量の財政資金の投入によって、失業を解消しつつ労働者や農民を体制内に同化し、反独占的な立法措置を加えたもので、国内均衡優先策ながら相対的にかなりの成果をもたらした。

しかし管理通貨制のもとでの赤字国債の累積的発行による財政資金投入効果に依存する景気政策では、金貨幣をとおした国際市場とのリンケージを欠除しているからして、経済資源の自給自足を満足させる条件に不足するばあい、とりわけ国民経済としての一体性に破綻をきたすことはあきらかである。

すでに１９３２年7月のオタワ協定によって、イギリスの金融的利益を保守するスターリング・ブロックが形成され、翌年フランスを中心とする金ブロック、３４年には東欧諸国との為替清算協定にもとづくドイツの広域経済圏、孤立的なアメリカ経済圏、日本を中心としたアジアの「大東亜共栄圏」など、世界経済をそれぞれの勢力圏ごとに閉鎖的に分断し、世界市場のブロック的編成によって帝国的列強の経済的再生産権益を擁護しようとする事態が展開した。

しかし、このような世界市場のブロック化によっては、地域的な資源の賦存状態からしても、高度に発展した工業生産力の処理は不可能である。とりわけ完全雇用策が軍需スペンディング・ポリシーによって、大衆動員を可能にし失業を解消したとしても、それによって国際均衡の達成は容易でなく、ブロック経済は、資本主義の合理的な世界市場編成に逆行するものとして、結局は、その矛盾の暴力的解決につき進まざるをえないものとなる。世界経済のブロック化は、ついにブロック間の軍事的対立による資源や領土の争奪戦へと突入し、１９３９年9月、ドイツによるポーランドへの電撃的侵攻をもって第二次大戦が開始されたのであった。

第二次大戦の直接戦費は、連合国側６８５０億ドル、枢軸側４６８９億ドルと合わせて1兆１５３９億ドルに達し、第一次大戦の数倍にもなっている。またその末期に原爆投下という核兵器が使用されたこと、一般市民の死亡者が兵士のそれをはるかに超えたこと、欧州大戦というより文字通りの世界大戦であったこと、帝国主義戦争の側面に加えてファシズム対反ファシズムの戦いの色を濃くしたこと、社会主義のソ連がひとつのおおきな軸に加わって戦後の東西対立の要因をはらんできたこと、民族解放戦争の側面も深刻に包含していたことなど、まさに20世紀後半の歴史を規定するものとなったのである。

２　戦後世界体制の特質

１９４４年の航空機の生産をみると、①アメリカ９６３１８機、②ソ連４０３００機、③ドイツ３９８０７機、④日本２８１８０機、⑤イギリス２６４６１機で、アメリカが突出していた。また終戦時、アメリカの金準備高は２００億ドルに達し、世界の３分の２を占め、資本主義世界での鉱工業生産高比率が62％、総輸出の３分の１、総海外投資の４分の３におよんでいた。とりわけ戦争中に開発された石油化学、電子工学を中心としたオートメーションをベースとした新技術によって労働生産性の向上は飛躍的で、アメリカは、戦後の世界経済に独占的支配力をもつにいたったのである。とはいえ、アメリカ型重工業の巨大な生産力は、世界市場を不可欠なものとして構造化してしまっていたのであり、戦後世界のフレームが為替や通商上の制限措置はいうにおよばず、さらにブロック化によって世界貿易の一体性が阻害され世界市場が分断されるなら、深刻な不況が免れないことは戦間期の痛い教訓となっていた。

そのいみで１９４５年11月に発効した国際通貨基金＝ＩＭＦによる世界経済再建構想は必然であったといえる。ＩＭＦによる国際経済秩序とは、金との交換に裏づけられたドルに対して各国通貨は固定的相場を保持して、自由で多角的な取引の条件を整えたものであった。これを補足したものが、貿易面での関税などの軽減と差別化措置の廃止を目的とする「関税と貿易に関する一般協定」＝ＧＡＴＴであり、１９４７年10月に結成をみた。つまりＩＭＦ＝ＧＡＴＴ体制こそ、アメリカの優位を前提とした世界経済の再建機構であったのであり、戦後復興から東西対立を意識したマーシャル・プランなどのドル援助も手伝い、欧州や日本のアメリカ型産業へのキャッチ・アップの技術革新的設備投資がさかんとなり、世界経済は１９５０年代から６０年代にかけて高度成長による持続的な好況を続け、世界貿易を順調に拡大した。

ＩＭＦ体制は金本位制ではないにせよ、ドル価値を金価値にリンケージするシステムがアメリカの圧倒的経済力によって確保されていたかぎり、安定的な貿易・金融の国際システムとして四分の一世紀におよぶ世界経済の発展に寄与したのであった。この間、社会主義体制をとるソ連や中国の強圧も手伝って、朝鮮戦争やベトナム戦争をはじめ世界各地の発展途上国における民族紛争が絶えなかったにせよ、いずれも局地戦に止まって、戦略兵器の使用が抑止されてしまったことは留意されねばならない。その根底に、19世紀の一〇〇年の平和には及ばぬにせよ、20世紀の４分の１の平和の持続を確保したものとして、かつての自由貿易・金本位制と類似した国際システムとしてのＩＭＦ＝ＧＡＴＴ体制が機能したことを確認する必要があろう。経済的に順調な発展と国際均衡の確保こそが、政治的な世界平和の基盤であることを、人類史は証明しているものといってよい。

とはいえしかしながら現代資本主義のもとでは、大衆社会状況＝福祉国家体制が推進された反面、世界経済は先進国と後進国とのあいだにおける水平的な国際分業を編成する力を喪失して、いわゆる発展途上国は一次産品類の輸出における比較優位を失って工業化にも立ち遅れ、経済バランスをいわばソ連圏に対する政治バランス維持としてのアメリカの資金供給に依存する構造を余儀なくさせたことと、社会主義に対する憲兵としての朝鮮戦争やベトナム戦争などの巨大な軍事費の投入、大型ミサイルや原子力潜水艦など核兵器とそれの運搬手段の開発を主とした軍需スペキュレーションによって、さしものアメリカの経済も国際収支の面からその脆弱性を露呈せざるをえなくなった。南北問題の深刻化と併行してドル危機を招くことになったのであり、アメリカの体制維持国としての限界が、ドルに対する信認の喪失として進行したわけである。１９７１年８月15日、金とドルの交換停止を声明したニクソン・ショックは、国際収支赤字に対してアメリカの金準備による規制力が働かなくなったことを公認するものであった。これによって為替の固定相場制は崩壊し、ＩＭＦ体制の基軸部分は機能不全となったのである。

こうして資本主義世界はアメリカの一極優位から多極的共存へと急速にシフトしていくのであり、高度経済成長の世界的な終末期と重なったなかで、アメリカは金の支えを失ったドルの過剰散布を余儀なくされ、世界的な不況の過程にあってインフレを加速させたのである。１９７３年のオイル・ショックによる原油の4倍近い値上げは、途上国側からすれば外貨としてのドルの購買力を世界的インフレの昂進によって大幅に低下させられた結果であり、資源ナショナリズムを刺激するのはとうぜんの成行きであったといえる。

石油依存型の経済構造への打撃が加わって世界経済におけるスタグフレーションの同時的進行が現実化したが、とりわけ第三次産業の発展と第二次産業の生産性の相対的低下のなかで、財政的膨張による消費景気化の維持によって、アメリカ経済は空洞化頼向を明確にし、いわゆる貿易と財政の〝双子の赤字〟が基調となって定着化するにいたったのである。戦後の世界体制を支えてきたアメリカ経済が構造的ないきづまりをみせ、ドルはその価値を下落しつづけることになったわけである。

この傾向は、1980年代になっても基本的にかわらず、減税や規制緩和策による新保守主義の経済政策もインフレ抑制に寄与しただけで国際競争力の悪化の歯どめとはならず、逆にアメリカの債務依存体質を強化した。

アメリカ経済の停滞は対外関係における経済摩擦を激化させながら、90年代入ってハイテクブームを得たものの、世界政治におけるアメリカの位置は、ソ連社会主義圏の崩壊をうけてますます独裁的優位を強固にするという、経済と政治の分裂した展開をみせており、資本主義の不均等発展は、スタグフレーション克服の合理化手段として採用されたME技術の進展とともに、各国の国民経済の位相を労賃コストの国際的対比のうちに、おおきな変動を呼びおこしつつ、世紀末的な昏迷の色を濃くしていった。

概略以上のような資本主義の歴史的展開過程をその資本蓄積様式の変遷をもって段階的に見究め、そこに帰着しその蓄積形態から発現する資本にとっての合理性の貫徹や矛盾の処理が政治過程を動かすインパクトとなって、つまりは国際関係における戦争と平和を主導していることをみてきた。

平和経済学が21世紀における世界平和の経済的基礎を解明し、人類の永続的な福祉増進に寄与する使命をもつうえからみても、商品経済という特殊な社会的形態をもって経済生活の再生産＝社会の存続をはかるという特異な性格が歴史的に発現する典型的な事態を、政治過程と相関させて、これを国際関係の展開のうちにベーシックで集約的なシステム像として活用されねばならぬという認識が、どうしてもさけてとおれないことを要請されるゆえんである。

3　結び——後期へのつなぎ

さてこうした主軸をなす課題の検討を先行したうえで、

なお以下に述べるテーマを別としては、平和経済学は成立しないであろう。

まず、社会主義体制の確立とその解体についての検討が求められる。20世紀を特徴づける革命と戦争については、その複雑な背景に潜む体制的な位置づけを要するからである。また今世紀最大級の歴史的事件のひとつをなすソ連体制破綻についてその検討がなされねばならない。量的スケールからしてもこれを単なるアウタルキーとして処理することは許されないし、生活者として圧倒的多数を占める労働者主権から乖離した一党独裁・中央指令型の政権がグロテスクに持続した歴史的環境や、社会主義のもとでの「相互確証破壊」＝ＭＡＤといわれるような、市民生活を犠牲にした軍事拡大均衡を常態化した要因など、東西対立が平和の障害としておおきくたちはだかったことからも、これはさけてとおれない課題である。

つぎに、現代資本主義における特有な平和秩序阻害要因についての立ち入った研究が不可欠である。現代資本主義は、高度経済成長と相即不離のかたちでクルマに象徴される耐久消費財のはんらんにみる大衆社会状況の成熟を基礎づける低コスト・大量的連続生産を特質とする巨大な生産力を構造化したのである。

とりわけ、①多国籍化する軍産複合体としての巨大企業について、その展開が管理通貨制のもとでインフレ政策を遂行する現代国家の軍需スペキュレーションの主軸を形成している点において、これの民主的コントロールを見極めるうえからも格別の調査研究が求められるのである。②は、世界農業問題をベースとした不均等発展が凝縮した構造的経済格差の発現としての南北問題の研究である。これらは国民経済を単位とした主権国家の個別的経済政策によっては、たとえば農産物の国際的過剰にみるごとく、とうてい解決不能な世界レベルの問題を基盤にしている点に特質があり、先進国と発展途上国との生産性格差はますます拡大し、水平的な国際分業の展望を失わせる方向へ進展しているからである。これは累積債務問題も随伴しつつ、国際的経済秩序の撹乱要因として、居住人口構成からみても不気味な平和阻害の発生源となるからである。③は、環境・資源・人口の問題である。これらは問題を構成する基軸をいずれも同一の根源としている。商品経済の世界的な進展による普遍的な文明開化作用が、先進国における巨大生産や過剰消費を必然化させ、途上国においては農村的自給的共同体を解体させ、人口の都市への集中と低賃金労働を量的に充足する人口爆発を招来するとともに、資源の当該地域環境を無視した先進国側への一方的移輸出、生産から消費にいたる両面における廃棄物の大量的出現を招いた。一センチの土ができるのに一〇〇年を要するといわれ、緑の植生を支持する一メートルの土壌ができるのに一万年が必要なのである。熱帯雨林のらん伐などは、生物生態系の激変といった環境破壊をもたらしつつある。環境問題は、地球温暖化にみるごとく現代資本主義の蓄積様式のまさにメダルの裏側なのである。こうして、戦争のみでなく、人類の安定的生活秩序保持が広義の平和である以上、これらの問題が平和阻害要因として、平和的経済システムの考察において重要な課題となるのである。④は、民族問題である。民族それじたいは文化の領域に属する概念であることから複雑な側面をもっているが、民族の成立とその発展が資本主義の成立にともなう国民経済の形成とその構造的な展開と深く相関していることからして、また民族のアイデンティティの自覚としてますます21世紀は民族問題が国際紛争の火だねとして活発化されることが予想されることも併せ、平和経済学の重要な構成要因となるのである。

第三には、平和システム維持について、伝統的な学問分野として成立している個別政策論的アプローチから、新しい平和経済学という学的領域を成立させるうえで、その豊かな成果を摂取しなければならないという点である。

①は、外交である。外交の機能は国家間の関係を交渉の過程によって処理することにある。それは、国際関係に適用される常識と仁慈といわれたごとく連続性を本質的要件とするもので、外交の進歩に役立った力は、H・ニコルソンがその名著でいうごとく、法律と国際通商であった。近代の国際政治においてその実力を発揮したのはイギリスであり、そこに一貫したものは勢力均衡の原則として、他国の独立と貿易という基本的な利益を尊重しつつ、挑発をさけて使役されてきたのであったが、現代においては、アメリカの衰退のもとで一国的覇権を維持することはむずかしく、国際社会の相互依存と政策協調が強く自覚されつつあり、話し合いと試行錯誤をとおして、マクロ経済政策の協力と調整をベースとした外交的努力は、安定した国際経済秩序を平和な社会への基礎的条件とするうえで、すくなからず期待されるところといってよい。それはまた、職業外交から民間の文化交流へと広範な展望をもつものであり、国際世論の形成という視点においても、平和のシステムをバック・アップする意義はおおきい。

②は、軍縮である。国家安全保障政策の基本は、自強、同盟、環境整備の三つにあるが主権国家においては、自強すなわち軍備増強と兵器開発こそ戦争システムの中核をなすものとして第一に採用されてきたのであり、軍縮はことばで容認されるほどには現実化が困難であった。第二次大戦後の国際秩序についてもそもそものスタートからして

米・英・ソ・仏・中の5大国が協力して世界秩序を維持するという発想が根本にあって、つまりは5大国の軍事的優位が平和的安定を保障するという考え方で、軍縮より軍備管理論に傾斜していた。とりわけ、1950年代、東西対立としての冷戦が激化した時期には、アメリカ的生活様式の防衛と社会主義というプレステージを争って相互にイデオロギー的根拠を強く主張し、米ソの軍事的パリティが現実化し、60年代のK・K時代の平和共存の一時期を経て、既存兵器の命中精度や非脆弱性を競ってスクラップ・アンド・ビルドするかたちで展開された核軍拡競争は熾烈を極めたのである。そしてこれが現代資本主義における過剰資本の処理方式として、無イデオロギー化して経済的正当化と権力の自已肥大化が同調し、また兵器そのものが第三世界への重要輸出品を構成するにおよんで、80年代後半、ゴルバチョフが登場してソ連に政治的リーダーシップが復権し、欧州に配置された中距離ミサイルの自発的撤去というまさに非対象的防衛としての軍縮を現実化するまで、遅々としてその成果をえなかったのである。軍縮の政治経済学は、平和経済学における現状分析論の重要な分野をなすわけである。それは、人類の平和にとって共通の敵は、外にだけあるのではなくみずからの内にあることを告知するからでもある。

③は、国際組織の問題である。かつての国際連盟や現今の国際連合はもとより、二度の大戦をとおして集団安全保障論が主流となったなかで、はたして主権国家を前提とした国際組織の有効性といったものが根本的に問われる時代を迎えているのである。核兵器の巨大な蓄積という冷酷な現実、交通・通信手段の飛躍的進歩という現実をふまえて、民主主義という最大の価値をグローバルな人類の生存基地に確保すべく、かつてカントがいったような世界政府のプログラムのありかたも真剣に検討されてしかるべきであろう。

さいごに、付論として、近代以降における著名な平和論についてその時代的な先見性やその社会思想史上の位置づけを適確に試み、現代における平和思想について展望を試みることも必要となろう。グロティウスの「戦争と平和の法」(1625年)や、カントの「永遠平和のために」(1795年)といった古典の意義を解読せずしては、平和経済学もさびしいものであろう。アジアにおいてもガンジーの思想や、儒教のマインドを反映しているといわれる孫文の「三民主義」なども改めて評価されるべき要素を含蓄しているはずである。

むすび

現在の政治・経済世界における停滞と昏迷は、成長型経済が限界に達し、アメリカが軍事的、政治的覇権を握りながら世界最大の債務国となっているという史上例のない奇妙な姿で世界帝国の位置を占めていることにおおきく影響されている。社会主義の現実は破綻したが、資本主義世界そのものも、優等生といわれた日本がバブル経済の清算ができずエイズ症候群におちいっているし、現実の世界は、上述したようなさまざまな問題の解決を先延ばししているだけである。

これらの課題は、21世紀を迎えて、資本主義か社会主義かといった既成のイデオロギー的枠組みにおいて解決できないことはもちろんであるが、とはいえ、新しいパラダイムがみえてきたともいえぬ状況にある。

平和というコンセプトを単に戦争の有無だけでなく、民主主義と人類の福祉の実現を阻害する要因を消極化する状況と広くとらえ、経済システムとその歴史的相関において、これらの事態の本質的要因を摘出し分析するとともに、学際的研究をそれぞれのテーマに即して深化し、これらの成果を前提として、来るべき社会におけるわたしたちのアクション・プログラムとしての政策的提言をなすこと――これこそ平和経済学の使命とするところであろう。

最後に大切な論点は、平和ということの哲学的、倫理的な大前提についてであろう。

人類の安定的な生活秩序の保全が平和の基盤であれば、それは共同体や商品経済の歴史を貫通して生産や消費を媒介とした人と人との関係そのもののうちに実存する主体的な意識と行動の根幹をなすものである。身分というカテゴリーがあっても、他の人間との関係性を自覚することが共同体的再生産の秩序の原点であったし、外来的な商品経済においても、貨幣を媒介とする商品交換関係は、本来は相互の対等互恵な関係を前提とする平和的な関係であった。つまり人類の関係性の根本原則として平和は措定されているのであって、それこそ人間性そのものを定立させる大前提をなすものであり、この文脈において平和がなければ経済原則や経済法則も確立しないということである。この意味で平和は特殊なイデオロギーでは決してなく、また暴力や戦争が歴史的現在において排除されねばならぬことが、人類的な倫理のエトスであることが確認されるであろう。

【参考文献】
猪口邦子『戦争と平和』１９８９年、東京大学出版会

衛藤瀋吉／〔ほか〕『国際関係論第2版』１９８９年、東京大学出版会
高坂正堯『高坂正堯著作集第6巻―古典外交の成熟と崩壊』２０００年、都市出版
岡部達味『国際政治の分析枠組』１９９２年、東京大学出版会
斉藤孝『戦間期国際政治史』１９７８年、岩波書店
篠原一『ヨーロッパの政治―歴史政治学試論』１９８６年、東京大学出版会
土井泰彦／〔ほか〕『国際体制論』１９９２年、文眞堂
百瀬宏『国際関係学』１９９３年、東京大学出版会
山本吉宣・田中明彦『戦争と国際システム』１９９２年、東京大学出版会

（初出：『東日本国際大学・平和経済学研究』第５号・２０００年3月）

第五章　民族問題の構造と焦点

一　民族

まず民族について共通の理解を引き出すため、ふたつの定義的見解をあげてみたい。

①「民族は社会学的にいえば基礎集団のひとつであり、ある程度の血縁的共通性と居住地域の同一性を基礎として成立した広範な文化共同体 kultur gemeinschaft であると規定することができる。このような文化共同体の成員は互いに同一の集団に属しているという意識によって結ぴついているのが普通であり、これが広義の民族意識と呼ばれるものである[1]」。

②「民族とは、言語、地域、経済生活、および文化の共通性に現れる心理状態の共通性を基盤として生じたところの、歴史的に構造された人間の堅固な共同体である[2]」。

社会現象における〝定義〟は、対象の静態的典型に傾注してその動態的側面におけるダイナミズムの把握に欠ける面をもつが、ここで、「人種 race というのは、いうまでもなく、身体的特徴を共有する人間の集団であり、厳密に生物科学的な概念であるのに対して、民族 ethnic group というのは、文化を共有する集団を意味する文化的概念である[3]」ことだけは明確にしておかなければならない。

学問的な流れとしては、社会や文化に関する比較がもっぱら民族を単位としておこなわれてきたため、民族学 ethnology といういい方で成立していたが、民族以外の人間集団についての比較研究も進展して、今日では文化人類学 cultural anthropology など人類学系統の名称がおおくもちいられる傾向にある。それは、人間や文化の多様性を基盤としてその価値観を客観的・体系的に研究し、体系的反理論の学という独自な相対主義を特質とするがゆえに、異民族、異文化を理解しつつ、異質の共存体系としての世界のあり方を見究めるうえで意義ぶかいものである。

文化というものは、一人ひとりの人間の頭のなかにあって、その人間の行動をうみだす原型、パターンの役をはたしているという視点、そしてそのパターン自体は、人間が成長するにつれて、まわりの社会から、伝承としてうけついでゆくものとして、社会的に形成されるものという視点、これが根本のスタンスである。そこで文化的同一性にもとづくさまざまな人間集団が形成され、家族の段階から国家にいたるまで、多様なレベルの社会的統合が存在するという現象を対象として、結局においては、文化人類学では、さまざまな民族という統合体の文化を比較することになるのである。

民族の文化的同一性の内容については、まず言語の共通があげられる。共通の言語によって集団の成員はたがいに意識内容を通じ合うとともに、言語という思考形式を同じくすることによって類似した精神的特質を成立させるといえる。また伝統的にうけつがれて民衆の日常生活に即したトータルな生活様式にはぐくまれることによってうまれる独自な性格や意識があり、ほかにも経済状態や対外的契機による歴史的運命の共同なども重要なものとなるであろう。

しかし、スターリンの定義にみるごとく、四つの要素の相互の関連も明らかでなく、これらの契機を平面的に並べるだけでは、民族問題の解明をなしえない。これらが社会体制の歴史的発展と動的にふかくかかわっており、とりわけ経済生活面で商品経済の発展が国民経済の成立として世界史を主導し、資本主義による世界編成として確立しながら特殊な変貌をもたらすことと相関させて検討せねばならないのである。

民族問題にたいする経済学からの本格的な研究アプローチはほとんどないとみてよいが、渡辺寛教授は、貴重な論点を開示している。教授は、「民族国家形成の運動、これを民族運動というのである」(4)と規定し、「資本主義の形成史は、同時に、資本蓄積の諸中心部における、諸国民経済の成立史にほかならなかった」(5)とし、「国民経済をその実質的内容とする国民国家の経済学的分析は、かくして、まず中世社会の崩壊から重商主義体制の展開にいたる資本主義の成立の歴史的過程に即して、行われなければならない」(6)といっている。

じじつ、いまnationと呼ばれるほどの規模に達した民族は、主要先進国においては、近代資本主義の発達と結びついてその具体的な形成をみたのであった。中世の封建社会においては、それぞれの地域は領主諸侯によって割拠されており、身分制度の強固さのゆえに、上層民と下層民とはまったく別種の人間であるかのごとく秩序づけられていた。人口も低小で交通の未発達も手伝って、広汎な住民の一体化は存在しなかったのである。商品経済の浸透、市場の発展に触発されてさまざまなブルジョア的変革を随伴しつつ中央集権国家が成立することによって、身分的差別が撤廃され、住民の同質化が促進されることをとおして、地域的統一が実現し、その過程のなかでとりわけ対外的契機をとおして、近代の文化的アイデンティティの産物としての民族が形成されてくるのであった。

マルクスは、1848年の『共産党宣言』において、「ブルジョアジーが生産手段や人口の分散状態を解消した結果、政治上の中央集権が生じ、別々の利害、法律、政治、関税をもっていて、ほとんど単なる連合関係にあったにすぎない独立の諸地方が、一つの国民（Nation）、一つの政府、一つの法律、一つの全国的な階級利害、一つの関税区域に結び付けられた[7]」といって、さらに「人民間の国民的差異及び敵対は、ブルジョアジーの発達、商業の自由、世界市場、生産方法ならびにこれに照応する生活諸条件の均一化によって日毎にますます消滅しつつある[8]」と、資本主義の普遍的な文明開化作用についてのゆるぎない確信を表明していた。

レーニンも、中世末から近代初頭のヨーロッパについて、「民族的結合の紐帯はブルジョア的紐帯の創出にほかならない[9]」と認識していた。

単一的な経済生活分野を拡大する国民的市場の成立と発展により、それを結合する共通の言語によって永続的で伸長性のある分業編成を基本に据えた集団的人間の共同生活が可能となり、そのなかから精神的生活における共通性が生じ、それを構成する文化と心理の特殊性が、それぞれの血縁性や地域性をにじませた集団特有のものと意識され、これがいわゆる民族的自己意識となって現われ、それがさらにフィード・バックして民族生活に働きかけるようになる。とりわけ、この共通の意識は、国民国家成立に象徴されるその内部的等質性を含意するよりも、むしろ、対外通商や戦争といった対他的、対外的契機によって棲息し、その昂揚を見るのであった。ナショナリズムの発現である。

16世紀から19世紀のヨーロッパとアメリカの民族運動では、民族の主役はブルジョアジーであり、その主導的理念はいかなる場合においても、〝一民族、一国家〟を押し通すものであった。資本主義の発生期から発展期において、とりわけブルジョア革命の時代には、独立した民族国家の要求は、封権的分散性を克服し、民族的抑圧との闘争という積極的な意義をそれ自身にもっていたのである。民族の自立が最高の原理とされたのは、対外関係をとおして確立をみる国民経済＝国民国家という枠組を、それぞれの資本制商品経済の発展段階を画する主導的産業における資本蓄積様式が、それを必要不可欠なものとして要請したからに他ならない。つまり、民族として潜在的な要因が固有のものとして散在していたにせよ、それが自覚された民族となるためには、国民国家の構成員としての一体感を要したのであり、国民国家の形成期というブルジョア的発展に主導される歴史的過程なしにはあり得なかったのである。

じじつ、近代国家は、西欧における絶対主義国家として、商品経済が世界化する道程をとおした対外関係におけるヘゲモニーを争ういわば〝開発独裁権力〟として官僚制や常備軍をととのえた支配システムを形成しつつ、その枠組を確立してくるのであって、共同体の徹底的な解体という役割をともないながら、その可変的な領域を確定してくるのであった。いいかえれば、資本主義の形成は絶対王政を必要条件としたのであり、こうした内実を必然とした国民経済の成立がまさに民族国家の生誕にほかならないわけである。経済学の原理論から国家は導きえないが、歴史的には、資本主義はその成立のためにかならず近代的統一国家を必要としながら、資本そのものの自力でそれをつくれず、絶対王政を、強弱さまざまな形態をとるブルジョア革命というフィルターをとおして受け継ぐしかなかったのである。

このいみで、資本主義国家が旧来の共同体国家の側面をつよく残すのはとうぜんだったのであり、ここに民族という運命共同体的意識が発現し受容される根拠をみることができるわけである。

二　民族問題の発現

産業革命をとおして機械制工業システムが出現したことは、産業資本による蓄積形態のもとで社会的再生産の自己完結性を確保するものとなった。労働力商品化の機構が整い、19世紀中葉、とりわけイギリス体制として自由主義が開花したこの時期は、自由平等という法的イデーと相表裏して経済的実質においては資本家と労働者という階級的分裂が明白な現実となってきた。資本主義勃興期の国民的一体感のなかに、きたるべき分裂と抗争という国民的内実の変質が基礎づけられることとなるのである。

ここにおいて、民族的自己意識は、支配階級としてのブルジョアジーの側からの保守的な利己的民族主義の色彩を濃くしたナショナリズムと、すべての民族における搾取される側の被支配者階級としての労働者の解放条件としてのインターナショナリズムの二つの方向を示してくる。すでに成立した国民国家において支配的地位についたブルジョアジーは、その資本蓄積の貫徹を優先することから、自由貿易を基調とする国際編成期を別として、逆に他民族の抑圧を強めるとともに、自国内のプロレタリアートの階級闘争の気運を緩和するため、民族への愛着に訴え、民族的偏見をかきたてるようになる。

こうして、民族問題は、資本主義の社会的発展との関連において、世界史的な意味を刻印されるわけであり、運動論的にも、ナショナリズムとインターナショナリズムの両極をゆれ動くのである。一般にはフランス革命後のボナパルティズムの発明品であるとされている〝民族原理〟なるものが有名無実化され、国民的生産力の汎世界化を確信したマルクスやエンゲルスが民族を相対化し、プロレタリア国際主義を基調としたことはとうぜんであったが、かれらも、原理論的な『資本論』体系を成熟させる過程のうちに、イギリスがかならずしも世界史の普遍的将来像ではないとする後進国像に気付き、その国際関係的アプローチを進展させて「民族自決」の権利の普遍的承認に近接していくのであった。1881年2月7日付のエンゲルスのカウツキーへの手紙には、「私はヨーロッパにおける二つの民族――アイルランド人とポーランド人――が、国際人となる前に、国民となる権利と義務を持っていると考える。彼らがそれにふさわしい国民となるとき、彼らは正しく最もよく国際的となるのである」(10)といっている。

この点は、その文脈において、つぎの問に連なるであろう。「なぜ当初一国において国民経済として成立したにせよ、資本主義は国境を超えて、他の諸地域をも自己に巻き込んで行き、均一化しないのか、という問題」(11)である。民族問題とのかかわりに限っての渡辺教授の立言を引いてみよう。

「ヨーロッパ資本主義の進出に伴う、後進地域での商品経済の浸透、共同体的関係の崩壊は、原住民の社会関係を、共同体を超えて拡大させ、ヨーロッパ近代社会に対面して、宗主国の支配下において、はじめて民族意識を対抗的に呼びおこされることになったのである。その直接の目標は、遅れた民族を、ヨーロッパのように、近代化し、そのために国民経済を形成することにあった。あくまで目標は、ヨーロッパないしそのジュニア・パートナーとしての日本であった。しかし、こうした目標は、イギリス資本主義の、そして後に帝国主義段階以降は、いわゆる帝国主義列強の世界市場支配のもとでは、極めて困難なものとなった。それら列強による、意識的な在来産業の近代化の抑止を仮りに度外視するとしても、圧倒的生産力格差のもとで、工業を中心とした資本主義国民経済を形成することは、非常な困難に直面することにならざるをえないのであった。宗主国の政策、強大な生産力と合わせて、資本に転化すべき資金の形成の微弱性、世界市場への参入の可能性の少なさ、外国商品・資本による国内市場の支配等の諸要因は、結局、後進地域を資本主義国の植民地、一次産品輸出国としてのみ、資本主義世界へと編入せしめることになった。

後進諸地域の民族独立運動は、最初は、ヨーロッパ的ないし日本的近代化、換言すれば、資本主義的国民経済の形成を漠たる目標としながら、運動をとり囲む資本主義世界の環境に規定されて、その近代化の選択肢を、別の方向へと次第に切り替えざるをえなくなった。紆余曲折を経つつ、在来産業の保護育成のためにも、なんらかの国家管理に拠る経済へと目標を移していくことになった。多かれ少なかれ、〝社会主義〟を目標とすることになったのである。特に、ロシア革命後の、植民地の解放運動は、それ以前と比較すれば、これが著しい特徴となっているといってよいであろう。しかし敢えて言うとすれば、われわれ先進国主義下の人間がイメージする社会主義とは、これら後進地域のそれとはかなり異なるのである。この点は、ヨーロッパの辺境ロシアにおける、グルジア人スターリンの〝社会主義〟が、後進地域のそれの先駆者であったといってよい。彼らにとっては、社会主義とは、マルクスがイメージし、宇野弘蔵が明確化したような、労働力商品化の廃絶による、生産と消費との、生産者による自主的決定というよりは、自国の国民経済を成立発展せしめる方策として観念され、実施されたのである」[12]。

ここに、帝国主義的な不均等発展のもとで、Nation としての国民＝民族が、国家 State から分離し、イデオロギーとしての疑似共同体に組み込まれつつも逆に開発機関化した国家に包摂される理由と様相がよみとれよう。ナショナリズムの変質である。

三　民族自決論

19世紀末葉以降、民族国家としての国民国家が帝国主義へと転化するのにともない、民族問題は質的に転換せざるをえなくなった。民族は、その政治的運命をみずから決定する権利をもつべきであり、他民族の干渉は許すべきでないとする民族自決論が脚光を浴びてくる。民族自決が現実に国際政治の重要な課題となったのは、20世紀の世界史にもっともおおきなインパクトを与えた典型的帝国主義戦争としての第一次世界大戦であった。ロシア、ドイツ、オーストリア、トルコの帝政が崩壊し、北、中、東、南ヨーロッパの従属諸民族が民族自決を要求して独立したのである。すでに大戦中からイギリス首相ロイド・ジョージ、アメリカ合衆国大統領ウィルソンなどリベラルな政治オピニオンは、民族自決を「正義かつ恒久的な平和の適正な基礎」であると主張し、従属民族もまた民族自決を戦争目的の一つとしていた。1918年1月、ウィルソンが声明した〝14ヶ条〟は、戦後処理と世界平和への構想をもった宣言として、国際連盟創設への基礎となったが、そのなかにも民族自決の原則がうたわれていた。他方、1917年のロシア革命で権力を握ったソビエト政府も、レーニンの指導のもとに、講和の条件として民族自決を唱えていた。

しかし、戦後処理の実質としてつくられたベルサイユ体制による新国際秩序は、民族問題の解決にはいたらなかった。大戦の結果生まれた東欧や南欧の民族国家は、大国の勢力均衡に配意された従属国家で、国内政治も自主的な民族結合のうえに立つものでなく、英仏など帝国主義支配と結びつく軍部、土地貴族、小数資本家の反動ブロックによってささえられていたからである。バルカン地帯は依然ヨーロッパの弾薬庫として、束の間の相対的安定期から第二次世界戦にいたるのであった。

ここで民族自決論を軸として、帝国主義段階におけるマルクス主義の主要な論争を見究め、ついでレーニンの民族理論について検討しよう。

ローザ・ルクセンブルクは1908年の論文「民族問題と自治」などにおいて、民族を消極化し、階級闘争と国際主義の原則を強調させた。つまり、資本主義の体制的認識を、その蓄積の進行を確実に実現するものとして、いわば資本の原始的蓄積がその端緒においてのみならずその全過程において必要不可欠とする視点において、彼女が1913年に発表した『資本蓄積論』で、「資本主義は、その剰余価値の販売市場としての、その生産手段の注文先としての、またその賃金制度のための労働力の貯水池としての非資本制的な社会層を必要とするのである」[13]ということから、「帝国主義とはまだ押収されていない非資本制的世界環境の残部をめぐる競争戦における、資本蓄積の過程の政治的表現である」[14]とみたのである。このことから想像されるごとく、資本主義の生存条件とその鉄の規制から発するさまざまな経済的従属を必然とする状況においては、民族自決の現実の可能性はユートピアにしかすぎない、というわけである。また、均質で一様な社会的政治的統一体としての民族概念は、ブルジョア・イデオロギーの諸範疇の一つであって、階級社会にあってはそのようなものは存在せず、各民族の内部には利害を敵対する諸階級が存在するのみである。それゆえ、前衛政党の任務は、民族の自決権ではなく、労働者階級の自決権の実現でなくてはならないと、階級闘争の優先によって、そのまま直線的に〝国民〟は解体されるものとした。ローザは、〝民族主義〟を幻想的なものとして、これに現実的な〝国際主義〟を対置したのであったが、これは、マルクスやエンゲルスの立場であった世界市場形成の重視から彼女が脱けられなかったこと、『資本論』第2巻の再生産表式論をそのまま帝国主義的資本蓄積形態の解明に援用したことの帰結であった。

初期のレーニンも、資本主義の一元的な発展のうちに民族問題が解消されるとみていたが、中期をすぎた1914年の「民族自決権について」では、大要つぎのようにローザを批判した。

民族運動の経済的基礎は、「商品生産が完全な勝利をおさめるためには、ブルジョアジーが国内市場を獲得することが必要であり、同一の言語を使う住民の住んでいる諸地域を国家として結集することが必要である、という点にある」[15]。したがって、「近代資本主義のこれらの要求を最もよく満たす民族国家を形成することが、あらゆる民族運動の傾向」であり、「資本主義時代の典型的なもの、正常なものは、民族国家である」[16]。民族運動のこのような歴史的、経済的諸条件の検討からすれば、「民族の自決とは、ある民族が他民族の集合体から国家的に分離することを意味し、独立の民族国家を形成することを意味している」[17]。ローザは、ブルジョア社会における民族の政治的自決の問題を、経済上の自立の問題にすりかえてしまった。

また民族運動の見地からは、根本的に異なる資本主義の二つの時期、すなわち封権制と絶対主義の崩壊期つまり市民社会と近代国家の形成期と、階級対立がすでに形成された資本主義国家の時期とを厳密に区別する必要がある。前の段階では民族運動の目ざめが典型的であるが、後の段階になると大衆的なブルジョア民主主義運動は存在の余地を欠いて、国際的な資本と労働の敵対が前面にでてくる。とはいえ、東ヨーロッパとアジアでは、ブルジョア民主主義の時代は1905年に始まったばかりであり、したがってロシアのマルクス主義者は、その綱領のなかに民族自決権の条項を必要とするわけである。ローザは、問題を一定の歴史的な枠のなかにある具体的特殊性において提起していない。

さらにローザは、ポーランドの資本主義発展の状況と階級関係の分析から、そこでは独立は経済的に不可能であり、実践的には反動的だと結論づけているが、これは、結果的には抑圧民族たる大ロシア人の民族主義を免罪することになる。

経済的発展の見地からは、多数の小国の分立よりも単一の中央集権国家のほうが望ましいことはいうまでもないであろう。しかし、そのためにはまず分離の自由の承認が不可欠であるとレーニンは考えていた。1916年初頭に執筆された「社会主義革命と民族自決権」は、後期のレーニンのこの分野における進展が集約的に示されている。つまり、社会主義革命運動と民族自決権とが二つの別のものではなく、内的に有機的に組合わさったものとして開示されたのである。重化学工業を基軸とする金融資本の組織的展開は帝国主義を招来し、もはや、資本主義の世界的拡大の肯定的評価を許さぬものとなったのであった。

「帝国主義のもとにおける民族抑圧の強化は、社会民主主義にとっては、民族の分離の自由のための、ブルジョアジーのいわゆる〝空想的〟な闘争を放棄するように条件づけているものでなく、むしろ反対に、この地盤のうえでも発生する諸衝突を、大衆行動のための、およびブルジョアジーに対する革命的行動のための、機縁として強力に利用するように条件づけるものである」(18)。

レーニンは、この段階での民族運動を三つのタイプに分類し、三つの主要な型の国の区別の必要を説いている。

「第一に、西ヨーロッパの先進資本主義諸国と合衆国。ブルジョア的＝進歩的民族運動は、ここではやくから完了している。これらの〝大〟民族のおのおのは、植民地および国内で他民族を抑圧している。支配的な諸民族のプロレタリアートの任務は、ここでは、19世紀のアイルランドにたいするイギリスのプロレタリアートの任務とちょうど同じである。

第二に、東ヨーロッパ諸国、すなわちオーストリア、バルカンおよびとくにロシア。ここでは、他ならぬ20世紀が、ブルジョア民主主義的民族運動をとくに発展させ、民族闘争を激化させた。これらの国のプロレタリアートの任務は、これらの国にブルジョア民主主義を援助するうえでも、他国の社会主義革命を援助するうえでも、民族自決権を防衛することなしにははたされえない。ここでは、抑圧民族の労働者と非抑圧民族の労働者との階級闘争を融合させる任務は、とくに困難であり、とくに重要である。

第三に、中国、ペルシア、トルコのような半植民地とすべての植民地。ここには合計約10億の人口がある。ここでは、ブルジョア民主主義運動は、一部分でやっとはじまったばかりであり、一部分では完了までに前途はほどとおい。社会主義者は、植民地の無条件的な、無賠償の、即時の解放を要求するだけであってはならない。政治的に表現したこの要求が意味するのは自決権の承認にほかならない。社会主義者は、これらの諸国におけるブルジョア民主主義的な民族解放運動のもっとも革命的な分子を、もっとも断固として支持し、これらの諸国を抑圧する帝国主義列強に抗して、これらの革命的分子の蜂起を、そしてできるならば彼らの革命的戦争をも、援助しなければならない」[19]。

ここに、民族問題の帝国主義段階における独自性を、帝国主義列強の抑圧民族と、植民地・半植民地の被抑圧民族との関係のうちに設定し、プロレタリアートの任務も、そうした具体的な構図に即して求めようとする後期レーニンの方向をみることができよう。資本主義的国民経済を総括する民族国家は、商品経済の展開による経済的均一性の普遍化によって国際的統一体へと発展的に解消してゆくものではないことが明らかになるとともに、ロシア革命をへて、レーニンの民族問題への関心は、ロシアの直面する実践的、政策的なものとなってくる。

「社会主義の目的とするところは、小国家への人数の細分状態をなくし、諸民族の接近をはかるばかりでなく、さらに諸民族を融合させることである」[20]が、しかし「人類が諸民族の不可避的な融合に到達できるのも、すべての被抑圧民族の完全な解放すなわちそれらの民族の分離の自由という過渡期を通じてのみのことである」[21]とするレーニンの認識から、自決権＝分離権を前提とした諸民族国家の自由な連邦という国家組織の原則も導きだされてくる。この原則はロシア革命ののち、現実に適用されてくる。こうした一連の「レーニン案には、これからの世界史の動向についての認識が、彼の民族問題把握とともにあった。すなわち、アジアにおける民族・植民地解放運動が、世界革命から遠のいたヨーロッパに代わって人類解放運動の軸心を、これから形成するようになるであろう。そしてそのさい、ソビエトは民族・植民地解放運動によって独立をかちとった諸民族と、その独立性を確保しつつ、提携しうる制度でなければならない。〝ヨーロッパおよびアジアのソビエト共和国連邦〟こそがヨーロッパ・ロシアと、ロシアの被抑圧民族、さらには明日には帝国主義からの解放を実現するであろうアジア諸民族との、そしてやがてはこれに加わるであろうヨーロッパ諸国との、唯一の正しい国家関係である――これが後期レーニンの民族問題論から展開されるはずの、社会主義への過渡期における民族政策であった」[22]。

レーニンの「遺書」ともいわれる１９２２年12月末の口述筆記「少数民族の問題または〝自治共和国〟の問題によせて」のなかで、「少数民族の機関とロシア人の機関との合同機関がないためにわが国の国家が損害をこうむるばあいはありうるけれども、その損害は、われわれだけでなくインターナショナル全体が、また近い将来にわれわれにつづいて歴史の前景に登場しようとしているアジアの幾億人にのぼる諸民族が、こうむる損害にくらべれば、はかりしれないほど、かぎりなく小さい」(23)といっている。ドイツ革命の挫折によって、一国社会主義建設という困難な課題に立ち向かうレーニンの悲痛な叫びである。アジアの民族解放運動に対する期待と関心もこの延長であった。

「レーニンの晩年に劇的に展開した、スターリンとの民族政策をめぐる敵対は、たんにグルジア問題に限定されたものではなく、ソ連邦形成の基本定理にかかわるものであり、そしてさらに、その後半世紀間に誕生することになったアジアとヨーロッパとの諸民族の労農諸国家にたいするソビエト・ロシアの政策の根本方針のあり方を争点としたものであった。たとえば、第二次世界大戦後から今日にいたるソビエト・ロシアの対東欧諸国・中国政策のうちに、スターリンらによって敷かれた民族政策の基準が依然として貫かれていることを、見出すに難しくないであろう」(24)。

四　一国社会主義の民族論

資本主義が工業を軸として発展してきたことは、経験的にもあきらかである。

「ここで注意しなければならないのは、農業セクターとその住民とが、資本主義の積極的なトレーガーたりえなかったという事態が、農民運動にも反映せざるをえなかったことである。すなわち、農民の運動は、それ自身はそのおかれた窮乏状態に応じて、反現状維持エネルギーを蓄積し、ある場合にはロシアのようにプロレタリアートの運動に限定されて社会主義労農同盟を形成し、また他の場合には、ドイツのように、プロレタリアートの運動の壊滅のもとでファシスト政権の基礎ともなるのである。だが、そのエネルギーは、それ自身では定型を持ちにくいのであって、工業を軸とした資本主義のもとでの階級闘争の情勢に規定されて、はじめて定型化される面が強い。農民運動それ自身のうちに、なんらかの性格づけを求めても、それはかなり牽強付会した説明にならざるをえないのである。むしろ、工業における両階級のいずれかの指導力によって、ないしは国家権力の帰すうによって、農民運動の性格も規定されると考えた方が、無理がないように思われる。

後進国の民族運動も、農民運動とかなり似た点がある。世界経済と世界政治への各国の編成のされ方が極めて緊密化することになった古典的帝国主義段階とそれ以後の時期とにおいては、仮りに後進地域の民族運動は、その地域が封建制下にあったとしても、単純に〝ブルジョア民主主義的〟方向を志向するものとは規定できないことになる。後進国の場合、工業における資本主義の発展が遅れているために、民族運動の担い手もプロレタリアートだけではなく、農民を重要な構成部分にすることが多いのであるが、その農民の現状打破のエネルギーとその方向とは、それ自身規定されうるものではないからである。世界経済、政治によって、より具体的にいえば、帝国主義列強の政治的支配と経済的収奪とによって、さらに現代資本主義のもとにおいては先進国のインフレ政策と自国農民保護政策とに基因する交易条件の悪化と農業危機の醸成とによって、後進国の民族解放運動のエネルギーが累加されるものである以上、民族運動の性格自体も、世界経済・政治の帝国主義的ないし現代資本主義的編成にたいして直接対抗し、この編成機構から離脱することを目標とせざるをえなくなる。後進諸国の解放運動の指導者が多く、理念的にはブルジョア・デモクラットとして出発しながら、次第に反帝国主義イデオローグとなり、そしてさらに種々のヴァリアントの社会主義を標榜することになるのは、そうした世界的環境による規定性を示しているのである。したがって、民族問題を経済学的に考察しようとすれば、まず資本主義の世界史的な発展諸段階——重商主義、自由主義、帝国主義——のなかでの、各国における資本主義的国民経済形成の要因を確定することが必要であろう。そして、これを予備概念として、帝国主義段階以降における、先進資本主義国を軸とした緊密な世界経済・政治関係のもとにおける、後進諸国の資本主義的国民経済形成の可能性が狭隘化していること、そしてこれに代わるべき選択肢として、台頭した〝自力更正〟的〝社会主義〟(＝〝一国社会主義〟)が直面している困難(例えば、プロレタリアートという社会主義権力の主体の欠如しているところでの、個人独裁の蔓延、経済計画の失敗、先進資本主義国への再編入等)を、明らかにしなければならないのである」[25]。

渡辺教授の言説をながく引いたが、まさにそのとおりであり、問題は開示されたばかりである。

レーニン死後、大ロシア民族主義あるいは少数民族への抑圧は、まさにソ連邦の形成の過程そのもののなかから現れてきた。スターリンによって推進されたそのやり方は、各民族の主体性を尊重することなく、事実上、外部からの強制によるものであったため、各種の反対を生みだし、ソビエト民主主義は、民族問題がより単純化して鮮明になる農民問題と《工業化》の問題の解決に迫られ、これにたいするスターリンの二者択一的対応から危機におちいり、強圧のもとでの連邦の《ロシア化》が強行され、ただ〝民族国家〟としての——ツアーリ帝国の後継国家としての——ソ連邦の確立、つまり〝一国社会主義〟路線をつき進むことになるのであった。

ガーシエンクロンは、ソビエトの経験がいささかも社会主義イデオロギーとかかわりあるものではなかったとし、こういっている。「ずっと問題なのは、ソビエトのスパートとそれを支えた経済的メカニズムの特殊な性格である。一方における、工業生産高の約6倍の増大と、他方における、1950年代初期において1928年の水準以下の実質賃金と1928年と比べてずっと低い農民の実質所得との間には本質的な連関がある。国民の消費を強制的に押し下げ、消費財生産を計画の過程の誤謬と誤算のクッションとする事によって、ソビエト政府は資本と人的資源を資本形成にふりむけ、それが関心を持つ経済の唯一の部門の急速な成長を確保することに成功したのである。マルクスによれば、生産財生産高の成長率は消費財生産高の成長率より必ずより高くなければならないと、ソビエトの経済学者はそれを反復し続けた。マルクスへの言及は、消費財についての特殊な市場問題のないソビエト経済のコンテキストにおいてはほとんど意味がない。にもかかわらず、この主張はソビエト政府により追求された。経済的必然性によってではなく、政治的選択によって追求された現実の政策としては正しい。これがソビエト政府をして、前例のない程度にまで後進性を利用することを許した戦略的てこであったのである」(26)。

　このようにして形成されたソ連における〝国民的生産力〟の構造は、そのビルト・インされた構造そのものが発する新たな問題を提出するものであり、「軍産複合体」の強大化などはその一例にしかすぎない。

　なお、高島善哉教授は、「1.スターリンの民族概念には人種（または種族）の項目が脱落しており、2.スターリンの民族理論では国家論との連関がまったく無視されているということである」(27)と批判しつつ、「民族もまた一つの固体的存在である。それは一方では人間の自然的物質的な側面ときり離しがたく結びついており、他方では人間の歴史的社会的存在様式と不可分に結びついている。そういうものとして、民族は一つの生きた個体なのである。……人類が一つになるということは、人間がこのような自然的――社会的な、物質的――文化的な存在としての個体性を廃棄することではなく、かえってますますその個体性を十分に発揮しうるように歴史と社会が作られていくことを意味するのではなかろうか」(28)といっている。

　スターリンの1929年の「民族問題とレーニン主義」にみるごく、〝社会主義的民族〟というグロテスクな概念までこねあげるほど、対象にたいするオペレーショナルな権力行使に、歯止めを求めた高島の民族理解に、人種という生物学的概念による遺伝子分布の問題がはいりこむのは、どうしたことであろうか。

スターリンの〝開発独裁〟を許容し、いわばロシア帝国の正統な後継国家に変身したソ連邦を、レーニンは想像すらしえなかったであろう。このスターリン型システムの形成において、民族問題にたいする認識の射程におおきな落差があったことを確認することはきわめて重要である。

五　21世紀の人類像

ほぼ同一の文化を共有する人間集団が民族であり、文化は学習以外に獲得する方法はない。遺伝子のなかには、文化はまったく組みこまれておらず、逆に、遺伝するものはすべて文化ではない。後天的に、人間精神のなかに組みあげられた価値の体系が文化である。それゆえに、梅棹忠夫教授のいわれるとおり、「文化というのは、じつにやっかいなもので、よその文化を徹底的に信頼しないのが文化の本質です。つまり、〝自分の文化はこれである〟という民族の自己主張です。よその文化は、自分たちのよりおとっているというか、いやなものだという、これが根本的に民族主義の基礎にあります。いわぱ文化というのは、人間のもっている、巨大な集団エゴイズムというものです。本質的にそうなのです」[29]。

梅棹教授によれば、20世紀の人類史をつらぬくモチーフのひとつは、一様化、均質化の進行であって、世界の各地域間のデコボコならし時代となってきたが、諸列強間の国際関係として実質的に維持されてきた国際時代とちがって、地球時代の到来ということは、全地球の各部分がひとつのシステム編成の絶対的要因をなすという現実をなしていることを確認することであり、そのなかにも、集団の編成原理として、民族、文化の問題がでてきたために、20世紀のおわりから21世紀の前半にかけては、おおきな紛争時代となるというわけである。かつての宗教や社会主義といった部分システム間のトラブルをかたずける大原理はその有効性を喪失し、「民族間の紛争といった、部分システム間の摩擦を解決する大原理というものを人類はまだ発見していない」[30]といって、「民族間の差異にもとづく細分化と、政治的・経済的利害関係にもとづく統合とのあいだで、どのようにバランスがとられるか、それが21世紀の初頭の人類の課題であろう」[31]としている。

20世紀は、二度の世界大戦をとおして、組織原理としての帝国が解体した。民族自決が、新しい組織原理としてどのような安定相に達するのかは、しかし、まったくさだかではない。経済的発展の不均等性が、民族間の争いの根底にあること、これは、アドリア海国家としてのユーゴスラビア連邦解体後の今日の悲惨な戦いの経緯にもあきらかである。

とりわけ、外国人にたいして鎖国に近い状況で推移してきた日本人においては、民族問題にたいする免疫がまったくできていないわけで、これが地球時代における日本文明が直面する最大の課題のひとつとなるであろう。

平和経済学の構成要因の一つの重要課題として、〝民族の協調〟をとりあげる田久孝翁の指示は、きわめて意義深いものである。

20世紀は戦争と革命の時代であったが、他面において「民族の世紀」ともいわれる。いま民族問題が厄介な問題として生起しつづけているのは、南北問題に集約される先進国と後進国の問の成長格差にみられる不均等発展があるからである。こんにち、およそ53億地球人口の12%、G7といわれる6億人強の人びとが世界を走るクルマの71%を保有して文明生活を享受するかたわら、人類の4分の3に達する南側のうち8億人が絶対的貧困に苦しんでおり、飲料水が自由にならない人びとが13億人、路上生活者が1・1億人、飢餓で死ぬ幼児が毎年1400万人に達している。また、発展途上国の公的債務は1兆ドルをこえ、そのうえ毎年南から北へほぼ400億ドルが吸い上げられている。つまり、南北問題を前提とした北側先進諸国の経済的発展というフレームそのものが、民族戦争、革命、クーデターといった紛争の原因となっているのである。

そのうえに、周辺地域ではことに、先進大国間のパワー・ポリテックスとしての利害調整を優先した無理な国家のつくり方や区切り方がビルト・インされているわけだから、局地的戦争は跡を絶たないし、国連による介入も効果に乏しい対症的療法にしかすぎないことになる。

これまでみてきたごとく、民族は近代国家の生誕とともに成立した。近代国家は、資本にとっての投資条件を整える政治的与件として、典型的には「法治国家」としてその確立をみるものである。その成立に対外的契機を重要なテコとしたことと軌を一にして、民族の自己意識も他者との接触にもとづく差異の自覚によってはじめて形成されるのである。

相対的に平和を持続した19世紀のイギリス体制といわゆる金本位制と自由貿易を基調としたバランス・オブ・パワーによる国際編成の有効性については、「インターナショナリズムを支えてきた影の実力者は、国境を超えて国と国を結びつける貿易であり、あるいはその全面的拡大を唱えてきた経済的自由主義の思想であった」(32)ともいわれている。この自由主義的資本主義が世紀末、帝国主義に席を移し替えるとともに、金融資本による組織的独占の強圧によって、これまでの等質的な商品交換関係を基調としたインターナショナリズムは変質し、保護関税、ダンピング、資本輸出、植民地細分割といった国際関係における新たなる差別的、暴力的措置が、民族意識を再生高揚させるのであった。

このいみでも、民族問題の発現は、国際関係としてのあいだの接触と対応の様相がそのキメ手となるわけである。とりわけ、ユーゴスラビアの場合のごとく、大国間のはざまにおかれ、大国や大文明圏の境界領域に住む民族は、「境界民族」としての悲劇をもたざるをえない。東西や南北の中間の十字路を占める民族は、大国の権力的分断の歴史にとりわけ翻弄されてきたため、過度の自己同一性を求める強烈な民族意識が育成されやすくなる。

「だから、民族意識は常に対抗概念である。他者との交通（支配を含めて）関係がなければ存在しない。つまり関係構造となっている。……ひとつの閉ざされた共同体の中では民族は生じない。異なる共同体の異なる価値体系の間との交通によって民族がつくられる。民族の生成は差異を見いだし、その差異によってつくりだされる。だから常に〝外部〟がなければ、民族はない(33)」。

それゆえに、閉ざされて出口のない孤立による自己同一性（アイデンティティ）によっては、対話的関係と相互作用による共存という事態は生じえないことになる。とりわけ、スターリンによって強行されたソ連の一国社会主義路線は、多民族国家として、外の国際環境からの圧力に対抗するという名目のもとに〝ソ連ナショナリズム〟に強制的に収斂していかざるをえなくなったゆえんである。本来国際的な秩序として構想されてきた社会主義像が、まさに中央指令型の一国的秩序として形成されたのであった。他民族の差異と主体性をカウントしない国家主義の強化であり、ピラミッド型の他民族支配であった。

民族は、階級や身分概念とも異なって、一元的な共同意識をあたかも先天的なもののごとく集約しうる宗教、言語、歴史（記憶）、神話などのシンボル機能をもっており、これによって当該集団はその社会におけるさまざまな個人的差異を消去し、自己同一性的意識を結晶させるのである。多民族を統合していた帝国型の政治権力が解体されるなら、潜在していた〝排除の力学〟が解放され、紛争と衝突は必然のなりゆきとなるわけである。歴史的な時間のなかで累積された格差は、短絡的かつ直線的な対立の拡大を招来し、解決しえない悪循環におちいることになる。

その点において、近代のヨーロッパは、民族国家がいくたびかの帝国原理の攻勢にも消滅することなく、その独自性を、キリスト教やギリシア、ローマの古典古代文明といった文化的・意識的同一性と地域的・多族的な多様性の共存のうちに確保したのであった。西欧型の市民社会といわれる均質で共通な国際社会の成立と民族の多様性がおおむね地域的な分権的棲み分け分布とバランスしているのである。最近においても、ＥＵ、国家、地域という三つの権力レベルが併存し、分裂と対立の契機を統合する参加のしくみを確保しながら、民族のもつ文化概念と政治概念化の両極乖離を極少化しようとする伝統的な知恵が働いていることを窺い知れる。

第三次産業の優勢と交通・通信手段の飛躍的発展によって、国際化というトレンドは、ついにグローバル社会、ボーダーレス社会を到来せしめた。世界的な同質性と均一性の実質的な展望が開かれたのであるが、この場をなす地球という世界は、多民族社会なのである。米ソの時代が去り、中心の喪失や相対化はさけられないのはもちろん、テクノロジーやシステムとしての世界的規模での官僚制の進歩に対して、文化的に多様な差異化をになうのはまさに民族である。

いかにして固有にして所与のこうした多元的民族性を保ちながら、異質な共同体が共存しうるであろうか。

これは合理的な技術文明によって解決しえない。また政治社会の多数決原理は適応できない。民族問題には、自己意識の変革が含み込まれているから教育は重要なアイテムとなる。固有の個性的文化と国際的な普遍性を両立させる複眼的視座が肝要である。そのいみで文化交流、国際交流も大切である。

そしてその基盤に、地球規模での環境保全やエコ・システム、南北問題の不公正な展開を抑制する平和経済学が要請されるのであろう。

六　平和経済学と民族問題

これまでの考察で、「ネーション」と概念された国民国家ないし民族国家が、資本主義の世界史的な成立、発展、変質をとおして特殊な質的規定をうけた歴史的な展開をみせていることを説いた。つまり、民族を言語、文化、領土などの外在的要因によって客観的に定義づけてみたとしても、それらは歴史のおおきな射程からみればきわめて可変的な要因であることが判明したわけである。しかし、このことから、国民・国家としてのネーションを個人あるいは集団の選択によって構成されるものであるとする主観的定義に傾斜してはならない。メンバーの共同性が想定されるネーションは、商品経済の進展にともなう教育の発展、広域的な交通通信網の発達、中央集権国家による外交関係の進展と深くかかわるその近代的性格を濃くもっているからである。政治体としてのネーション概念は、領土・人員を分割する力として作用し、対内的には、租税の徴収、兵士の徴集、国家儀礼や慣行の創出、教育制度の確立などによって租税国家としての成立にもとづくが、一般的には、近代的ネーションの正統性は、軍事力、国際社会における影響、民主的体裁の三つの要因に依存しているといわれている。

ここから、ネーション概念めぐる国家ないし民族間の闘争が、主としてその正統性をめぐるズレに起因するものであることが理解されよう。とりわけ、民族・文化的なものと政治的なものがネーションという同一の場で共存し対立し合う二重性の発現は、20世紀に入って明確化し、東西冷戦構造の解消とともに激化した。

昨今、種系集団としてのエスニシティの問題が関心を集めているが、これはアメリカ合衆国で経済、社会、政治、文化といった諸資源の配分をめぐって対立する〝利害集団〟として、歴史的コンテクストのなかで形成された勢力とみられるごとく、19世紀的国民国家の共同的幻想を相対化するにしても、エスニシティが所与の実在として神聖化されてはならないであろう。

民族問題の展開過程は、①国民国家時代の国民主義、②帝国主義時代の国家主義対民族主義、③第二次世界大戦後の国家主義対エスノ民族主義というように類型化される。とりわけナショナリズムの新たな展開としてのエスノ主義が、東西冷戦の終焉過程と符合しつつ際だってきた特質をもっている。その第一の要因が冷戦の構造そのものにあったことはいうまでもない。米ソを軸とする冷戦は、局地的消耗戦争に加えて核戦略とハイテク技術の駆使によって地球大の組織的軍拡競争を実現し、「相互確証破壊＝ＭＡＤ」といわれる先制攻撃に対する相手の確証的な破壊報復をもって防禦を計るという〝恐怖の均衡〟による平和の持続を根本戦略としたため、覇権国家としての米ソの経済力をその軍需スペキュレーションによって破綻せしめたのである。この事態は、別の面からみると、東西陣営間で敵対する互の力を懸命に封じ込める性格をもって作動したのであり、それぞれ自らの体制の内部的結束を優先させることに結果し、当該国家のなかのエスノ民族主義の台頭は抑止されざるをえなかったのである。

こんにち、現代国家の内部で深刻に発生する民族中心主義の思想や運動としてエスノ民族主義が噴出している歴史的背景は以上のごとくである。これまでの民族政策において強権的管理の厳しかった周辺的民族が十字路的に接触し、また経済的発展において立ち遅れた貧しい地域において、民族排外主義が民族純化の運動と一体的になって紛争を激化している典型が、ボスニア・ヘルツェゴビナ紛争である。後進的なモザイク国家の悲劇であり、かれらこそ、歴史的に累積された列強大国の利害の犠牲者なのである。

エスノ民族主義は、現在の国際紛争の主役になって、国際的な平和の秩序をおびやかしている。一言語・一民族・一国家といった日本や西欧世界に一時期特徴的であった国家形態は、今では稀有のものとなっている。現代社会の多文化構造の規定的な条件がここにあるといってもよい。

とはいえ、現代の諸国家においても、内部における人種や民族あるいは宗教の多様性を民主的、平和的に認めながら人種、民族、宗教、文化の諸集団の行動の自由を保証し、こうした基盤のもとに国家、国民の統合を実現していれば、深刻な対立や紛争への発展は防げたはずである。ところが世界史の実現は、弱肉強食・適者生存のダーウィニズム的不均等経済発展として発現し、とりわけ階級対立史観がイデオロギー闘争を優先させてこれを増幅して、社会の国家的統括においても、共同体としての自然体、すなわちエスニシティの共存体制を確立しえなかったのであった。貧しきもの、疎外された集団ほど、中央に対する辺境者として、正統に対する異端者として、その固有の〝血と土〟に固執するのであり、より絶対的なものとして遺伝子によって凝集する種系集団としてのエスニシティに、そのイデオロギーや運動が結晶することになる。

現代の主権国家の基盤に、歴史的な変容をみせつつも民族問題があること、しかもその構造と焦点が以上のごときものであれば、平和経済学を構成する主要なコンセプトが、共存＝共生にあることは自明となってこよう。かつて今西錦司博士が生物世界の主導原理として〝棲み分け〟理論を説いたが、人類も優勝劣敗でなく同位複合社会における棲み分け、つまり共生をはからねばならないのである。それはイデオロギーや理念として告知されるものでなく、生物社会の理論として、また社会科学が歴史に学ぶ教訓として与えられるものである。

民族がまず何よりも固有のアイデンティティをもつ文化集団であることに着目するとき、その共生をはかるうえで重要なことは、交流であり、それぞれの文化に対する理解である。平和が要件とする寛容はここから生まれる。つぎに政治的には民主的なシステムの保証であり、経済的にはそれぞれの生活条件における適正水準の維持に国際的な協調をつくりあげることである。

いま、新重商主義ともいわれて、資本蓄積優先のための国際的な独占的、組織的な管理が地球大に進行し、低開発国との格差の拡大進行が、スパイラル的に貧しい人びとの人口爆発に結果している。このいみでは、共生は資本蓄積のあり方や環境問題にも共通したキーワードをなす。平和経済学が21世紀の人類社会のほんとうの成熟に希望をつなぐ使命は、民族問題の検討からも、共生＝共存のシステムの研究に、その方向性が示されたといってよい。

【注】

（１）河村十寸穂『世界大百科辞典』21巻 平凡社 ４６４ページ
（２）スターリン『マルクス主義と民族問題』１９１３年の定義を１９４６年に改めたもの。国民文庫、50ページ
（３）梅棹忠夫『人類学周遊』筑摩書房、１９８０年、16ページ
（４）渡辺寛「民族問題の経済学」『季刊クライシス』１９８１年８月、社会評論社、１１９ページ
（５）渡辺、同上、１２０ページ
（６）渡辺、同上、１２０ページ
（７）M.E.W. Bd.4. s. 466～7.『マルクス・エンゲルス全集』第４巻４８０ページ
（８）ibid. s. 479. 同上、４９３ページ
（９）『レーニン全集』第1巻１４９ページ
（１０）M.E.W.Bd.35. s.271.『マルクス・エンゲルス全集』第35巻２２６ページ
（１１）渡辺、前掲論文、１２３ページ
（１２）渡辺、同上、１２３～４ページ
（１３）ルクセンブルク『資本蓄積論』青木文庫、下４３４ページ
（１４）ルクセンブルク同上、下５４１ページ
（１５）『レーニン全集』第20巻 ４２２ページ
（１６）同上、４２３ページ
（１７）同上
（１８）レーニン『帝国主義と民族・植民地問題』国民文庫、16ページ。
（１９）レーニン、同上、23～5ページ
（２０）レーニン、同上、17ページ
（２１）レーニン、同上、18ページ
（２２）渡辺寛『レーニンとスターリン』東京大学出版会、１９７６年、70～80ページ
（２３）『レーニン全集』第36巻、７２１ページ
（２４）渡辺、前掲書、90ページ
（２５）渡辺、前掲論文、１２９～３０ページ
（２６）A. Gerchenkron, Economic Backwardness in Historical Perspective. 1962. ppl50～1.
（２７）高島善哉『民族と階級』現代評論社、１９７０年、１６８ページ

（28）高島、同上、151ページ
（29）梅棹忠夫『21世紀の人類像』講談社文庫1991年、208ページ
（30）梅棹、同上、91ページ
（31）梅棹、同上、13ページ
（32）村上泰亮『反古典の政治経済学』上、中央公論社、1992年、76ページ
（33）西島建男『民族問題とは何か』朝日新聞社、1992年、5～11ページ

（初出：『東日本国際大学研究紀要』第1巻第1号・1996年）

第六章　民族問題と国家

資本主義は、効率的な資本蓄積システムの開発・構築を基軸的動力として歴史的に展開し、世界化を指向する商品経済体制である。しかしそれは、重商主義国家、自由主義国家、帝国主義国家、現代福祉国家という資本主義の発展段階を画するヨーロッパに発する国民国家(nation state)と相即不離の現実的発展をみせたのであり、経済学がpolitical economyとして成立したことと併せ、資本主義の形成が、国民国家の端緒を成す絶対王政と不可分であることとの認識構成が要請されるのである。

渡辺寛教授が社会科学としての経済学に触発されたのは、宇野弘蔵『農業問題序論』のなかの「資本主義の成立と農村分解の過程」（1935年初出）という論文であった。[1] ここで後進国特有の資本蓄積のあり方が、世界市場関係からの制約要因と絡まって農民の窮乏化といった現状分析の骨格を措定するという認識から、農業問題を主とした研究活動に着手された。

資本主義の体制的なダイナミズムは、現実的には、工業（製造業）における設備投資、雇用の拡大などによって把握されており、農業に代表される一次産業は、自然条件の制約や伝統的な共同体的要因の残存に加えて、工業セクターにおける資本蓄積の動向によって決定的な影響を受けるいわばこの体制の一体的メダルの裏側をなす存在であった。

なかでも教授の研究関心が、資本主義の形成、発展、変質といった段階的推移を明確な射程に入れたヨーロッパとくにイギリス、ドイツ、ロシアといった国民経済の発達類型を異にするところにおかれ、またヨーロッパに発現した農業問題が、両大戦間期には、農産物過剰の必然とその処理の体制的困難から世界農業問題として構造化すること、そしてそこからいわゆる発展途上国の大部分が、資本主義的世界市場編成から分断され、世界経済に参入しえないという後進国問題の本質が説かれる——といった次第は、本格的で説得性に富んでいる。

若くして『レーニンの農業理論』（1963年）を発表さ

れた渡辺教授が、国家形成や民族問題に直面するのはとうぜんであった。「農業問題、労働問題とともに極めて重要な問題として19世紀末から生起してきた民族問題については、マルクスの名に連なる社会科学は、まだ充分にそれを分析する方法をもちえないでいるように見えるのである(2)」と立言した教授は、マルクス、レーニンの民族理論再考というかたちで「民族問題の経済学(3)」という小論を発表している。

「民族問題についての経済学的分析の視角を探る(4)」ことを目的としたこの小論文の第一の論点は、「中世社会を掘り崩していくところの、商品経済の発展とともに、近代的な意味での国民国家ないし民族国家 national state の形成が始まったこと(5)」つまり「資本主義によって、初めて国民国家が形成された(6)」という命題を、「資本主義の形成史は、同時に、資本蓄積の諸中心部における、諸国民経済の成立史にほかならなかった(7)」という「歴史的事実」によって説いていることである。

「現実に眼を転ずるならば、例えばイギリス資本主義の形成は、重商主義経済体制として、つまり内外ともに国家権力の政策を必須の条件として、はじめて実現された。つまり重商主義段階の前期においては、王室への特許料の支払い、借款等とひきかえに、商人資本が国内、特に国外での商業的特権を与えられ、資本に転化しうる貨幣的富を蓄積することができ、さらにこの段階の後期においては、航海条例、穀物条例による保護貿易によって資本の蓄積が保証されたのであった。そして、この過程で、イングランドを中心として、ウェールズ、スコットランドを国民経済内の諸地方として凝集せしめ、イギリス資本主義は、一国単位で成立することになった。……ここで逸することができないのは、中世においてハンザ同盟に拠るドイツ商人との角逐において、イギリスの勃興しつつある商人資本家階級はその借款の付与とひきかえに、イギリス王室から商業上の特権をえ、ドイツ商人をイギリスの港から駆逐したことである。イギリスの王室自身も、商品経済の浸透と封建諸侯との闘争による経費増に圧されて財源を次第にイギリス商人に依存せざるをえなくなってきたのであった。……商人資本は、いつ、いかなる場所においても、資本主義の形成に資するというものでなく、中世以来のイギリス社会の政治、経済構造とのかかわりにおいて、それが資本主義の形成に大きな動力ということになったのである。イギリスは、中世後半から小麦と羊毛（後には毛織物）という、農業産品を同時に輸出しており、これの商人資本による輸出が一方ではその巨富を形成するとともに、国内の毛織物工業の発展、牧羊エンクロージャの促進、農業革命といった、主として経済的因果連鎖により、資本主義経済を発生せしめ、他方では、中央集権的王政を強化せしめることにより、経済的にも政治的にも、国民国家へ凝集せしめることになったのである。

これとは対照的に、ドイツのハンザ商人の場合には、輸出すべき国内農業産品を持たず、主に中継貿易に従事していたために、ドイツ内部の領邦君主との利害の共通性も薄く、したがってその政治的庇護も、イギリス商人のように受けることができず、また中継貿易で扱う品目も各商人によって区々たる有様であったから、彼等相互にも共通の利害関係が成り立ち難く、かくして抬頭しつつあるイギリス重商主義国家の攻撃のまえに、敗退を余儀なくされ国民国家を形成できず、二百数十の大小さまざまの領邦に化石化されたのであった。ちなみに、ドイツがようやくライヒとして国民経済的統一をまがりなりにも達成できたのは、ビスマルクの強権のもとで18世紀70年代の重工業資本と大農場主《ユンカー》階級との輸出利害の一致を一つの前提としたのである」[8]。

なお渡辺教授がここで指示している「資本主義と農業」という別稿では、「エンクロージャの原因をなしていた羊毛・毛織物貿易自体が、実はチューダー絶対王政によって促進されていた。もともとイギリスの王朝は、12―13世紀の内外商人にたいする個別的な羊毛税の賦課からはじまって、14―15世紀の羊毛・毛織物を中心とするステイプルのイギリス商人からの恒常的な輸出入税の徴収を経て、16世紀後半のエリザベス1世によるマーチャント・アドヴェンチャラーズ Merchant Adventurers などの貿易独占会社にたいする特許状の賦与にいたるまで、しだいにその財政的基礎の一部を商人階級におく体制を強めていき、それとともに絶対王政への傾斜を強めていった。そしてそのもとで、前期重商主義政策がいっそう拡張されていったわけである」[9]といってさらに、「ブリテン島が牧羊業に適した国であったことが、イギリス重商主義の世界制覇の一つの基礎となったのである。しかし、牧羊業は、ブリテン島だけではなく——もっとも、大衆向けでしかも良質という点では、ブリテン島に匹敵する羊毛産出国はなかったが——スペインなどにも存在していたのだから、こうした農業地理的説明だけでは十分とはいえない。イギリスの封建制の弱さ、そのために早期的に発展した商品経済の浸透と荘園制度の解体、領主層の急激な商人化といったようないくつかの歴史的因果関係の連鎖を媒介として、イングランドの牧羊業の急激な発展条件にめぐまれたことが、エンクロージャを必然にしたというべきであろう。しかもそれは大量の羊毛原料を、国内羊毛工業に提供することを可能にし、さらに、このエンクロージャによって無産の労働が、発展しつつある羊毛工業に供給されることになったこととあいまって、いっそう羊毛工業の展開を促し、それがまたエンクロージャを加速することにもなったのである。

こうしてエンクロージャは、その規模は比較的小さかったにしても、少なくともミッドランド平野では、封建的・共同体的農村を解体せしめ、無産労働力の創出の端緒をひらいたという点でイギリス資本主義の形成にとって画期的ないみをもっていた。と同時にそれはイギリス資本主義に重商主義的世界制覇を可能ならしめる物質的基礎（羊毛原料の増産→羊毛工業の発展）を賦与するという絶大な意義をもったのである」[10]と資本の原始的蓄積の実質を、エンクロージャによって、まさにイギリス国民経済形成の原因として説くのであった。

教授が「資本主義の形成期において、資本は王権と結びつきつつ、まずブリテン島において、国民経済をもたらしたのである」[11]といい、「国民経済をその実質的内容とする国民国家の経済学的分析は、かくして、まず中世社会の崩壊から重商主義体制の展開にいたる資本主義の成立の歴史的過程に即して、行われなければならない」[12]と強調される点は深く留意されねばならない。

西欧に発現し、4～500年の歴史を持ち、政治社会の一つの構成様式と認められている国民国家(nation state)は単なる歴史的産物でなく、「資本主義発生の画期としての、いわゆる本源的蓄積の過程が、重商主義体制に他ならないこと」[13]を体現する絶対主義国家として成立したという事情の確認が求められているのである。

地域国家という新しい政治生活の単位を確立した絶対王政という「近代国家はその初発においてむき出しの権力であり、異質のものに対する支配であった」[14]。それは、絶対的な権力というものを措定できない封建制度とは異質な、新しい普遍世界を志向するものであり、和戦の決定権に象徴される主権 sovereignty という一元的な権力構造を作り出し維持する強権の確保を特徴としていた。

商品経済が共同体と共同体の間の関係として発生したのと同じく、近代国家における暴力の独占として権力もまた貿易、植民地経営、戦争といった対外的関係をとおして確立する。渡辺教授は「資本主義的国民経済形成は、例えばイギリスの場合には、重商主義政策を背景とした商人資本の対外進出を条件としており、国内市場の展開もこれによって促進されたのである」[15]と強調している。さらに、レーニンやスターリンにも色濃かった資本主義形成の根拠をもっぱら国内関係にしか求めない資本主義発展一元史観から解放された視点、「もし、仮に資本主義成立の歴史的過程をその対外関係を含めて考察する視野と方法とがあったとすれば、イギリス資本主義の発展は、一面では他の諸地域での商品経済の浸透を促しながらも、他面ではそれらを自己の農業、原料供給地域として編成すること、したがって、各国における社会体制は、時間的遅速の差はあれ、いずれも資本主義になるというものではなく、資本主義国と低開発国とを両極とする、重層的な世界構造のなかに位置づけられなければならないこと、そしてこの重層的な関係も、世界史的な資本主義の発展段階によって、更に複雑な規定を与えられなければならないことに、想到したはずであった」(16)と言及している。

渡辺教授が資本主義という商品経済の体制的展開において、対外的契機を重要視したことは、国民国家論を説くうえでも特筆されねばならないであろう。

周知のように15世紀末の地理上の発見は、1497年ジェノア人ジョン・カボットによる北米海岸発見、1498年ポルトガルのヴァスコ・ダ・ガマによるインド航路発見、1500年同じくカブラルによるブラジル海岸発見などに示される大航海時代を現出させるとともに、コショウや各種のスパイスなど香辛料に代表される遠隔地貿易による致富競争への参入とその独占化をめぐって、16世紀初頭においては、いまだ世界史の文明的位置からすれば辺境にしかすぎなかったヨーロッパとりわけイギリスとフランスに、資本主義と国民国家の形成という世界史にたいする根幹的分野において、規定者の役割を与えたのであった。

ちょうど15世紀末のこの地理上の発見の時期に、イギリスではチューダー王朝が創始され、ヘンリー7世(在位1485―1509)が専制君主権を確立しており、また初期的な国民国家としてのフランスのヴァロア王朝が、群小都市国家の集合でしかなかった北イタリア進出による16世紀を象徴するものとしてのイタリア戦争(1494―1559年)を開始している。

海をとおして世界が結ばれ、遠隔地貿易・対外通商の進展を背景に、ヨーロッパの初期国民国家としての絶対王政はその基盤をかためた。しかし、海上貿易が王朝にとって最大の収入であり、権力維持の財源であったことは、拠点的なネットワークを確保する制海権の維持と国防を国是とする絶対主義国家における相つぐ戦争を不可避なものとしたのであった。

近代国家が一面において租税国家といわれることも、国際関係における商品経済的な致富ゲームのなかで、国家主権が和戦の決定権として確立し、諸国家体系は戦争の制度化とならざるをえなかったことと、強くかかわっているのである。

「重商主義は名誉革命以前のそれと同様に、それが当の政策目標の達成にむけて推進される過程において、重商主義戦争（mercantilistic war）と呼ばれるライバル諸国との至上権をめぐる抗争を伴った。……財政政策が重商主義の政策体系の一翼を担わなければならなかったことの主な理由は、この国力強化策がその推進の過程でライバル国との戦争をもたらしたという点に見いだすことができる。財政政策が担った最も重要な役割は、重商主義の推進が必然的に伴った戦争を遂行するための戦費を賄うことにあったからである」(17)

「中世末期の1500年頃には500をかぞえたヨーロッパの政治的単位は、絶対王政とフランス革命を経た1800年頃には、すでに100程度に統合されていた。〝国民国家〟形成は、これをさらに凝集し1900年頃には、政治単位を25程度にまで整理・統合することになった」(18)といわれるごとく、外圧をとおして民族は形成され〝国民国家〟の形成なくして民族は成立しないという不文律が確定されたのであった。ジョーン・ロビンソンも「ナショナルな愛国心が西ヨーロッパの社会関係の商業化にともなって形成されてきたことは明らかである。それは征服と貿易とを通じての経済的拡大という政策を遂行した国民国家の政権に強力な擁護を与えたのだった」(19)といっている。

つぎに渡辺寛教授が考究された当該テーマのうち、もっとも深く立ち入られたのが、民族問題をめぐるレーニンとスターリンの対応であり、ここに社会主義体制としてのソ連邦を構築するうえでの本質的な論点が横たわっていた。

すでに30代にして主著『レーニンの農業理論』を発刊していた教授にとって、レーニンの「市場の理論」にみるイギリスを先頭とした国民的生産力の汎世界化を確信する商品経済史観＝資本主義発展一元史観の制約を指摘することは容易であった。資本による強力な文明の普遍化作用のもとで、民族は相対化され、階級的利害が優先される考え方が支配的になったのであるが、資本主義の世界史的な発展段階を基軸に据えてみると、資本蓄積にもとずく階級構成の内容を異にする先進国・後進国といった類型分析も確定されるし、また国民経済の形成のあり方において、その圧倒的な生産力格差からして後進国の工業化には非常な困難がともなうものとなったことが直視されたのである。

これを要するに、19世紀末葉以降、民族国家としての国民国家が帝国主義国家へと転化するのにともない、民族問題は質的に転換せざるをえなくなったのであった。

しかし、レーニンもスターリンも多民族帝国を構成している後進ロシアの革命運動においてさえ、水平的なプロレタリア国際主義と中央集権的な大国という組織原則に立っており、レーニンが新しい視角を獲得したのは、１９１４年の第一次大戦勃発の半年前に執筆されたローザ・ルクセンブルク批判としての「民族自決権について」においてであった。

「全世界を通じて、資本主義が封建制に対して最後の勝利をおさめた時代は、民族運動とむすびついていた。これらの運動の経済的基礎はつぎの点にある。すなわち、商品経済が完全な勝利をおさめるためには、ブルジョアジーが国内市場を獲得することが必要であり、同一の言語をつかう住民の住んでいる諸地域を、この言語が発達し文献のうちに固定するのを妨げているあらゆる障害をとりのぞいたうえ、国家として結集することが必要であるという点にある。言語は人間のもっとも重要な交通手段である。言語の統一と妨げられることのないその発達は、近代資本主義に照応する真に自由で広範な商品流通のための、また住民がそれぞれの階級に自由にひろく編成されていくための、もっとも重要な条件のひとつであり、最後に、市場を、大小を問わずすべての経営者に、売り手と買い手に密接にむすびつけるための条件である。

だから、近代資本主義のこれらの要求をもっともよく満たす民族国家を形成することがあらゆる民族運動の傾向である。もっとも深い経済的諸要因が、この方向に押しすすめるのである。だから、西ヨーロッパ全体にとって、それどころか、文明世界全体にとって、資本主義時代の典型的なもの、正常なものは、民族国家である」[20]。

「民族運動の見地から見て根本的に異なっている資本主義の二つの時期を厳密に区別する必要がある。一方では、それは、封建制度と絶対主義の崩壊の時期であり、ブルジョア民主主義的な社会と国家の形成の時期、すなわち、民族運動がはじめて大衆的なものとなり、出版物や代議機関への参加などによってすべての階級をどのみち政治にひきいれる時期である。他方では、それは、立憲政体をうちたててからすでに久しく、プロレタリアートとブルジョアジーの敵対関係がつよく発展した、まったく形成されおわった資本主義諸国家の時期であり――資本主義崩壊の前夜と呼ぶことのできる時期である。

第一の時期にとって典型的なのは、民族運動の目ざめであり、一般に政治的自由のための、とくに民族の権利のための闘争とむすびついて、もっとも〈動きだしのにぶい〉層としての農民が、民族運動にひきいれられることである。第二の時期にとって典型的なのは、大衆的なブルジョア民主主義運動のないこと、発展した資本主義が、すでに完全に商取引のなかにひきいれられた諸民族をますます接近させ、ますます混合させながら、国際的に一体となった資本と国際労働運動との敵対を前面におしだすことである[21]」。「東ヨーロッパとアジアでは、ブルジョア民主主義革命の時代は、１９０５年にはじまったばかりである。ロシア、ペルシア、トルコ、中国の革命、バルカン戦争――これらがわが〈東洋〉の現代の世界的事件の連鎖である。そして、事件のこの連鎖のなかに、幾多のブルジョア民主主義的民族運動と民族的に独立した単一民族国家を創設しようという志向の覚醒が見えないのは、盲だけである。ロシアがその隣接諸国とともに、この時代を経過しつつあるからこそ、われわれは、わが綱領のなかに、民族自決権についての一条項を必要とするのである[22]」。

中期レーニンの著名な論文から上の三点を引用して、渡辺教授はまず「言語問題を民族問題とからめて論じている点で興味深いが、国民国家形成の視点をもっぱら、同一言語地域＝国内市場に限定している。しかし、すでに触れたように、資本主義的国民経済形成は、例えばイギリスの場合には、重商主義政策を背景とした商人資本の対外進出を条件としており、国内市場の展開もこれによって促進されたのである。そしてまた、イギリスの国民経済じたいは、同一言語を前提としたものでなかったことは、異なった言語のウェールズが、イングランド・スコットランドとともに、イギリスの国民経済の構成部分となっていたことからも判るであろう[23]」と、レーニンの見解が特定の側面に偏していることを指摘している。つぎの二つのパラグラフについては「つまり、レーニンは初期の見解と同様に、資本主義の進展とともに、民族問題が後景に退くものと見倣している」といって、「彼によれば、資本主義の形成期にあるとされる、東欧、アジアの諸国においては、独立の単一の民族国家を創造しようとする〈ブルジョア民主主義的民族運動〉が20世紀の初頭に始まったところであり、この運動は、封建制を倒して、資本主義国家の形成を志向する動力を持っている。したがって、こうした地域におけるマルクス主義政党の綱領には〈民族自決権〉が必用不可欠なものとなる[24]」と理解して、「この時期のロシアの農民運動をブルジョア民主主義革命を志向するものと規定したのと同様に、民族運動も同じ革命を志向するものと想定したところに、彼の資本主義発展一元史観が根強く作用している[25]」と批評している。

後期レーニンの傑作は、『帝国主義論』に結実するのと同時に、１９１６年に執筆された小論文「社会主義革命と民族自決権」である。ここでの主張は、帝国主義段階の資本主義列強が他民族を抑圧すること、そしてこの抑圧にたいして被抑圧民族の解放闘争が激化すること、この闘争を、社会主義運動のために利用することである。また鋭い分析は民族自決からみた三つの国家タイプの確定である。

「第一に、西ヨーロッパの先進的な資本主義国とアメリカ合衆国・ブルジョア進歩派の民族運動はここではとっくの昔に完了している。これらの民族はいずれも、植民地や国内で他民族を抑圧している。支配民族のプロレタリアートの任務は、ここでは、19世紀のアイルランドにたいするイギリスのプロレタリアートの任務とちょうど同じである。

第二に、東ヨーロッパ、すなわちオーストリア、バルカン諸国およびとくにロシア。ここでは、ほかならぬ20世紀がブルジョア民主主義的民族運動をとくに発展させ、民族闘争を激化させた。これらの国のブルジョア民主主義革命を完成する仕事でも、他国の社会主義革命を援助する仕事でも、これらの国のプロレタリアートの任務は、民族自決権を主張せずにはたすことはできない。ここでは、抑圧民族の労働者の階級闘争と被抑圧民族の労働者の階級闘争とを融合させる任務は、とくに困難であり、またとくに重要である。

第三に、中国、ペルシア、トルコのような半植民地諸国とすべての植民地、その人口は合計10億に達する。ここではブルジョア民主主義運動は、一部ではやっとはじまろうとしており、一部では完了までになおほどとおい。社会主義者は、植民地の無条件の、無償の、即時の解放を要求するだけであってはならない。この要求は、政治的に表現すれば、まさに自決権の承認にほかならない。社会主義者は、これらの国におけるブルジョア民主主義的な民族解放運動のもっとも革命的な分子を断固として支持し、彼らを抑圧する帝国主義諸国にたいする、これらの革命的分子の蜂起を——ばあいによっては彼らの革命的戦争をも——援助しなければならない」(26)。

渡辺教授はいう。「ここにおいて、民族問題を、帝国主義段階における、帝国主義諸国の抑圧民族と植民地・半植民地の被抑圧民族との関係のうちに設定し、そしてプロレタリアートの任務は、そうした具体的な構図に即して求めようとする後期レーニンの方向はほぼ定まったといってよい。この方向の延長線の最後の端に、われわれは、１９２２年12月31日に口述された民族問題についてのレーニンのいわゆる〈遺書〉を見出すことができるであろう。……ここで問題とすべきは、新たに獲得されたレーニンの視点が、なお不充分たらざるをえなかったということである。たしかに、レーニンは、帝国主義段階で昂揚する民族運動を世界的規模での社会主義運動の一環として位置づけた点では、大きく飛躍したといってよい。だが、ここにおいてもなお初期以来のレーニンの考えは払拭されていなかったのである。それは、レーニンが植民地・半植民地の民族解放運動を〈ブルジョア民主主義的〉運動と規定している点である。つまり、諸民族の必然的な経過点として、〈ブルジョア民主主義〉とその経済的基礎をなす資本主義を漠然と想定していたのである」[27]。

90年も以前のレーニンの戦略論を、20年も経た教授の小論によって検討するのも今更という感慨もないではないが、要は教授が執拗にいう「いずれの国においても緩急の差はあっても、資本主義が内省的に発展するという資本主義発展一元史観が、初期以来根強くレーニンを支配していたこと」[28]が、民族問題の認識と対応に躓きの石となったのであり、このような分析は、宇野理論のメトーデを介して、渡辺寛教授によってはじめてなされたものであった。

渡辺教授の第三の論点はとうぜん南北問題として具体化する後進国問題に帰結することになる。「農業セクターとその住民とが資本主義の積極的なトレーガーたりえなかったという事態が農民運動にも反映せざるをえなかった。……そのエネルギーは、それ自身では定型を持ちにくいのであって、工業を軸とした資本主義のもとでの階級闘争の情勢に規定されて、はじめて定型化される面が強い。後進国の民族運動と農民運動と、かなり似た面がある。世界経済と世界政治への各国の編成のされ方が極めて緊密化することになった古典的帝国主義段階とそれ以後の時期とにおいては、仮りに後進地域の民族運動は、その地域が封建制下にあったとしても、単純に〈ブルジョア民主主義的〉方向を志向するものとは規定できないことになる。後進国の場合、工業における資本主義の発展が遅れているために、民族運動の担い手もプロレタリアートだけでなく、農民を重要な構成部分にすることが多いのであるが、その農民の現状打破のエネルギーとその方向とは、それ自身で規定されうるものではないからである。世界経済・政治によって、より具体的に言えば、帝国主義列強の政治的支配と経済的収奪とによって、さらに現代資本主義のもとにおいては、先進諸国のインフレ政策と自国農民保護政策とに起因する交易条件の悪化と農業危機の醸成とによって、後進国の民族解放運動のエネルギーが累加されたものである以上、民族運動の性格自体も世界経済・政治の帝国主義的ないし現代資本主義的編成にたいして直接対抗し、この編成機構から離脱することを、目標とせざるをえなくなる。後進諸国解放運動指導者が多く、理念的にはブルジョア・デモクラットとして出発しながら、次第に反帝国主義イデオローグとなり、そしてさらに種々のヴァリアントの社会主義を標榜することになるのは、そうした世界的環境による規定性をしめしているのである」[29]。

「世界恐慌が、スターリン的抑圧体制を強めたように、後進諸国の政治体制も、決して一直線に社会主義へと進行するものではありえなかった。なぜなら、先進資本主義諸国の金融資本の工業製品によって世界市場が支配され、しかも慢性的農業不況――農業恐慌――ブロック化のもとで、世界市場から閉め出され、自立化しえない状況に追い込まれていた後進諸国においては、社会主義的変革の主体たる工業プロレタリアートの形成とその政治的組織化とが、ともに微弱たらざるをえなかったからである。したがって、まず西欧的教養を身につけた知識層が、民族解放運動あるいは国内変革の先導者として登場し、民衆の組織化に着手するのであるが、近代的プロレタリアートという確たる変革主体の欠如しているところでは、農民に依拠する武力闘争から軍部によるクーデターの繰り返しとデマゴーギッシュな与論操作による支配に至る様々な色合いの過渡期社会を生みださざるをえなかったのである。資本主義の確固たる形成を見ないままに、それら各国の抱えざるをえなくなった困難な問題の終局的解決を、資本主義の枠の外に、つまり社会主義に求めざるをえないことになった。だが、その解決の担い手たるべき工業プロレタリアートの形成と組織化とが微弱であるため、その代役を、農民、都市雑階層、あるいは軍隊に求めざるをえないところに、現在の南北問題という呼称の、後進国問題の本質があるのである。それは、すでに帝国主義段階の主要資本主義国で発症していた農業問題の国際化とその終局的解決の困難性とを示すものといってよい」[30]。

以上の行文のうちに、農業問題、民族問題、後進国問題が重なりあい、絡みあいつつ南北問題として現代に発現していることのグランド・セオリーが読みとれる。より詳しくは、「世界農業問題の現段階」という座談会[31]で、渡辺教授が語っている。そして「結局全世界的な規模で、新たな質での生産力を、人間が主体的に管理する社会というものが、やはり歴史的に要請されるのではないでしょうか」[32]と結ばれている。

なお教授は、「資本主義というのは、どういう形で生産力を発展させたかということがわかれば、その裏側には超歴史的な、あるべき人間の姿がわかる」[33]と含蓄ある発言をされている。これを、「生産力の発展による諸共同体の拡大・併合と、商品経済の展開による右の傾向の加速化とが、多かれ少なかれ言語、文化、経済の共通性を形成させていくのですが、右の二つの要因は、いわば歴史とともに古いことを想起していただきたいのです。それは、こうした共通性を土台として、ある条件のもとで生起する、民族運動の執拗さ、根深さの根拠をなすといってよい」(34)という立言と重ね合わせてみると、ネーション（国民・民族）の起源について、近代主義や原初主義といった二者択一的な論理を超えて、重商主義に体現される絶対王政の経済力拡張主義によって、まぎれもなく近代の国民国家は成立したことが、よく理解されるであろう。

渡辺教授の民族・国家論は、宇野経済学に依って、まさにその未開拓の領域に大きな解明の途を拓いたのである。

【注】

（1）東北大学経済学会〔1995年〕、『研究年報経済学』198号、212ページ
（2）渡辺寛〔1976年〕、『レーニンとスターリン～社会科学における』東京大学出版会、91ページ
（3）渡辺寛〔1981年〕、『季刊クライシス』第8号、社会評論社
（4）同上、119ページ
（5）（6）（7）同上、120ページ
（8）同上、121～2ページ
（9）大内力編著〔1977年〕、『農業経済論』筑摩書房、61ページ。なお五十嵐喬〔1964年〕『イギリス商業史』（御茶ノ水書房）はこの間の事情を活写している。
（10）同上、62ページ
（11）（12）前掲「民族問題の経済学」122ページ
（13）渡辺寛〔1979年〕、「世界恐慌・スターリン・南北問題」季刊『クライシス』1号62ページ
（14）福田歓一〔1988年〕、『国家・民族・権力』岩波書店、70ページ
（15）前掲「民族問題の経済学」126ページ
（16）同上、127ページ
（17）大倉正雄〔2000年〕、『イギリス財政思想史』日本経済評論社、4ページ
（18）加藤哲郎〔2002年〕、『国境を越えるユートピア』平凡社ライブラリー、232ページ
（19）ジョーン・ロビンソン〔1972年〕、佐々木・柳父訳『社会史入門』みすず書房
（20）邦訳〔1957年〕、『レーニン全集』第20巻、大月書店、422～3ページ
（21）同上、427～8ページ
（22）同上、433ページ
（23）（24）渡辺、前掲、「民族問題の経済学」126ページ
（25）同上、127ページ
（26）邦訳『レーニン全集』第22巻、174ページ

（27）（28）前掲、「民族問題の経済学」28～9ページ
（29）同上、129～30ページ
（30）前掲、「世界恐慌・スターリン体制・南北問題」73ページ
（31）〔1980年〕、『経済学批判』9号、社会評論社
（32）同上、43ページ
（33）同上、42ページ
（34）渡辺寛〔1983年〕、「スターリン『マルクス主義と民族問題』小論」、『経済学批判』13号、社会評論社

（初出：半田正樹・工藤昭彦編『現代の資本主義を読む』批評社、2004年1月）

第七章　平和経済学の科学とイデオロギー

1　東日本国際大学の田久孝翁理事長のリンカーン平和勲章の受賞を記念した第一部の催しについて、私はそのまとめという役割であります。時間の関係もあり、第二部の神田香織さんの本邦初演の講談「チェルノブイリの祈り」を楽しみにご来場の市民の皆さまもおるかと存じますので、平和経済学について、なにが課題でありどのように対処すべきかというところに論点をしぼって、私なりの考えを申しあげます。

田久理事長は、「人類の歴史的過程にあって大きな役割を果たしてきたのが経済的原動力であり、人々の生活を支えてきたものが衣食住経済のすべてである」（『儒学文化』創刊号、学校法人昌平黌儒学文化研究所、123ページ）と基本的にとらえたうえで、「経済の方向性は科学的に処理されていかなければならない」（同上）が、実際は「弱肉強食の歴史であり平和とは程遠いものであった」（同、124ページ）といって、「平和か戦争かという判断の裏付けとなるのも経済の動向が左右することになる」（同、124ページ）と大局的な判断をされ、そうした認識から要請される「平和経済学の原点は経世済民の思想に帰着する」（同上）といっておられます。また、最近、自らがイメージする平和経済学の構成において、必要不可欠なものとして17ヶ条の具体的論点を提示されました。さきほどの鎌倉孝夫学長のスピーチは、むずかしい印象を与えたかも知れませんが、田久理事長の平和経済学基本要項17ヶ条を、それぞれにアクセントをつけながら学術的な体系へと編成するひとつの試みをみせてくれたものでした。

2　現代の学問・学術はそれぞれの専門分野が極度に細分化する傾向を強めております。そうなりますとどうしても科学的研究の方法や客観的真理の認識のあり方について、充分な反省や検討を加える余裕に乏しくなり、どちらかというとマニュアル的・職人的なアプローチに専念しがちになります。射程のながい巨きな理念とか、スケールの大きい仮説の検証になじまず、ビッグ・プロジェクトといったものは、学際的なネットワークに依存せざるをえません。

田久理事長の平和経済学への提言は、その根幹をなすところで儒学の思想、いうなれば孔子の教えと結びついており、社会科学における方法論として、その認識体系を整え、順序づけてみることは容易でない面をもっています。

これまで経済学において、私たちが研究アプローチを進める手だてとしてはつぎのようなものでした。

例えば、なぜ平成不況はなが引いているのか、その原因はどこにあるのだろうかというように解明すべき課題が意識されます。こうした現実的な問題のなかに、対象を日本経済の特殊性ととらえて研究することを現状分析といいます。正しい現状の把握なしに、政策的提言などの適切な対応はできませんから、経済学研究の主たる目標は、現状分析にあるといってよいと思います。

しかし、平成不況の原因を問うといったひとつの現状分析の課題が、たとえば現局面における日本経済のさまざまなデータから論じられても、それは部分的なもので、本質を衝いた解明にはならないでしょう。先ごろ、毎日新聞社が刊行する伝統的な経済週刊誌である『エコノミスト』が、13名の著名な経済論客に、平成不況について「あなたはいちばんの原因をどうみるか」、それに対して「あなたならまず何をするか」と問うた特集をしていましたが、不良債権問題や構造改革にしても、対象認識にあまりにもブレの大きいのに驚いた次第で、したがって対策の優先順位もずい分と落差があり、大きな戦争でもなければ解決しないという先生もおられました。

つまり、いまの日本経済が世界的な資本主義500年の歴史的発展段階のなかで、どんな局面に位置しており、世界経済のなかでとりわけ主導国との国際関係における資本蓄積の主たる動向をみきわめるといった、宇野理論（宇野弘蔵の方法・論理）にいうところの段階論的アプローチを欠いては、正しい認識がえられないわけです。ちなみに、本学へも非常勤でお手伝いに来て戴いている小松聰教授は、平成不況のおおもとは、プラザ合意後の「1985年を境にしたアメリカの経済政策、経済体質が劇変し、従来の内需主導型から、むしろ外需拡大志向型に切り替わっていった」（『アメリカ資本主義の光と陰』、2003年、社会評論社、24ページ）ことにみていてとても説得的であります。いうなれば、資本主義の世界的な発展段階論の裏付けによる世界経済的視野をもたない現状分析は、マクロ的には味の薄いものにならざるをえないという関係にあることを理解してほしいのであります。

ではこれでもう良いのでしょうか。いや、経済原論ないし経済学原理論というのが経済学のいちばん基礎に位置するのです。これはいわば、資本家、地主、労働者という三つの階級によってのみ構成される純粋な商品経済社会としての資本主義の経済法則を、その原理展開として体系的にとらえるものであります。じつはスタンダードをなす原理論がないと、発展段階論も説けないし、先進国や後進国といったカテゴリーさえも論証できないという仕組みになっているのです。

経済学という学問は主としてイギリスで17世紀ごろから発展してきたという歴史をもちますが、田久理事長が「温故知新」といわれるように、その歴史をよくみますと、「経済学はつねにその時代の新しい政治的要請の物質的根拠を明らかにするものとして発達して来た」（宇野弘蔵『経済原論』上、1950年、岩波書店、7ページ）といえましょう。

要するに、経済学というのは、より抽象的なものから具体的なものへという流れからみて、原理論、段階論、現状分析という三段階論で構成されているのですが、ここで社会科学において検証しうる客観的真理という枠組を相対化することを許容するならば、この三段階論の最先頭と最後列に、経済哲学と政策論を追加できるでありましょう。

いま経済学の体系的構成をこの五つの段階ないし場面においてみたばあい、田久理事長の平和経済学17ヶ条は、その理念ないし使命を伝える条項としては経済哲学に相当し、不可欠な課題と方向の提示という面では現状分析と政策論に概当すると思えます。

いまどき、この17ヶ条の提示は、経済学を主として社会科学を学ぶものにとって喫緊の課題として、その研究の一端を担う使命をもつことは充分に理解されるところであります。ただ、ここで社会科学におけるイデオロギー、ないし事実(sein)と当為(sollen)という旧くて新しい問題の基準で考えてみますと、原理論、段階論、現状分析は、即自的に、客観的真理として、何人にもその理解を求めうるしまたその科学性を論証できる領域なのに対し、それが如何に優れた思想や理念に依拠するものであっても、経済哲学や政策論は一定の価値観を具有したイデオロギーであることを否定できません。かくあるべし・こうしなければならないという理念ないし政策は、その発想の根拠やその現実的効果といったことに対する手段の適合性という点では、一定の合理性を明示できますが、思想性の制約を免れないという意味では、理念や政策は本質的に科学とはいえません。

社会科学における科学とイデオロギーという根本問題を据えて平和経済学の構成を考えてみますと、私にはその繋ぎ方がどうにも見当らず、担当してきた講義もその過半は、16世紀、資本主義発生期から近現代の500年における各国民経済の資本蓄積動向と相関させた国際関係の焦点をなすものとして戦争と平和を説いてきました。

経済学の原理論は、「人間が一定の社会関係のなかで自然に労働をくわえて必要な財貨を生産し、それを相互に分配し、消費することによって自分自身を再生産してゆくという生活活動の総体」(『大内力経済学大系』第一巻経済学方法論、1980年、東京大学出版会、48ページ)としての経済を純粋な法則性の体系としてとらえるものです。いいかえれば、人類の生存における絶対的必然としての経済原則について、人間の労働力までが商品化されたなかでの生産、分配、消費といった過程のすべてを、モノとモノとの関係としての商品交換関係で繋ぐしかない、いわば非人格的な鉄の必然をもって作用する経済法則として、解明するほかなかったのであります。

ですから経済学の原理論においては、景気循環は説かれても、商品交換の契約が守られることを予定するだけの安定的で平和的な社会秩序が自立的に確保されており、そこに戦争や暴力が発現する理論的根拠を欠如しておりますから、国家が登場する必然性はありません。

和戦の決定をなす主権国家、武装国家、租税国家としての国民国家が成立したのは、資本主義発生期における重商主義政策を遂行する開発独裁としての絶対王政によってでありまして、これはまさに経済学の段階論で解明されるところであります。国際政治学では歴史的にもこんにちのヨーロッパにおける国民国家の原型は、宗教戦争としての30年戦争のしめくくりをつけた17世紀中葉のウエストファリア条約によるものと理解されています。共同体においてイメージされるような、人と人とのもともとは直接的な社会関係が、商品交換関係というモノとモノとの対立的な関係をとおしてしか発現しないということに、人間の自己疎外というモメントをみることは、経済哲学として大切なことかとは思います。しかし、基本的に大切なことは、経済原論のロジックにおいては、体制的な平和が前提されまた確保されているということなのです。

ですから私の講義では平和経済学を段階論や現状分析の次元で説いてきたのでして、むしろ国際政治学、民族学、国際関係論などからたくさんその成果をとりいれなければなりませんでした。

3　そうした矢先において、田久理事長の平和経済学の示唆するところをもっとも真摯に受けとめた鎌倉孝夫学長は、経済原論の世界において経済原則をなしている人類の経済的再生産という実体的領域に、歴史貫通的な倫理的モメントを見出すという画期的な論文を『儒学文化』創刊号に発表されたのでありました。

鎌倉学長の論点は、経済の「実体的領域と社会的経済原則充足において、人間固有の性格、実践行動とともに、社会的存在としての人間の遵守すべき、そして自主的に遵守しうる社会的規範の基本がとらえられるのではないか」ということにあります。いいかえれば、ここに人類にとって「本来の社会的規範」が即自相即的なものとして発現するとみているようです。少しながくなりますが大切なところなので引用してみます。


人間社会存立・発展の実体は、何よりもその存立・発展の物質的根拠としての種々の生活資料の生産・供給を行う労働・生産過程と、実体の担い手である労働者、勤労者の能力（知識力、教養・文化＝徳、体力）を育て再生産し、高める生活過程である。この両過程では、物（商品、貨幣）を媒介にした交換関係が行われているのではなく、人間と人間との直接的な関わりによる共同原理が存在している。

労働・生産過程は、その主体である人間＝労働者による目的意識活動であり、何より主体としての地位の自覚に基づき、自主的に目標を設定し、その目的に合致する活動によってこれを自主的、創造的に実現する過程である。目標の創造的実現にとっては、それを達成する方法、方途の改良、創造が行われる。この自主的、創造的活動は必ず集団的、社会的関係の中で行われる。労働には、分業が行われるが、分業を担当する者は分担する仕事の能力を発揮しながら、他の仕事の分担者と協力・共同してはじめて目標を実現しうる。そこには自分の仕事の位置、意味の自覚とともに、他の分担者の仕事についての理解と協調の態度、そして実行が不可欠である。このような自覚的な労働を通して、各人の能力、資質が鍛えられ、人間性も成長する。

人間が生きる場としての生活過程、直接には家庭あるいは地域は、同時に人間の能力（知・徳・体）を育成・発展させる場であり、社会の主体形成の場である。家庭、地域の教育、そして学校教育の場は、人間形成、社会の主体形成にとって不可欠な場であり、そこではそれぞれの社会的位置とそれに応しい役割の自覚と役割の遂行とともに、直接の人間としての関わりを通して互いに学び合う場なのである。

このような人間が人間として社会的に生きる実体的領域において、人間として不可欠な規範、道徳・倫理がなければならず、また現に存在してきた。それは、自らが労働と生活の主体として自覚する中で、まさに自主的に自らのものとしよう規範であり、倫理である。もちろん真剣に学ぶことによって、それも現実の労働と生活の実践において学ぶことによってはじめて獲得しうる規範、道徳であるが、決して外的強制によるものではない。

この論説は、経済学の原理論で説かれる経済原則の内容に、生産と生活過程における協力・共同・連帯といった契機から、経済倫理を埋め込むことを主眼としているとみてよいのです。倫理というものを、かくあるべしというイメージでとらえ、経済生活にとって外在的イデオロギーとしてみていた私にとってこれは驚きでありました。たとえば、封建社会における共同体においても、身分的秩序など慣習も含めた共同体的規制は、経済外的強制として概念化されていましたが、鎌倉学長のような理解が拡充すると、それは、「経済的強制」に近いものになるような気がします。

協力・共同・連帯といった倫理的契機をもとに、平和を求める人類にとって、他面においてまさに類としての人間をして、War of All for All（人は互いに狼である、万人の万人に対する戦い）という『リヴァイアサン』（1651年）で示されたトマス・ホッブズ流の商品経済的自由人格を対置したのでは、私たちは救われない近代の宿命をみてきております。

しかし、鎌倉学長の田久理事長を介する新たなロジックは重要な論点を提示しておりますから、充分に吟味されなければならないでありましょう。つぎの論文を期待するゆえんでもあります。

私などは、孔子というのは中国の古代農業共同体のエキスを伝える大思想家なのだとみていましたが、そういう面では、経済の実体的領域や経済原則というものが、歪みのないかたちで発現する世界であったでありましょう。つまり、そこでは人と人との直接的関係がピュアなスタイルで存続していたのです。小説家井上靖の『孔子』など読むとそんな気がします。私も、孔子の生まれたふるさと山東省曲阜市の昌平郷にいってみて、穏やかな起伏に富む景観と山川草木の豊かさに、日本に似た親しみと感銘を受けたものでした。

平和経済学はさまざまな広がりをもっています。それは、地域研究にもまた重要な示唆を与えております。いま、有限な地球世界にあって、厖大な生産力が濫費され、多国籍企業がますます巨大化する一方で、先進国と発展途上国と経済格差はどんどんひろがっております。一日2兆ドルともいわれる過剰資金による為替取引などの経済のカジノ化も社会を不透明にしております。もはや戦争のあるなしだけで平和的な生活について語れません。環境や人権それに地域文化などに至るまで、平和経済学17ヶ条をキーワードとした研究領域はそれこそ学際的に広範に及んでいます。

ですから大学コミュニティのすべてがこれに参加しうるのです。一社会科学徒として、私なりに勉強する機会をいただいて誇りとよろこびを覚える次第です。

ご静聴有難うございました。

（初出：『東日本国際大学平和経済学研究』第２号２００３年３月）

第二編　地域社会の諸相

第一章　共同体の自己規律としての『論語』

一　問題提起

孔子（BC551―BC479）の対話記録を主とする言行録である『論語』は、二千年余の歳月を超えて東アジア世界の最上級の古典として、その魅力がさまざまに読み継がれてきました。『論語』はハンディな小冊子ですが、生老病死といった生命感や歴史論が経験論風にと申しますか具体的に説かれています。二十篇五〇〇条ほどの短文が主ですが、そこには文学的な感興を誘発する条文も含まれ、まさに孔子という巨人の生き様が実体験として綴られている多面的・多層的な面白さに富んでいるのです。

フランス文学者として多彩な仕事を成した桑原武夫（1904―1988）がいうように、「孔子は歴史上の人物であった。歴史社会に連関させてよむこともまた許される。いな必要なアプローチであろう」（①39ページ）「抽象的な単一原理の追及よりも経験的な多数の範例の積み重ねによって、世界をとらえようとするのが中国思想の特色なのである」（①41ページ）。なお、引用文の出典は本稿末に一括して掲げ、引用直後にページ数を示しています。

私の小論は社会科学からのアプローチとして、商品経済と共同体という人類史におけるふたつの社会システムにおいて、より根源的な共同体の自己規律ないし体制維持を確保し媒介する核心的な基準として存在してきた『論語』という視点を提出するものであります。

二　共同体の認識

古今東西の歴史学の分野において、共同体の概念を明確に論証したのは、日本の経済史・社会史の領域での中村吉治（1905―1986）による著名な研究成果に依るといってよいでしょう。中村によれば、人間社会の歴史的把握は、バラバラな個人ではなく、社会的存在としての人と人との結合の仕組み、つまり社会編成原理としての理念である共同体に立脚するものでありました。

中村は、共同体とは「人間集団が相互に分離できず、一体として存在しなければならぬ形態」といい、これを「生産手段・生活手段の不分割に対応する不分割集団」（②22ページ）と規定しています。つまり単位労働時間当たりの産出高が低小な生産力を基礎条件としていた前近代社会においては、個人はもとより家族（イエ）としても自立は許されない相互依存的な集団としてのみ、生産手段や生活資料に関係せざるをえない状況が一般化していたのでした。それは、「単なる集団とか群とかいうものではないのであり、社会という組織体なのである」（③2ページ）といわれて、まずは家の連合体を共同体と規定されたのでありました。

事実上、こうした共同体から離脱して、人間は生きていくことができなかったのです。そうなりますと、共同体という社会を構成するうえで、歴史的変化に適応してこれを保全する究極的な規範を要件とします。中村学説は、数多くの著作をとおして歴史的な実証のうちに展開されていますが、確認のためいくつか引用してみましょう。

共同体として基本的に生産手段が共同のものであるとみてよいでしょう。中村によれば、人間社会の歴史的把握は、バラバラな個人ではなく、社会的存在としての人と人との結合の仕組み、つまり社会編成原理としての理念である共同体に立脚するものでありました。

「共同体として基本的に生産手段が共同のものであるという性質がある限り、所有と非所有の区別はない。そこに経済的な相異による order とか組織は生まれない。組織は自然的な人間の関係 (Personal relation) として現れる。老幼男女というような、自然差にもとづく社会となる。つまり共同の生産手段の上にある社会は、直接の人間結合の社会なのである。身分社会である。……この身分社会において、人は互いに同血縁と感じ、意識する。これも氏の伝統である。この血縁は規範としての血縁である。共同体員であることは血縁でなければならず、血縁であることは共同体員である。勿論、共同体員たるためには、生産技術・生産力の段階に対応しての人口構成の一員となることであるから、生物的にそこで生まれたということとは関係ない。そうであってもいいし、そうでなくともいい。村落共同体の血縁集団でないというのは誤りである。そのような血縁社会（身分社会・同族社会）として、その首長は族長であり、身分的な首長である」（④88ページ）。

「土地所有についての諸制限（放棄禁止、移転禁止、転作強制、相続規制等々）、農業について、生活について、一般に及ぶ制約が首長権力によるものとして現象するのだが、それらは要するに共同体的制限に発しているのである。共同体農民が共同体首長の身分的隷従者であるということが、何よりもまず共同体の性格によるものであった」（④90ページ）。

「対等な人間における契約でなく、上下に隷属してゆくという結合である。絶対的な服従は、権力が家族的性格をもつことによる属性である」（④200ページ）。

中村共同体論のエッセンスは、「生活・生産のために集団ができ、それをよりよくするために組織ができる。その集団を結合させている根本はそこにあることは問題ないが、しかし何となく存在するわけでなく、それを保ち発達させる規範が生まれる」（⑤18ページ）ということにあります。「分割できない生産手段と、分割できない人間集団とが、分離されえぬ密着した関係で生活している状態が、生産手段にも人々の間にも血がかよっているという社会だと一口にいえると考える。それを血縁集団とみずから信じさせた基本社会がつづくかぎり、同族の結合現象と性質はつづく」（⑤23ページ）と、その本質的契機をなぞって、共同体の基本原理が語られています。

こうしてみてきますと、中村吉治による共同体の概念規定は、内部的な原理のみで成立し、完結していることが判明します。

人類史における前近代を貫く社会システムとしての共同体が解体するのは、土地からの農民の分離という近代社会を告知する資本主義の原始的蓄積期を経過せねばなりませんでした。それは、人間の労働力を商品化させるという実質を伴いつつ、法的イデオロギーとしての近代的所有権を確立し、旧来の身分社会から新たな私有財産制に基づく階級社会への転換を実現するものでありました。つまり、労働力の商品化＝個人の確立を根幹とする商品経済体制＝資本主義が、工業化を軸として、この近代五〇〇年の社会編成原理となり替わったのです。

マルクスは、その生涯における最高の著作『資本論』（第一巻初版１８６７年）のための１８５０年代における厖大な準備ノート『経済学批判要綱』を遺していますが、そこには、人類史の巨視的な三段階が記されています。

「人格的依存関係は最初の社会形態であり、そこでは人間の生産性はごく小範囲でまた孤立した地点でだけ発展する。物的依存性のうえにきずかれた人格的独立性は第二の大きな形態であり、そこで一般的な社会的物質代謝、普遍的な対外諸関係、全面的な欲望、そして普遍的な力能といった体制がはじめて形成される。諸個人の普遍的な発展のうちに、また諸個人の社会的な力能としての彼らの共有的・社会的な生産性を従属させることのうえにきずかれた自由な個性は、第三の段階である。第二段階は第三段階の諸条件をつくりだす」（⑥79ページ）。

中村の共同体論は、マルクスのいう人格的依存関係を身分社会といい、物的依存性を本旨とした人格的独立の社会＝資本主義を階級社会と区分しているのです。

三　共同体の自己規律としての『論語』

さて以上のような中村吉治の共同体論を前提としたとき、孔子の『論語』は、人類史において本源的な社会結合システムである共同体の自己規律を表現するものといえます。現代的な文脈でいえば、共同体の社会倫理であり、公共哲学ということになりましょう。

私と同世代で儒教について独自の興味深い著作を少なからず発表してきた加地伸行（１９３６生まれ）も、儒家思想の代表としての孔子の『論語』に集約される「共同体のきまり」を説いています。

「共同体社会の原理の特性は、感性的であることである。……その根本理由は、共同体の核心となっている家族を支えているものが、理屈でなくて感性に他ならないからである。……正確に言えば無償の愛という感性である」（⑦38ページ）。

「こういう共同体において生きていくとき、共同体を律するきまり、すなわち、慣習が、共同体を指導する原則となっていく。……慣習とは歴史の積み重ねであり、先例のことであるから、長年の経験や熟練が必要である。……いわゆる長老政治である。……みなが自然と身につけるきまりが道徳というものになってゆき、形式としては礼となる。すなわち、共同体を指導するものは、慣習に基礎を置くところの〈道徳〉である。これは非常に重要な点である。つまり、共同体の政治が道徳を指導原理とするため、逆にいえば、指導者には、道徳の完成度、道徳を身につける度合いの程度が高いことが要求されるのである。

中国古代社会は、共同体社会の集合である。各共同体とともに、その指導者に共同体における道徳完成者を置く。これが、中国政治学、中国政治思想の根本的考えとなっていったのである。例えば堯とか舜とかといった、中国の伝説上の天子は、道徳的にすぐれていたとし、それをモデルに、道徳的完成者を政治の担当者に、ひいては天子に戴いてゆく図式が絶えず作られていったのである」（⑦39～40ページ）。

共同体の連合や協調という面でも、言語の持つ意義はおおきい。古代より中国と朝鮮・日本・ベトナムは漢字を共有し、それを媒介に儒教・律令・漢訳仏教などの文化を享受してきました。中国古代史の巨星、西嶋定生（1919—98）は、「中国の社会と国家とが最初の大きな変動期に入るのは春秋・戦国時代である。この変動期において、氏族制は弛緩して家父長的小農民が折出され、……その結果として諸侯国はたがいに他国を侵略してその領域を拡張する」（⑧15ページ）としながらも、「周の天子を中心とする秩序体制に編入されているかどうかという点」で、「この区別の基準が〈礼〉の有無におかれていたことは、のちの〈東アジア世界〉の形成に関連することなのである」（⑧12ページ）と含蓄ある発言をされておられます。

いまひとつ、儒の共同体的色彩を濃厚に伝えるところを、陳舜臣（1924年生まれ）から引いてみましょう。

「儒とは、鬼神と隣り合わせに生活し、霊魂の不滅を信じていた人たちの生き方の体系がおそらく挫折や流浪の体験によって磨かれ、時代の潮流にあわせて自己改造をおこなったものではないかとおもいます。……孔子は春秋時代の人です。彼は儒の集大成者ですから、儒教の誕生は春秋時代ということになります。儒教がどのような雰囲気で誕生したか、それを知るためには、孔子が生まれる百年ほど前の〈葵丘（ききゅう）の盟〉を研究してみるのが最もよい方法でしょう」（⑨28～29ページ）。

これは、長江中流の国で勢力を伸張していた南方の楚に対抗するため、黄河流域の中原の諸侯を召集して、共通の憲法のようなものをつくり、たがいにその遵守を誓約しようというわけでありました。

第一条—不幸を誅せよ。樹子を易うること無かれ。妾を以て妻と為すこと無かれ。

樹子とは諸侯の後継者のことです。要は、終身、斎家、治国、平天下をいっているのです。

第二条—賢を尊び才を育し、以て有徳を彰せ。

第三条—老を敬い幼きを慈しみ、賓旅を忘るること無かれ。

賓とは在留外国人のことです。

第四条—士は官を世（世襲）すること無かれ。官事は摂（兼任）すること無かれ。士を取ること必ず得よ。大夫を専殺（ほしいままに殺す）こと無かれ。

第五条—防を曲ぐること無かれ。糴《てき》（穀物の輸入）を遏《とど》むること無かれ。封ずること有りて告げざること無かれ。

防とは堤防のこと。水路を勝手に変更して、自分のいいようにしない。人為的な決壊は黄河諸国のタブーです。つぎに兵糧攻めしない申し合わせです。諸侯や功臣を封ずることがあれば知らせよとも言っています。

この五ヶ条をみますと儒の雰囲気をよく伝えており、いかにも共同体的秩序の保全持続という儒教の理想に合致しているることがよく理解されるのであります。

ここで『論語』からも一条引いてみましょう。

子の曰く、千乗の国を導くには、事を敬して信あり、用を節して人を愛し、民を使うに時を以てす。(学而第一)

「諸侯の国を治める心得を孔子が述べました。〈一天万乗の天子〉というように、天下を治める君主が万乗の君であります。／天子の下に各地に封じられた諸侯がいて、彼らの納める国を〈千乗の国〉と称しました。

古代中国の戦いは、じかに馬に乗ることはありません。銜（くつわ）や鐙（あぶみ）も発明されていませんので、危なくて乗れないのです。中国人は塞外の騎馬民族から騎乗を習ったのですが、『史記』によれば、それは趙の武霊王（在位前325〜前299）の時代となっています。だからそれ以前は、馬に車をひかせ、戦士はそれに乗って戦ったのです。

四頭立ての馬車に三人の甲士（武装兵）が乗り、それに七二人の徒歩の兵がついています。さらに牛一二頭がひく荷車に食料や武器などをのせ、二五人の人夫が従うのです。これが一乗です。人民八百戸でこれを準備することになっています。

一乗のメンバーは、甲士、歩兵、人夫あわせてちょうど百人です。それを八百戸の人がサポートします。一戸平均五人とすれば、四千人が負担することになるわけです。千乗の国とは単純計算すれば、人口四百万ほどになります。／万乗の国、すなわち天子の国。人びとが天下と認識したのは四千万の人口を擁していたことになるわけです。もちろんこれはタテマエですから、実数はそんなに多くないでしょう。

孔子はリアリストですから、天下国家という大風呂敷はひろげません。千乗の国、すなわち諸侯の国を治める心得を問題にしました。おそらく孔子たちが住む魯の国を意識したのでしょう。隣の斎などにくらべると、ひとまわり小型の、中小級の諸侯の国にすぎないのです。／諸侯の国をみちびくには、事柄を大切にして、いったん言ったことはかならず守り、費用を節約して人を愛し、人民を使役するには時を以てす、すなわち農繁期などは避けよということです。

私たちが古典を読むのは、先人たちが読んだあとをなぞることでもあります。『論語』にしても二千余年来読みつがれてきました。古い漢文は基本的には、二千年前とほぼ同じ表現を保っているのです。話しことばはずいぶん変化したでしょうが、表意文字による文章には、それがほとんど影響を与えていません。アルファベットによる表音文字の文章は、それにくらべると、時代あるいは地域による変化が大きく反映され、ほとんど読めなくなります。

漢字圏のひとたちは、いくら発音がちがっていても、千年前、二千年前の文章の意味がわかるのです。ただ古代は竹簡や木簡に墨書したり刻んだりするので、面倒ですからできるだけ簡単に記し、わかりきった表現は省略しょうとします。けれど二千年前にわかりきっていたことが、いまではわからなくなっていることもあるのです」(⑩23～26ページ)。

以上のことに加えて、『論語』は優れた歴史書としての側面も持っています。

春秋時代末期とはいえ、およそ二千五百年以前の古代中国において、諸侯の戦車千台を保持する武装集団としての軍隊を保持するには、人口四百万ほどの経済スケールを要するとしますと、農業中心の社会を、さまざまな節約型の共同体的規制をとおして導いていかざるをえないことが理解されます。国家レベルの大共同体間の戦争は、貯蓄に乏しい共同体財政にあっては、過大な浪費であり、安全保障のため、盟などの外交手段もしばしば採用されたのでありました。

ついでに、共同体の教本としての『論語』の特質を、西洋の近代的人間観から論評し、明示しているアメリカの学者、ハーバート・フィンガレット(1921年生まれ)の1972年の著作『孔子』から、興味深いその一節をみてみます。

「孔子は「論語」のなかで、選択 choice あるいは責任 responsibility といった語を十全な形で論じていない。……西洋の哲学的・宗教的人間理解における選択・責任の重要性に匹敵するような展開や厳密化が、それらの言葉には欠如している。つまり、孔子は選択、責任の語を次のようなものとしては考えていなかった。個人が自分の意思で運命を切り開くために正しい選択肢を選ぶという考え方や、精神的罪悪感、またそれに伴う後悔や報い等の考え方が選択や責任という概念に分ち難く結びついているとは考えなかったのである」(⑪52ページ)。

『論語』のイメージを支配しているのは、道を行くたとえであり、「道の概念が、儀礼・儀式を意味する孔子の中心概念〈礼〉に符号するのは、驚くべきことではない。〈礼〉は孔子にとって、社会的交流、人間の生である大なる儀式の明瞭にして精緻な型であった。真なる道を堂々と歩むというイメージから、正しく儀礼を運営するというイメージへの移行は、理に適った当然の移行である」（⑪54〜55ページ）と、フィンガレットは同調しますが、ただ孔子においては、この〈道〉のイメージは、欧米人にとってあまりにも自然なものである岐路（分かれ道）のイメージに発展しないため、選択という概念も成立せず、「唯一の秩序に対する〈選択の余地〉には無秩序・混沌しか残されていない」（⑪55ページ）というのです。端的にいって、「純粋な選択の自由というものはない。道をたどるか、逃れるかだけである」（⑪57ページ）という論評となってしまうのです。

人格的相互依存性が明示的な身分社会である共同体においては、西欧の近代社会から抽出した個人的な自由権というものは、いわば無いものねだりに等しいのであります。これは、近代の人権思想が、無媒介に前近代社会に投影されてパロディを生じないためにも、社会科学的な共同体論が不可欠なことを証する事例となりましょう。

しかし、フィンガレットの優れた孔子論は、以下の一節からも読みとれることは付け加えないと不公平でしょう。「孔子がまさに彫琢し彼の主たる思想枠組を形成した言葉やイメージは、我々西洋人にとって異質ではあるが、理解できないわけではない。ある調和のとれた全体像を提示してくれる。人はけっきょく、自らの内部に決定権を有するような自律的存在ではない。また、有効な選択肢から選択をおこない、それによって自らの生を自力で形成していくような力をもたない。その反対に、うまれた時は〈原質〉であり、教育によって文明的となり真に人間的な人間となるべきものなのである。人間になるために人は道を目指さねばならず、そして道は……道は高貴であり、それを追う者も高貴であることによって……人を魅了してやまない。ここから得られる帰結は、社会や物理的環境に抗して個人の力を称揚するものではない。むしろ、個人が誤まることなく〈人が文明的な人間となる〉唯一の真なる道を歩もうとする〈目標〉あるいは方向を明確に強固にする「一道を歩めば、道に備わった精神の広大な尊厳と力が人に宿る。迷わずに道を歩む者、強いるのではなく〈自然に〉〈譲る〉ことができる者、彼等の生には、個人的な尊厳と自己実現があり、他者との社会的調和の根本には、このような生を互いに認め合う相互尊重があるのである」（⑪80〜81ページ）。

共同体には、成員相互の祭への参加にみられますように、「無計算に全体が一体として生きる牧歌性がある」（⑫355ページ）わけでした。『論語』には、君主を論じた条文が少なからずありますが、それは古代中国においても「身分層の集中的表現としての君主」（⑬67ページ）であったのでありましょう。「共同体首長＝君主は、まったく共同体内の経済的関係そのものから、当該生産システムともいいうる秩序の維持者としてその支配的地位を得るのであって、その権力というものは、共同体の位置する生産力段階に制約された自然的秩序において、そのままで支配する方法が与えられているといってよい。つまり、権力の行使＝支配に、首長の個人的恣意の余地がまったく限られているということである。いいかえれば、支配の正当性が、共同体的生活の再生産システムのなかに、合理的に組み込まれている事態なのである。この共同体首長の支配権は、それがまさに身分制の頂点に位置するゆえに、他に転換を許さぬ絶対的な権威を保持し続けるのであって、近代資本制商品社会における転換可能な階級的権力というものとはまったく異質である」（⑭32ページ）と、私もかつて立言したものでした。

四　『論語』・資本主義・国家

共同体という言葉は、ドイツ語の Gemeinde または Gemeinschaft、英語でいえば、Village Community から移入された学術用語として、経済史や社会史の領域で活用されてきました。

昨今はまた、主として社会学サイドから英米流のコミュニティ論が盛況のように見受けられます。Community には、共同体、利害など共にする団体、地域社会、地域圏、基礎集団などの訳語が記されています。近代以降コミュニティという概念はますます多義的になっております（⑮参照）。

ましてやいま求められていることは、産業的には成熟して、経済的成長力を弱めてきている現代資本主義の特殊な世界大の急展開に対して、コミュニティを核とした政策当為としての地域振興論のように思われます。

中村吉治は、「生産関係における人と土地、人と人との関係が変わるとき、共同体は失われるのであり、共同体がなくなるとき、近代があるということになる。理屈からいえば、近代は共同体なきところにある。しかるに、近代において共同体を、現代の問題とするというなら、それは歴史の発展の理屈から外れた現実に問題があるからだろう。ということは、歴史的理由または経過があるというほかあるまい」（⑫340～341ページ）と名言を吐いています。

人と人との関係が、商品や貨幣によって媒介され、主要な生産手段としての土地を失って農民は無産の労働者となり、衣食住すべての生活資料を生産できる資本という主体に対して、労働能力を商品化して販売するという物的依存の市場経済原理に立脚する商品経済社会が近代社会なのですから、そこでは、基本的に中村の言うように共同体は失われたといえるでありましょう。共同体の崩壊が商品経済という新たな社会枠組みの成立と同伴して近代的個人の確立をもたらすということは、奇妙なパラドックスのように見えますが間違いのない事実なのです。

ただここで留意されなければならぬ問題が残ります。それはマルクスも『資本論』でいっておりますが、商品経済というのは、共同体と共同体の間から発生したということです。これは人類史にとって共同体が本源的なものであり、商品経済というのは、これがいかに欲望を開放する精緻なシステムであるにせよ、二次的なものだということを示唆しているように思われます。

さいごに、経済学の宇野理論体系では代表的論客であった降旗節雄（１９３０〜２００９）の注目すべき発言を引いてみます。

「近代国民国家は絶対主義国家として成立したことから理解されるように、近代につくりだされた新しい共同体である」（⑯56ページ）。

「旧来の共同体の解体は一方で国民国家という広大な領域をもった大きな共同体を作り出すが、同時に他方に、一夫一婦制の単婚家族という小さな共同体を作り出す。そして、市場経済で支配された経済領域をこの二つの共同体がかこいこむことになる。国家という共同体の、かつ家族という共同体の外部の領域が、市場経済の領域であり、この領域は資本によって全面的に支配されるのである。」（⑯72ページ）。

「資本主義体制成立のためには、したがって国民国家と単婚家族という大、小二類型の共同体を絶対的条件としたが、市場経済は単独でこの二つの共同体を形成しうる力をもっていなかった。／もともと共同体と市場経済とは原理を異にする人間の結合システムである。共同体の内部から商品が発生し得なかったように、市場経済が共同体を作り出すこともできない」（⑯73ページ）。

「人類史を共同体として総括し、共同体と共同体の間から発生した市場経済が、近代に至って共同体を解体しつつ生産過程を包摂したのが資本主義であり、しかもこの資本主義においても、人類はついに国家及び家族という共同体の支配から脱することはできなかった、とみるべきではないだろうか。そして、その点にまた人類にとっての社会主義の意味があるとすべきではないだろうか」（⑯64ページ）。

中村がいう共同体の本源的再生産に結びついた生産・生活の基礎単位としての家（イエ）household という概念が、家族 family に解消されてはなりませんが、資本といえども人間に固有な何でも創りうる労働力の再生産は、次世代を含めて労働者の家庭に依存する以外にないことも事実であります。

また資本主義がその体制的展開を確立する産業革命後のイギリスの自由主義的段階において、国家主導によって労働力保全のための工場法の成立拡充を計ったこと（⑰参照）からも、私たちは国家の社会秩序の維持機能における共同体的性格を否定できないのであります。

こうした課題の検討は別稿を要しますが、人類史が共同体という歴史的枠組を必然的なものとしてきたことを大前提に、孔子の『論語』という古典の意義が、共同体の論理的にしてまた倫理的エトスを集大成したことを確認できれば幸甚であります。

【引用参照文献】

①桑原武夫『論語』１９８５年、ちくま文庫
②中村吉治『日本の村落共同体』１９５７年、日本評論社
③中村吉治『社会史』１９６５年、山川出版社
④中村吉治『日本封建制の源流』（下）１９８４年、刀水書房
⑤中村吉治『日本社会史　新版』１９７０年、山川出版社
⑥マルクス『経済学批判要綱』（高木幸二郎監訳）第一分冊１９５８年、大月書店
⑦加地伸行『〝論語〟再説』―２００９年、中公文庫
⑧西嶋定生『古代東アジア世界と日本』２０００年、岩波現代文庫
⑨陳舜臣『儒教三千年』２００９年、中公文庫
⑩陳舜臣『論語抄』２００９年、中公文庫
⑪H・フィンガレット「孔子聖としての世俗者」（山本和人訳）１９９４年、平凡社ライブラリー
⑫中村吉治『社会史論考』１９８８年、刀水書房
⑬中村吉治『日本封建制の源流』（上）１９８４年、刀水書房
⑭石井英明『共同体と権力』
⑮石井英明『地域コミュニティと市民的協同』
⑯降旗節雄『著作集』第5巻、２００５年、社会評論社
⑰戸塚秀夫『イギリス工場法成立史論』１９６６年、未来社

（初出：東日本国際大学・東洋思想研究所「研究東洋」第3号、２０１３年3月）

第二章　地域コミュニティと市民的協働

一　課題を解く──コミュニティとは何か

いわき未来づくりセンターからの、「地域コミュニティを中心とした行政と市民の役割」について、まず調査研究の意向を確認しておきたい。

「少子高齢化の進展や人々の価値観の多様化等に伴い、行政サイドに対するニーズは年々拡大・複雑化している」といわれている。かつての規制緩和の風潮にあっても、国会の会期ごとに新しく多大な法律や制度的改変が累積され、具体的な住民生活に直接的なかかわりを持つ基礎自治体としてのいわき市においても、その対応領域は質量とも拡大してきたことは事実である。このことをまた、「これまで市民の暮らしを側面的に支えてきた、いわゆる地域コミュニティの崩壊が進み、これと相まってますます行政の守備範囲が拡大しつつある」と指摘している。

カール・マルクスは『経済学批判』(1)の序言で、「人間はつねに、自分が解決しうる課題だけを自分に提起する。なぜならば、もっと詳しく考察してみると、課題そのものは、その解決の物質的条件がすでに存在しているか、またはすくなくとも生まれつつある場合にだけ発生することがつねに見られるであろうからだ(2)」といっていた。テーマを構成する原因を適切に問わずして正解は導かれないし、部分的現象やキーワードと称する形容句を羅列するだけでは、社会現象のより本質的な核心は認識されないであろう。

例えば少子高齢化はなぜ進展しているのかと問うたとき、それは、実体産業における経済成長が停止ないし縮小現象を持続する成熟社会に伴う雇用縮小や、家計における所得減少傾向のなかでの高学歴化による教育費の相対的高騰を反映したものといえよう。お茶の水女子大学の本田和子名誉教授は、『それでも子どもは減っていく(3)』で、出生率低下は成熟社会に伴う必然として、六つの要因を挙げている。

①工業化社会という産業構造の変化に伴う人の生き方とそれに付随する社会制度・家制度の変化によって、小規模家族による個人中心の暮らしが一般化すること

②頼るべきは個々人の能力だけという状況において、少なく産んでよく育てることに収斂するため、子どもの高学歴化が起こること

③住空間の狭隘化や電化製品の普及による都市型生活といった暮らしのスタイルの変化が、親子の絆を希薄化させること

④コミュニケーション・ツールとしての電子媒体の主流化により、大人から子どもという上意下達的な情報伝達様式が崩れてきたこと

⑤結婚や子どもを持つという成人化のための通過儀礼的機能が、伝統的規範の崩壊とともに喪失したこと

⑥いわゆる草食動物的な若い男女のエロスへの無関心など生殖能力の衰退が関係していること(4)

それはまた、「費用対効果という経済的視点で見るなら、子育てほど非効率的で割に合わないものはない。何しろ投資した費用に対してどれだけの成果が上がり得るかは、その子どもの一生が終わるときまで正確な測定は困難だからである(5)」といわれて、女性をただ「産むこと」の機能においてとらえ、子どもをいわば「未来の納税者」と位置付けている立場からの政策論に、反省を迫るものであった。

さらに高齢化は、それ自体、かつての高度成長を担った世代人口のアンバランスな構成の簡略な表現に過ぎない。現代社会については、1919年生まれのアメリカの著名な経済思想史学者ロバート・ハイルブローナー教授が問われた以下のごとき歴史的文脈のもとに位置していることの確認が前提とされねばならないであろう。

「21世紀には、政治的権力と経済的権力の境界で緊張が増大するであろう。それがいちばんはっきりするのは、多国籍企業の運営をめぐる政治的主権と経済的自由の境界が不分明だということであろう。第二に、これからは、すべての資本主義国の中心問題である成長の必要性と地球そのものの吸収力とのあいだで長期的な齟齬が起きることは避けられないであろう。地球の温暖化をコントロールするために、経済成長を各国間で分かちあわなければならなくなった時、この問題に対して、技術的ではなく、経済的、政治的にどう対処すべきか。第三に、多層的な世界に固有の緊張関係は、未開発国の自己意識が高まることを考えればぽ、いっそう悪化するのではないか。そして、その緊張関係にいちばん苦しめられるのは、中進国や貧しい国ではなくて、豊かな国ではないのか(6)」。

「人々の価値観の多様化」という意味も、かつて私たち

の先輩たちがおしなべて保持していた「ふるさと」や「国民」という自覚の喪失が、資本蓄積における金融化の進捗を背景に、共同体としての連帯を欠いたバラバラな孤立的個人を単位とする無限ともいえるアトム的感覚の多元的表層になり変わっているに過ぎないともいえよう。

さて本稿は、地域コミュニティにおける行政との協働関係にアプローチするものであり、「コミュニティ＝人間がそれに対して何らかの帰属意識をもち、かつその構成メンバーの間に一定の連帯ないし相互扶助（支え合い）の意識が働いているような集団[7]」という理解をスタートとするが、ここでもその連帯感や帰属感が発現する必然性について、私たちは、共同体の本質的原点を確認しておかねばならない。

日本において、共同体について本格的な歴史的研究から貴重な成果を遺したのは東北大学で経済史を担当された中村吉治博士であったといってよい。コンパクトな名著『日本の村落共同体[8]』で、まず共同体は「人間集団が相互に分離できず、一体として存在しなければならぬ形態」というが、「しかしそれだけでは簡単すぎる」ので、これを「生産手段・生活手段の不分割に対応する不分割集団[9]」と規定している。いまひとつ別稿をみてみよう。

「私見では、共同体とは、生産構造において、生産の場において、生産のために離れがたく結合している集団の意味としている。具体的には、村と家である。……家が村を構成している。離れることはできない。農業生産方法がそれを要請している。商品流通の未熟性（自足性の強さ）が同じくある。一定の人々が一定の土地と結びつき一体となっているほかない。人と土地（生産者と生産手段）は不可分である。離すことはできない。人と人とは、直接的なpersonalな関係にある。無媒介の人格的結合である。村と家は、同じ性格による二重構造である。身分社会といい同族社会という性格がそこにある[10]」。

もちろん、歴史的事実としては、明治維新政府による地租改正が、直接に生産手段である土地と人との分離、それにもとづく私有財産制の成立を基礎づけたことに明らかなとおり、共同体は基本的に否定され、その解体を前提として、工業化を軸とする資本主義経済導入による近代化が歩みだしたのである。

人類史からみれば、近代というのは、資本主義という商品経済社会の発生・発展・成熟そしていま変質に直面している、たかだか５００年の歴史にすぎない。中村学説によって、不分割の生産手段に不分離の生産者の集団が不可分に結びついていることを、本質的要件として成立してきた前近代社会における生産＝生活システムとしての共同体においては、社会規範化された身分秩序に守護されて、社会のトータルな経済的再生産を確保していたことが、見事に論証されたのであった。

コミュニティ Community には、共同体、共同社会、（利害などを共にする）団体などのほか、共用、共有の意味が辞書には記されているが、社会学サイドでは通常、地域社会、地域圏、基礎社会（ないし集団）と訳されている。歴史学や経済学では、これを共同体と含意すると、家を単位とする「無計算の給付と反対給付というのが同族の基本」[11]であり、量的な計算ができない共同体が解体した現代には、その適合性が問われざるをえない。戦後のひところ、農村社会学などが流行したときもあったが、中村博士は「社会学の連中には歴史がないんですよ」[12]と批判的であったし、例えば、その境界や面積の広狭が状況に応じて可変的な地域についても、「地域を規定するものが何かといったばあい、しいていえば山の尾根とか川とかいう以外にないでしょう。あるいは災害のときに協力しあわなければならない範囲とか」[13]と、共同体の展開を、いわゆる血縁から地縁へといった安易な仮説によることに否定的であった。

共同体においては、人と人との関係が、近現代のように商品や貨幣に媒介されることのない身分規範をもって直接的で有機的に相互依存する姿において生活を持続する。そうした生産を本源としたトータルな生活の諸関係であったにもかかわらず、コミュニティ＝共同体＝地域社会として、現代の地域経営や地域自治にとって、望ましい理念として、かつて共同体を確保していた機能的な契機を都合よく採りあげるということは、論理矛盾となるであろう。共同体的なものというのは、いろんなところに残るとしても、それは単なる失われたものへの郷愁にしかすぎないであろう。

ここで英米流の社会学における古典的大著であるロバート・モリソン・マッキーヴァーの『コミュニティ』[14]をみてみよう。

「コミュニティは活発かつ自発的で自由に相互に関係し合い社会的統一体の複雑な網を自己のために織りなすところの人の共同生活のことである」[15]と、いわば共同生活領域がイメージされ、人間の全体的な common life を基礎づける感情として、分割不可能な統一体に自他の意識なく共に参加しているという意識である「われわれ感情」、コミュニティ内で自己の果たすべき役割があるとの「役割感情」、さらにコミュニティの物的および心理的な「依存感情」を挙げている。それは人間誰もがパーソナリティの深層に遺伝子的に埋め込まれているかのごとく、マッキーヴァーは、近代における生命感の成熟や高揚をコミュニティが失われていく現実とは逆に、その発達をすることに求めたといってよいであろう。彼はアソシエーションとはちがって、社会活動の源泉であり、社会的凝集性をもつ共同関心の体系的全体によって、コミュニティの本質的要件が支持されているとみている。社会的な存在としての人間を、より具体的に、十全な〈生〉の共同・連帯によって個人と社会が理想的な結びつきをみせるコミュニティに託されたともいえよう。

さいごに、経済学の宇野理論体系では代表的論客であった降旗節雄教授の注目すべき発言を引いてみたい。

「近代国民国家は絶対主義国家として成立したことから理解されるように、近代につくりだされた新しい共同体である(16)」。

「旧来の共同体の解体は、一方で国民国家という広大な領域をもった大きな共同体を作り出すが、同時に他方に、一夫一婦制の単婚家族という小さな共同体を作り出す。そして市場経済で支配された経済領域をこの二つの共同体でかこいこむことになる。国家という共同体の内部の、かつ家庭という共同体外部の領域が、市場経済の領域であり、この領域は資本によって全面的に支配されるのである(17)」。

「資本主義体制成立のためには、したがって国民国家と家族という大・小二類型の共同体を絶対的条件としたが、市場経済は単独でこの二つの共同体を形成しうる力をもっていなかった。もともと共同体と市場経済とは原理を異にする人間の結合システムである。共同体の内部から商品が発生しなかったように、市場経済が共同体を作り出すこともできない(18)」。

「人類史を共同体として総括し、共同体と共同体の間から発生した市場経済が、近代にいたって共同体を解体しつつ生産過程を包摂したのが資本主義であり、しかもこの資本主義においても、人類はついに国家及び家族という共同体の支配から脱することはできなかった、とみるべきではないだろうか。そして、その点にまた人類にとっての社会主義の意味があるとすべきではないではあろうか(19)」。

こうした視点は、現代の地域コミュニティ論がその客観的実在を分析するのではなく、政策論的当為としての提言を求められるものであることを強く示唆するものといえよう。

二　地域通貨・コミュニティビジネス

一連のコミュニティ論を前提として、つぎは、地域主義的スタンスにおいて、具体的な政策論として地域通貨やコミュニティビジネスにテーマを設定したい。

地域通貨はローカル通貨、コミュニティマネー、エコマネーなどとも呼ばれている。一定の地域内で通用するお金で、貨幣に潜在している蓄積や増殖を予定する効果が排除された域内交換機能のみをもつ貨幣として、こんにち、さまざまな形式のものが開発され、コミュニティに新たなつながりを生み出す媒体として期待されている。

「地域通貨にマッチングするのは基本的に第一次産業と第三次産業」[20]ともいえようが、これに取り組む人びとに共通する問題意識は、①金融上の投機を割りの合わないものとする、②金融システムによる無からの貨幣創造、金融バブルの増大を制限する、③競争至上主義によって破壊された協同的な行動へのインセンティブを住民やコミュニティのあいだにつくり出す、④地域に根を張った息の長い、実質資産に対する投資のインセンティブをつくり出す、⑤人間関係やコミュニティの社会的紐帯を強化する[21]、といったところに見出せよう。

地域通貨は、「貨幣の人格化」ともイメージされるごとく、「個人の多重帰属の条件をつくり出してもいきます。人の実質信用を評価する観点の多数性が地域にもたらされるからです。そこでは多目的性を帯び多価的な労働と多様な評価価値が出現します」。つまり、「地域通貨は根底で、普遍的で均質的なものに向かう運動と対をなす観念を経済社会にもたらしています。何もかも金銭次元に切り縮めるところでは、人間の関係は金融上の信用でしか計られず、貨幣という次元にすべてが還元されてしまいます。それは多様な資源が循環する社会とは異質なものでしょう」[22]。

本来、商品や貨幣は、マルクスも『資本論』で注意を喚起したごとく、「共同体と共同体の間」から発生したのであるが、地域貨幣＝エコマネーは、多摩大学の公文俊平教授がいわれるとおり「コミュニティそのものの内部から生まれてくる、新しい種類の貨幣です。経済的交換というよりは社会的な交換（互酬）の手段です。それは私のいう〝内発的な情報化〟のパワーを地域コミュニティの活性化や地域の経済発展に向けて組織していくことを可能にする、社会的な発明です」。「それぞれの地域コミュニティが抱える社会的なニーズを、コミュニティのメンバー相互間の信頼と共働を通じて地域自らの中で充足していけるばかりか、それが起爆剤となって、さらに新しい経済的、社会的な活動を大きく組織し展開していくことを可能にする、巧妙な仕組みです。それは〝公〟〝私〟二つの部門の中間にあって、それらを媒介し結合する〝共〟のパラダイムのひとつの具体化なのです」[23]。

ここで重要なことは、エコマネーがモノの有用性としての使用価値を手段として媒介するものであり、それが売れることを指向する商品の交換価値を媒介するマネーとは本質的に異なっているということである。

　こうした動向は、これまでの高品質・大量生産型の工業文明社会の成熟化を背景に、市場経済システムのみによっては対応しきれない事業領域である教育、福祉、医療、環境、文化といった場面での新しいサービスビジネスのモデル形成を指向させることで具体化されていったといってよい。

　その発想は、商品経済的法則性に基づく社会生活の制約を相対化するために、加藤敏春氏の巧みな要約によれば、「①〝全体は部分の総和以上〟という考え方（要素還元論に対比するもので、1＋1＝2ではなく、シナジーや相乗効果によって、3や4にすることができるとの考え方）、②〝カオスの縁〟という概念（生命力は秩序とカオス＝無秩序の中間領域に宿る危険を回避すべく、ゆるやかなネットワークにより組織をカオスの縁に向かわせることが必要であると主張する考え方）、③〝収穫逓増〟の考え方（従来の伝統的な経済学が前提としていた収穫逓減の考え方と正反対に、ハイテク産業を中心として、追加的投資から生み出される収益は、次第に増加するとの考え方）などがある」[24]。

　つまり、資本主義という巨大な市場システムが金融面にみる世界的なマネー経済化という単一化のベクトルを全開させていることに対する、オルタナティヴが求められているわけである。そしてそのベクトルが働く領域として、コミュニティの再生ないし活性化が期待され、いわばコミュニティビジネスが、具体的には、教育、福祉、環境、文化などの分野における「共」の世界をイメージするボランティア経済の自立化を象徴するものとして確認されまた期待されているのである。

　カール・ポランニーは『経済の文明史』[25]において、交換、再配分、互酬という三種類の社会的ネットワーク関係の存在について述べている。

　交換は、自己調整的な市場を介してもっぱら個々人や諸企業の合理的な私利に基づいて構築されており、再配分は、財やサービスの移転が国家など公権力を持つ政府を介して行われるのに対して、互酬は、それ以外にもさまざまな関係性を持つ人間が、私的な計算による取引や政府の強制・指示によるものではない、親族間にみられるような社会的規範に基づいて行われる財やサービスの往来を伴う交流としてのネットワーク関係である。

　このような互酬のネットワークが現実的に機能する場がコミュニティなのである。そのラテン語の語源は「お互いに贈り物を与え合うこと」[26]を意味していたというのは興味深い。

省みれば、近代社会の特筆は産業革命の帰結としての工業文明にあったが、それは世界大に普遍的な同一性の原則を拡充する過程であった。例えば、工業労働の労働コストに関する基本的な考え方が時間給となり、同一労働＝同一賃金の思想が、マルクス主義者の運動における国際主義のイデオロギーとなってそのユニバーサルな根拠を提示したのであった。資本家と労働者は、階級として対立していても、生産力の発展にともない世界が均一性向を歩むという国際主義を信奉している点では、同一であったのである。

これに対して互酬という原則をシステム化しようとする場として期待をされるコミュニティにおいては、市場における一物一価というパラメーターや強制装置としての国家権力とは離れた別の、人間の多様性を無名化しないスタイルで媒介する機能が、求められざるをえないことになる。いわば相反する要請をベストミックスで調和させる仕組みとして、地域通貨やエコマネーは成立するものといえる。それは、当事者間の相互扶助や自発的なサービスの提供を主とする参加者の意志決定プロセスを包含しているがゆえに、値づけも可変的となるし、ビジネスとしての範域も限られるであろう。

昨今、私たちのライフスタイルの変化に着目して、労働と遊びの中間に、自由で主体的でありながら、社会との連関性を持った第三の領域として、これを新しい「共」の領域とする見解もあるが、人間の生活時間の有限性という絶対的制約条件のもとで、人類は、生活資料の獲得・確保のための時間当たり相対的生産量の拡充という、実体経済面での労働生産性の向上の展望が、次第に見出し難い環境に直面しつつある近未来において、これに過大な期待を寄せるのは至難であろう。

「人びとは何かを〝信じる〟ために従来の地縁だけでなく、好縁（趣味・サークル）事縁（市民活動・ボランティア）、情縁（ネットワーク上の知り合い）をきっかけとしてコミュニティを結成する」。「こうしたコミュニティは、オープンな形ながらある種の〝信仰〟を共有化した集団である。この新しいコミュニティにおいて、21世紀の〝智民〟は〝智業〟を実践する。そこに実現するのは知の交流であり、その交流を促進する〝信頼通貨〟エコマネーである」[27]と加藤氏がいうのは、夢を語る政策的当為論の一典型であろう。

そこで、金子郁容他4名の共著『コミュニティビジネスの時代』[28]によって、上記の論を補っておこう。

「コミュニティビジネスとは、コミュニティに基盤をおき、社会的な問題を解決するための活動であり、①コミュニティに貢献するというミッションをもち、その推進を第一目的とする〝ミッション性〟、②利益最大化をめざしていない〝非営利追求性〟、③具体的成果を上げ、活動が継続して行われている〝継続的成果〟、④活動に参加する人は自発的に参加している〝自発的参加〟、⑤活動に参加する人の動機は金銭的なものを第一とせず、むしろ、生き甲斐、人の役に立つ喜び、コミュニティへの参加など、非経済的なものが主である〝非経済的動機による参加〟の五つの特徴をもつもの」と考えられている。そして、コミュニティを基盤とした継続的なビジネス活動を牽引するエンジンを構成するのが、「信用」と「互酬性の社会規範」と「社会活動に関する市民ネットワーク」の三要件として挙げられ、ここに展開される新たなる「共」の世界は、現実的には、「出会いを生み出すチカラ」をもつＮＰＯの活動によって担保され展開される、ということなのである。

また、コミュニティビジネスは、地域経済に対して、①地産地消ともいわれている地域で生産されたものが同じ地域内で消費される効果、②自然資源の新たなる有効活用によるサスティナブルコミュニティの実現、③地域人材に就労機会と活躍の場をもたらす、④地域の余剰ストックの再利用の四つの効果があるとされている(29)。

三　市民的協働のありかた

協働というコトバは、現行の文脈においては、自治体とＮＰＯとのパートナーシップといった関係を強化する動きとしてとらえられている。

さきにもみたとおり、資本主義社会は、Nation State つまり国民国家という司法、警察、防衛など、人類の生活秩序の維持保全にかかわる側面を管理する権力機構をいわば体制の枠組みにおける必要不可欠なものとして、労働力の継続的な再生産をしている単婚家族としての小共同体とともに、共同体の本質的な機能を実現する大共同体を確保せざるを得なかったのである。

自立的で多面的な資本蓄積活動による経済過程の全面的な市場経済化は、純粋で自律的な運動法則を国家論なしに認識できるとはいえ、資本主義の驚異的な発展も、家族や国民国家を装い新たに相対化し得ても、共同体としての排除は不可能なのであった。

自治体はもともと、共同体成員としての住民の戸籍管理、義務教育、保健福祉、インフラ整備、防災など、共同体における生活秩序を保全するための最小限の事務取扱いを、公権力をもって徴収する税を財源として、実施してきたのであった。

これらは、いわば共同体としての国家が、地方政府の役割として指示した国民的生活秩序を保全するための「公」の業務領域であった。

ところが1950年代の後半から、長期持続的な高度経済成長によって、国民経済は素材型装置産業から組立加工型機械工業へと待望の重化学工業化を達成し、大衆消費社会を実現したのであった。そしてこれを空間的、地理的に表現したのが、農村部から都市部への巨大な労働力人口移動を伴った日本列島の変容＝太平洋ベルト地帯の成立であった。

加速された技術革新が設備投資の連鎖を形成し、雇用の拡大は女性の社会進出も決定的となった都市型社会を現出したが、この過程で農林水産や既存のエネルギー産業（石炭など）に依存した地域の停滞が始動した。

高成長に伴う税の自然増収をもとに、地方政府も国の開発行政に便乗するとともに、都市型市民の多様な要望に応えるべく各種の施設を立ちあげ、いわゆるハコモノ行政を展開した。これが1980年代末の不動産バブルの崩壊以後、中央政府の景気政策の下請けを担わされた累積的帰結として、いま、地方政府は経費の圧縮が困難な「バランスシート不況」に追い込まれている。

だから公共の財やサービスの官民協働による制作・維持という、まさに21世紀的な意義をもつ問いかけも、行政の経費削減のための住民利用でないかと、期待した反応に乏しい環境にあることは否めない。

行政的に省みて、コミュニティ政策が社会の前面に打ち出されたのは、1969（昭和44）年に、国民生活審議会の調査部会であるコミュニティ問題小委員会が提起した報告書「コミュニティー生活の場における人間性の回復」であった。この時期すでに、人口の70％が都市圏集中し、過密と過疎は社会的テーマとなっていた。

「生活の場において、市民としての自主性と責任を自覚した個人および家庭を構成主体として、地域性と各種の共通目標をもった開放的でしかも構成員相互に信頼感のある集団をコミュニティと呼ぶならば、この新しい多様なコミュニティの形成こそ個人や家庭の段階では達成しえない地域住民のさまざまな欲求が充足される場となりうるであろう」。

これが1969年の第三次国民生活審議会の答申中の一文であるが、四十年後の2009年8月28日、総務省所管の「新しいコミュニティのあり方に関する研究会」が時代の要請する「新しい公共空間」の形成を視点に据えて、「地域の多様な力を結集した地域力の創造」の仕組みとして、「地域協働体」の構築を推進するという提言を、11章に及ぶ報告書の形式で発表した。

その概要版によって、若干のコメントを試みてみよう。

まず時代背景や状況認識であるが、第一に、いく度かの合併を経て基礎自治体としての市町村の規模が大きくなり、当該行政区域なども中心部と周辺部という格差が生じ、伝統文化の継承などに、回復困難の懸念が現実化したこと、第二に、地方財政力の低下にもかかわらず、少子高齢化の進展など「公共」の守備範囲の拡大に迫られていること、第三に、地域には、その規模の大小は別にして多種多様な機能をもった機関、組織、団体が存在しており、これらを行政と住民が連携してその潜在力を地域力として再編成する現実的基盤を保持していること、が述べられている。

20世紀は国家の時代であったが、21世紀は地域の時代とならねばならないということは、それが単なる願望ではなく、成熟社会にあっては、地球の環境容量にも適合し、地域に潜在する資源や能力をいかした内発的発展こそが、人類の持続可能性を保証するからなのである。

アメリカの著名な文明評論家であったルイス・マンフォードは、古典的大著『都市の文化』のなかで、「地域計画は社会教育(communal education)の手段であり、そのような教育なしには、部分的な成果しか期待できない。[31]」「われわれは社会関係の変貌を助けるであろう広汎な秩序体系をこれから発明しなければならない。その象徴の一つが地域計画そのものなのだ[32]」といっている。昨今のような混迷を深める時代状況にあっては、作業仮説や政策検討に着手する前提として、私たちには、適切な現状分析に基づいた時代認識が求められているといってよい。

報告書の第4章は、「地域協働体」の仕組みについて、これを、公共サービス提供の核であり、地域の多様な主体によるその提供を統合的、包括的にマネジメントする組織と位置づけ、在来の地縁団体との連携などはもちろん、テーマ性をもったNPO等の機能組織との実体的な活動での連携も不可欠とし、国に対しても実証的なモデル事業の支援実現を求めている。

以下特に特徴的なところは、官＝市町村長との関係において、制度化された地域自治区との連携や公務員の公共活動への参加にみちを拓いたり、初期費用の負担や具体的課題の投げかけなど、既存の役所より前向きな対応が提案されている。

また近年、とりわけ農山漁村地域などにおいて、経済活動がコミュニティ活性化の重要な要素になりつつあると指摘し、これの展開への対応にも言及している。

添付されている「地域協働体」のイメージ図には、地域における多様な主体として、自治会、町内会、企業、商店街組合、NPOや介護ボランティア組織等、環境ボランティア団体等、老人クラブ、商工会議所、各種まちづくり団体、地区社会福祉協議会、子ども会、消防団、地区金融機関、マンション管理組合が図示されている。それぞれの役割に応じて部会を複数設置したり、会計等を含めた適切なガバナンスを構築していくうえでも、これら多様にして多彩な諸組織は専門性を備えた有能な人材が少なくないと思われる。とりわけ大学が存在している地域においてその期待される役割は大きい。具体的な事例等については、山田晴義『コミュニティの自立と経営』(33)や前山総一郎『コミュニティ自治の理論と実践』(34)を参照されたい。前山教授によれば「協働」の概念は、「①町民と役場が対等な立場で心と力を合わせて助け合い、②人びとの満足度が高まる地域の姿を実現するために、③官民の協業で、地域課題の解決に取り組み、公共的サービスの創出と運営を進めること」(35)とされている。また自ら参画された青森県階上町の『協業のまちづくりハンドブック』で、協業に適した活動領域や事業、取り組み形態など紹介しているし、東京都八王子市や青森県八戸市のそれも先駆的なケースとして参考になろう。

四　むすび

コミュニティという概念はきわめて多義的で、しばしばユートピア的な理想をもって語られることがある。前近代社会においては、人びとは生産＝生活諸条件との関係性において、不分割・不分離・不可分のかたちを根本におきながら家連合というような集団をなしていた。これが共同体であるが、これは経済社会的に論拠づけられる必然的な契機をそれ自身に保持していたのであった。

それに対して共同体の崩壊＝近代的個人の成立という大前提からすれば、現代のコミュニティをもって地域社会とイメージするのは、論拠に乏しいといわざるをえない。地域概念にしてもそれは空間的対象への認識関心によって成立する可変的なもので、当該地域が歴史的・伝統的な個性的特質を保持していることと地域概念が成立することとは別である。

このことを冷静に理解しないと、どのようなコミュニティ論も、そしてまた「地域協働体」構築論も迫力を欠くものとなろう。

現代資本主義の特殊な資本蓄積方法が世界大に急展開し

ているこ とのメダルの裏側において、いま共同体としての国家や家庭も崩壊の危機に直面している。いわばその中間領域にある私たちの空間的生活拠点を素朴な地域において、人間としての帰属感を実証できるようなまちづくりへの参加、これこそが期待される政策的当為としての「地域協働体」であろう。そのために格別のパートナーとなるべきは、目的別組織の各種アソシエーション、あるいはNPOによる経済活動であろう。持続性こそ経済活動の本質的要件であり、地域においては、既存の資源や人材はもとより、潜在しているエネルギーを掘り起こして、これに付加価値をつけていく活動の重要性は計り知れないからである。活動主体の成長や拡充は、利益は求めなくとも持続する経済性と両立できる地域的ネットワークを必要かつ十分条件とするのである。

いわき市には、魅力的で必要な事業領域が少なくない。この論稿は別の機会に致したい。

【注】

（1）カール・マルクス『経済学批判』1859年
（2）『マルクス＝エンゲルス全集13』大月書店、7頁
（3）本田和子『それでも子どもは減っていく』ちくま新書、2009年
（4）同書、11～14頁
（5）同書、194頁
（6）ロバート・ハイルブローナー『二十一世紀の資本主義』ダイヤモンド社、1994年、日本語版への序文、4～5頁
（7）広井良典『コミュニティを問いなおす』ちくま新書、2009年、11頁
（8）中村吉治『日本の村落共同体』日本評論社、1957年
（9）同書、22頁
（10）中村吉治『社会史への歩み3・社会史論考』刀水書房、1988年、340頁
（11）中村吉治『社会史への歩み4・社会史研究史』刀水書房、1988年、203頁
（12）同書、190頁
（13）同書、201頁
（14）ロバート・モリソン・マッキーヴァー『コミュニティ』ミネルヴァ書房、1975年
（15）同書、56～57頁
（16）『降旗節雄著作集第5巻』社会評論社、2005年、56頁
（17）同書、72頁
（18）同書、73頁
（19）同書、64頁

（20）坂本龍一・河邑厚徳『エンデの警鐘―地域通貨の希望と銀行の未来』ＮＨＫ出版、２００２年、98頁
（21）同書、１８４頁
（22）同書、１８９頁
（23）加藤敏春『エコマネーの新世紀』勁草書房、２００１年
（24）同書、59頁
（25）カール・ポランニー『経済の文明史』日本経済新聞社、１９７５年
（26）加藤・前掲書、１７６頁
（27）加藤・前掲書、３１０頁
（28）金子郁容、他『コミュニティビジネスの時代』岩波書店、２００３年
（29）同書、１２９頁
（30）ルイス・マンフォード『都市の文化』鹿島出版会、１９３８年（訳・１９７４年）
（31）同書、３７８頁
（32）同書、３７９頁
（33）山田晴義『コミュニティの自立と経営』ぎょうせい、２００６年
（34）前山総一郎『コミュニティ自治の理論実践』東京法令出版、２００９年
（35）同書、２８０頁

（初出：いわき未来づくりセンター『みらい』ＶＯＬ・11、２０１０年9月）

第三章　地域経済研究の意義

一　地域のとらえかた

ふつう地域といえば、一定の空間を占める場所をイメージし、なんらかの圏域を形成するものととらえられている。生活圏、通勤圏、経済圏など定型的な行動様式の発現に着目する機能的な等質性を前提とした地域概念も成立するし、宗教や文化の作用構造に着眼し、その分布によって地表面の具体的部分を画するばあいもある。また、地域は規模的にも多様であり、アジア、ＥＵ、日本、東北地方、福島県、いわき市といった区分によっても成立することも否定できない。

いま、ドイツ流の Landschaft をイメージし、「地表面におけるある任意に区切ることのできる具体的拡がりの中での、自然と人文の充分に包括的で重層的に織りなされた存在状態を意味する」（Carol、１９５２年）と概念しても、それは、地域の構成が立体的であることを含意する程度であって、さしあたって、地域というものは「ある一定の広がりをもった範囲」という以上の先験的定義はできないといってよいであろう。つまり、社会科学の認識対象としての地域は、採用した視点によって結果が異なるものであることは容認されねばならない。

とはいえ、このことから直ちに、「形容詞のつかない地理学的地域というのは存在しないのであり、地域というのは視点によって変化する操作上の概念ということになる」(1)と判定するのは、当節流行の相対主義的価値判断としても行き過ぎであろう。

人類がなんらかのかたちにおいて自然に働きかけて日々の生活資料を獲得することは、生存の基盤であり絶対的必然である。その意味で、労働生産過程こそ社会生活のありかたについて根底的に規制するものであり、また生産・分配・消費の繰り返しとしての経済循環が、その主要な側面に着目するとき、人類の歴史が、完結的なユニットをもっていたことを認めざるをえないであろう。

自然を対象として生活資料を獲得する実質は、技術の進歩とともに生産力の態様としてその変化や革新を受容しつつもこれに相即した社会形態の下で現存しているのであり、これが再生産構造の一定部分として相互に結びつきあった空間的なまとまりを形成していることは事実である。その含意において、経済単位として機能する地域概念も成立するのである。

つまり、社会生活における経済的な循環ないし再生産という根底的事態にそくして、地域概念を検証するわけであり、その方法は、当然、再生産過程を継続する労働や物資の投入・産出関係や産業連関を形成する取引関係の解明を予定するものとなる。

ここでは地域が、社会科学認識における唯物論的基礎を固有のものとして保持していることを確認しておけばよいのであるが、他面において、古典派経済学、マルクス経済学、近代経済学という既成の理論系列において、空間論や地域論が欠落しているという指摘について言及しておかなければならない。

経済学は、原理論の次元においては、抽象的な市場を媒介とする社会的な需要と供給の均衡過程を、資本と労働の投入・産出をとおして法則的に解明することを主たる課題とするものであって、そこには、地代論にみられるような土地についての位置や肥沃度といった一般的自然は存在していても、特定の個性的特質をもった地域は認識の対象外となっているのである。市場メカニズムの解明といった原理的考察において地域論が捨象されるのは、純粋な法則性を検出する原理論においては当然のことであって、ここにむしろ社会科学としての経済学の特有の方法が要請されるわけである。

地域論は、原理論を前提とする発展段階論において、資本蓄積における世界史傾向のタイプとしての検出確定のプロセスにおいて、消極的なスタイルで登場する。たとえば19世紀中葉におけるイギリスの産業資本に主導された綿工業を主軸とした農工間国際分業システムの編成は、先進国イギリスと後進国アメリカといった構図を成立させたが、これは世界貿易の主流を担う経済財としての商品の再生産構造において、世界史的規定を受容した先進国および後進国としての19世紀におけるイギリスとアメリカという地域を、結果的に特定するものとなるのであったわけである。

さらに進んで、世界経済の状況とか日本経済の現実といった構造的変動の要因についての解明は、原理論、発展段階論を所与の前提とした経済学におけるトリアーデの最後の環をなす現状分析の対象となる。ここにおいて地域論は積極的な調査・研究の場をもつことになるのであって、それは現代資本主義における資本蓄積の地域的な位置をとおした国民経済を担う産業構造の地域的分担関係として現出することになり、まさにその構造的特質を地域空間において解析することを主眼として地域経済論が要請されるのである。

（1）阿部和俊『地域の概念と地域構造』１９８８年・大明堂・67ページ

二　地域経済論の研究構成

経済単位として機能し成立する地域研究の基本的眼目となるものは、再生産構造として相互に連関した産業構造の歴史的経緯をふまえた分析であり、とりわけ第二次産業における製造業の個別的生産過程の配置分析、その国民経済における社会的分業体系での位置づけ、資本蓄積方式における特殊性の検出などをとおした立地契機の摘出と類型化は重要な課題となる。また国民経済における立地体系のなかで、基軸的戦略産業との相関性も見落とせない視点である。

こうして地域は、産業としての等質性と機能性を併せもつ経済圏として成立するのであって、地域経済論の現状分析としての根幹は、資本編成＝産業配置を骨格とした地域構造論として構成されるわけである。現状分析において具体的地域が照射されるゆえんであり、わけても産業活動としては構造化された用地や装備を有する第一次産業と第二次産業を対象とした経済分析は、相対的には身軽なサービス業などを中心とした第三次産業の態様に先行する重みをもつものといってよい。それはまた人類の経済生活の元本をなす生活資料の根幹的大宗が、農業や工業によって与えられていることの反映でもある。

しかし、地域経済論は、その研究分野を地域構造論に限定するものではない。その構成には国土利用論や地域政策論も包含するものであって、地域経済論が昨今流行をみている開発経済学と重合する面からみても、また現代資本主義がケインズ的総需要管理政策をとおして福祉国家として発現してきた実質をみても、開発政策としての国土利用計画は重要な意義をもっており、その財政的キャパシティの巨大さと併せて資本の論理の貫徹とその歪みの是正にアクセントをおいた地域政策の歴史的にして国民経済的、国際的視野での分析検討もさけてとおれないものとなっている。

三　政策科学としての使命

地域経済論は、社会科学における資本主義的商品システムが世界大に織りなす複雑な状況を的確に現状分析する有力な学問分野の一翼を担うが、それは地域構造論や国土利用論、地域政策論といった客観的分析に止まるものではない。

こんにち、持続可能な成長が問題とされ、自由化、国際化、情報化、ボーダレス経済化の潮流のなかで、地球的規模での環境容量との調和が保持されねばならず、また、米ソを二極とした資本主義と社会主義のイデオロギー的敵対が体制的なものとして世界秩序を覆っていた状況が解除されたとはいえ、経済・文化摩擦に端を発する民族戦争は激化しておる世紀末状況にあって、人類の共生こそ、21世紀における最大の課題となっている。この新たな平和的秩序という重いテーマに対して、科学的、客観的な現況分析を踏まえて、地域経済論は、地域を単位にして、社会全体を活性化し、平和的に再組織化するというまさに政策科学としての社会的使命を帯びることになるのである。

１９７１年の金・ドル交換停止以来のＩＭＦ体制の事実上の崩壊、73年のオイル・ショックを経て過剰資金が世界を廻遊し、一方で貨幣を軸とした世界資本主義の秩序が浮遊状況を呈しはじめるなかで、他方では、スタグフレーションに対応する省労働力・省エネルギー技術革新としてのコンピューターをさまざまに活用するＭＥ技術の広範な採用によって労働力構成の徹底した単純化が達成された。この二大要因を軸として、不均等経済発展が激化するなか、為替レートを介した賃金コストの驚くべき格差を利活用する巨大企業による多国籍化がハイペースで進展し、いまや国民経済や地域経済は空洞化による解体を余儀なくされつつあるわけである。

地域的偏差をともなう世界経済の再編成は、たんに成熟国と後発国との成長率格差の是正による平準化の過程として歓迎される筋合いのものとはいえないのである。そこにはＧＤＰ成長率には表示されない開発主体の問題があり、後方での産業連関を欠落した産品特化による伝統的地域経済解体＝共同体的人口収容システムの崩壊による土地喪失した都市流民の大量発生など、新たな社会問題を激成している。こうした極度の所得格差をうみつつ、当該地域におけるいわぱ売れ筋の商品開発戦略が進行するとき、資源制約や環境制約との衝突は不可避であり、ドラスチックな悲劇的様相をともなうこととなる。

地域経済論の応用系ともみられる開発経済学にしても、開発＝発展（development）に関して、その発想の根拠を開示した地域振興策を呈示する政策科学としての使命が、現実的意義をもつのは、当該地域には、地域の自決を裁量しうる責任主体が相互の直接的参加とかかわり合いをとおして活動を展開し、事業の革新と失敗率の低減という双方において有効なコントロールを刺激的に受容するシステムが、その固有の生活関係そのもののうちに具備されているからである。

日本においても、大資本と国家による戦後40年余の高度経済成長路線としての〝開発独裁〟が、バブルの崩壊によってその神話的カリスマ性を完全に喪失したいま、第一次産業就業者の激減と基軸的戦略産業としての製造業の限界単位化した地方的地域が、機能の分散と権限の分権、そして痛めつけられた閉鎖性を交流と地域的連携によってその活力を回復せんと指向することは、当然のことであり、そうした方向での社会の再組織化の推進主体を地域的に再構築することなくして日本社会の活性化は展望しえないであろう。国際化トレンドが国民経済の解体化を伴って進行しているからこそ、地域経済論の政策科学としての使命もおおきいわけである。

（初出：東日本国際大学地域経済研究所『地域研究』第1号、1998年7月）

第四章　グローバリゼーションと地域

グローバリゼーションという現代史における新しい潮流は、企業活動や人びととの生活体験において、空間や時間の制約を超えた社会編成の再秩序化を迫るものとして、既存の国民国家システムや歴史的に形成された地域に対して巨大なインパクトをあたえている。

本稿では、グローバリゼーションが、人類史においてはたして普遍的なものであるか否かについて、情報技術にもとづくイノベーションを基盤としたその経済的根拠を解明し、併せてその対極に位置するであろう地域のありかたについて小論を付記することとする。

グローバリゼーションは、市場経済の世界的な徹底化としてその現実化を強めている。すべてのものが商品・貨幣・資本という経済形態のもとで同質・均質化され、はては基軸通貨としてのUSドルに還元されて、その経済的効率を競いあうという様相をみせている。そこでは、ITといわれる電子の移動を利用した技術を、広汎かつ最大限に活用することによって、経済活動における時間と空間を座標軸として極度に圧縮するとともに、新産業の創出などその領域を拡大し、生産工程や労働力のモジュール化、各国通貨そのものの取引対象化などによって、ヒト・モノ・カネのすべてが経済財化して市場世界に導きだされている。

経済世界の根幹は、ほんらい、モノづくりに支えられている。富というのは、モノと結びついたところに、経済原則があり、経済学における法則性の検出もこの実体経済の波動や景気循環をともなう継続性を根拠としていた。ところが、現在は、グローバリゼーションという大状況のもとで、まともなモノをつくる方が不安定な社会である。なぜであろうか。これを解明できなければ、グローバリゼーションの歴史的な特質にアプローチすることは困難であろう。

そこでまず実体経済にそくして、現代資本主義における主導的支配的な産業を対象として、その資本蓄積を中心とする構造に、どのような変化が持ちこまれ、それが企業の国際的展開にいかなるインパクトを与えたかについて、概観し、次いで激変したマネタリーな側面について考察してみよう。

一　生産や労働力のモジュール化

資本の蓄積とは、企業の活動にともなう投資元本にたいするその剰余分つまり付加価値の充用であるが、これはまた追加的資本への再転化であり、物的な設備投資などよりむしろ新たな価値を産出する労働力の充用形態がその本質的要件となっている。このことは経済学についての深い理解がなくても、成熟社会化したこんにち、あらゆる企業において人件費こそが絶対的なコストとなっていることからも理解されよう。ましてや資本にとって、顧客や市場のニーズに応えて、絶えざる新商品の開発を含む拡大再生産を指向することは、自己存立の体制的な使命となっているのである。裏を返せば、成長なき資本主義というのは、体制としてのレジテマシイが問われ、システムとしての崩壊を告知することになるからである。

古典的な帝国主義に終止符を打った第一次世界大戦後、F・H・カーのいう「危機の20年」を経て、第二次大戦が招来され、戦後は、ひとり勝ちのアメリカの経済力に支えられたIMF=GATT体制のもとで、世界的な高度経済成長がもたらされた。1971年8月のニクソン・ショックによる金・ドル交換停止や二度のオイルショックなどが、時流の転換の引き金となって、「溶解する資本主義」ともいわれる現今のグローバリゼーションが急展開してきた。

おおむね、1920年代から発現してきた現代資本主義について、先学の共通する見解は、フォーディズム的生産様式と国家が経済を組織化するニュー・ディール政策、戦争による経済の軍事化の三位一体がその基本規定をなすとみなされている(1)。

ここでは、フォーディズムをキー概念として、実体経済の国際的展開をみてみよう。

フォーディズムは、互換性規格部品の組み立てを、流れ作業方式によって工場生産するもので、労働編成のモデルをテーラー主義にもとづく生産の構想と実行の分離として実現したのであった。

それはT型といわれた小型自動車によってなされ、1920年代のアメリカ的生活様式の理想を象徴するものとなった。

しかし、フォーディズム的資本蓄積のシステムは、大量生産と大量消費が適合的に進行することを市場的条件としていたのであって、売れ筋の耐久消費財である小型自動車にターゲットを絞り、「科学的管理法」によるコストダウンを徹底しても、フォーディズムそのものが内包する生産力の巨大さのゆえに、国内市場を超えた世界市場的関連を欠いては、発展の持続性を確保できないという側面を露呈せざるをえなかったのである。1929年秋のアメリカに発した世界恐慌は、つまりは世界経済の分断化としての勢力圏ごとのブロック化などを経て、第二次大戦に帰結するのであったが、輝けるアメリカから発した危機の根本原因は、フォード主義的労働編成のモデルそのものにあったといってよい。これによって、アメリカは国民経済的な生産性の伸びの源泉をついに汲み尽くしてしまったのであった。

第二次大戦後、とりわけ1950~60年代は、IMF体制などと連動して各国の高度経済成長は著しかったが、これをリードしたのが耐久消費財の工業生産であり、フォーディズムはトヨタ方式などのバリエーションをともないつつも、世界に普及した。アメリカでも1955年のデトロイト・オートメーションが象徴するごとく、トランスファー・マシンが採用され、工場全体はもとより経営管理のありかたがますますシステム化していった。

それは製造業における耐久消費財を中軸とした量産の広域的展開として、先進諸国における高度経済成長を索引していったのであった。

しかし、1971年夏のアメリカによる金・ドル交換停止措置と73年秋の中東の石油産油国による原油価格4倍化というオイルショックは、世界経済に激烈なインパクトを招来した。70年代後半から、不況のなかでの賃金を含めた物価高という、いわゆるスタグフレーション状況が持続して、軒並み経済成長率が大幅にダウンしたのであった。

70年代後半から80年代にいたる日本経済の突出した強みは、ME技術(Micro Electronics Technology)を広汎に採用した省エネ・省力の徹底と併せて、効率的な「多品種少量生産」を特色とした新たなフォーディズムの開発実現に基盤をもっていたのである。

その基盤となったキーワードが、独自の機能をもつ交換可能な要素としてのモジュール化(Modularization)であり、それは製品の徹底したモジュール(Module)へのブレイクダウンと、最適切ユニットとしてのモジュール間のインターフェイスの最効率追求を生産管理面で標準化するスタイルにおいて、現実化したものであった。

耐久消費財としての自動車や家電品などは、限りない精密性、耐久性、軽薄短小性などをミックスした互換性規格部分の複雑な集成によるシステム製品であるといえる。それらは、企画仕様の段階から、通常は機能設計、構造設計、工程設計という一連のプロセスを経て、量産に入るのであるが、とうぜんのことながら、この複雑にして厖大な全体のシステムは、より単純な下位システムへと分割され、作業効率向上のための適切な分業編成が求められるのである。ここで、いわゆる「製品アーキテクチャー論」が登場したのであるが、それはつまり、製品として完成に至る迂回生産プロセスの広汎な分野をも包含する指向性をもって、製品システムをそれぞれ完結した機能をもつ部品の塊（モジュール）に切り分けるか、あるいは製品をモジュールそのものととらえ、一定の機能的完結性をもった部分集合としての、それらの間の関係＝インターフェイスといわれる相互依存関係を、可能なかぎり削減し、負荷を低減することによってコストダウンをはかる有力なビジネスモデルとなったのであった。

こうした自動車や家電品など耐久消費財の製造業における製品システムのモジュール化を徹底する資本蓄積構造は、プログラム化された手順で、生産工程の全体を連結・管理することを容易にするとともに、高度な技術メカニズムをまったくのブラックボックス化することによって、投入労働の文字通りの単純化を実現した。ここに、IC装着化された操作対象に、十全なる関係を実現する超単純労働力商品の定在が確認されるのであり、それはまた市場の動向により着脱が容易なモジュール化を前提として、資本が多国籍企業化する姿において世界大に担保されたのである。これこそ、資本蓄積体制において、製造現場を国際化し、生産拠点の世界的分散を推進し確保するものとしての、労働力のモジュール化の核心にほかならない。これまで言語や生活習慣など異文化障壁によって国民国家のフレームにとどめられていた労働力の存在形態を、国民経済という枠組みから相対的に開放したことに、グローバリゼーションの根本的な意義があるといってよい。為替変動のリスクを回避すべく、製造業がより低廉な労働力を求めるのみならず、多国籍化する方向で巨大化していく実体経済上の根拠は、労働力商品の国民経済的制約という絶対要件からの相対的解除にあったのである。

二　物流革命―コンテナ化

国連の統計からみると、世界輸出総額は、1950年608億ドルが70年には3100億ドルと5倍の着実な増加をみせていたが、2000年には6兆480億ドルと30年間でおよそ20倍増という国際貿易の驚くべき発展をみせた。

こうした商品流通の国際化が急進展したことそれじたい

がグローバリゼーションの実体的展開の一局面を示すものである。それは前項で説いた多国籍企業による生産の世界化にかかわり、企業内貿易の比率の高まりや国際水平分業の進渉におおきくリードされているが、その実体的根拠がいまひとつ国際物流におけるコンテナ化の普及という輸送技術革新にあったことを見逃すわけにはいかない。

コンテナ化というのは、国際貿易において圧倒的多数をしめる一般雑貨の輸送分野における合理化システムとして、雑貨のバラバラである荷姿、輸送単位、仕出地・仕向地などを定型のユニット化する手段であり、これが大量的に採用される規模と範囲の拡大によって、①貨物の定型化による異種交通機関にまたがる輸送の容易化、②荷役の情報化、機械化による荷役時間の大幅短縮、③船型の大型化・高速化をベースとしたスケール・メリットによる単位当り輸送コストの低減、④貨物の損傷などダメージの軽減と包装費の節約、という複合的メリットを同時的に実現することによって、〝より早く、より安く、より確実に〟という輸送の基本要請に対応しようとしたものであった。

アメリカのシーランド社による世界最初のコンテナ船は、１９５７年10月ニューヨーク〜ヒューストン間でテストされ、１９６６年には北大西洋航路へのコンテナ配船が実現され、６８年には日本と北米太平洋岸にも開始された。

海上コンテナ化は船舶の運航回転率の向上と港湾経費の圧縮を同時に実現する画期的なイノベーションであったから、以後急ピッチでその対応が進展したのである。

何よりもコンテナリーゼーションの革命性は、船社間の差別化を消去する傾向を一般化し、寄港地の単純化と相まって、積荷単位の規格化をとおした均一化によって、コンテナ輸送市場を価格競争に帰一させるものとして作動したのであった。

コンテナ化による自由競争的な海運の新たな環境構造の現実化であり、これこそまさに、品目無差別運賃(Freight All Kinds)への道をひらいたものであった。

コンテナリゼーションという物流革命をとおした海運市場における無差別運賃体系の成立こそ、世界経済におけるグローバリゼーションの先駆けとなったのであり、それは事実上、国際物流における輸送コストをノンバリア化したものとして生産の世界化を補完し、担保したのであった。

三　金融の世界化

これまでみた主としてヒト・モノにかかわる実体経済におけるグローバリゼーションの本質的徴表と不即不離のか

かわりをもつ擬制的なカネの世界は、国際金融として驚くべき変化を招来してきている。1986年に発刊された『カジノ資本主義』の冒頭で、スーザン・ストレンジはつぎのように記している。

「西側世界の金融システムは、急速に巨大なカジノ以外の何物でもなくなりつつある。毎日ゲームが繰り広げられ、想像できないほど多額のお金がつぎ込まれている。夜になると、ゲームは地球の反対側に移動する。世界のすべての大都市にタワーのようにそびえ立つオフィス・ビル街の部屋々々は、たて続けにタバコに火をつけながらゲームにふけっている若者でいっぱいである。彼らの目は値段の変わるたびに点滅するコンピューター・スクリーンにじっと注がれている。彼らは国際電話や電子機器を叩きながらゲームを行っている(2)」。

「金融の世界を支配している不確実性は、個人の生活ばかりでなく、政府や国の運命にも、そして遅かれ早かれ国と国との間の関係にも拡がっていく(3)」。

「このことは深刻な結果をもたらさざるを得ない。将来何が起きるかは全くの運によって左右されるようになり、熟練や努力、創意、決断、勤勉がだんだん評価されなくなる。そうなると社会体制や政治体制への信念や信頼が急速に消えていく。自由な民主社会が最終的に依拠している倫理的価値への帰属が薄らいでいく危険な兆候が生じる(4)」。

「現在の混乱をもたらしている変化は、ほぼこの15年間という短い間に急速に生じたことである(5)」。

「全世界では1985年の一日当り外国為替売買高は約1500億ドルに達すると推定されている(6)」。

こうした状況が出現した根拠は、「1960年代に機能していた金・ドル体制に代わる、今や事実上の紙幣ドル体制とでもいうべき体制における最高準備通貨国としてアメリカのドル準備は無限であった(7)」ことにほかならない。

上述したS・ストレンジの立言のうちに、国際資金移動が金融の世界化として、まさにグローバリゼーションが、不確実で〝液状化した世界〟を現出していることの重要な問題点を呈示しているとみてよいであろう。

それは、こんにちの国際金融の軸心に定置している「アメリカはそれ自身世界最大の経常赤字を堆積しつつも、それを上回る資本流入によってこれをファイナンスし、さらに経常赤字国に資本輸出している。米国保有の債権・債務を自国通貨ドルによって相殺しているが、自国の債務による債務の〝決済〟、しかも——経常赤字が解消しない限り——無限に続くその繰り延べとなるほかはない(8)」という事態にかかわっているのである。

第二次大戦後の国際関係と世界経済の基本的な枠組み

は、ＩＭＦ・ＧＡＴＴ体制であった。それはしばしばニュー・ディール体制の国際版ともいわれたとおり、貿易などの経常取引は自由化するが、国際金融という資本取引は規制するという二頭立ての運用を特色としていた。したがって、資金移動の面からは、国境がバリアとして立ちはだかっており、国内的には、銀行、証券、保険といった金融業務分野は明確な仕切りを保持していたのであった。

この転換への呼び水となったのが、じつはロンドンを主とする外国からの外貨預金を取引するユーロ市場の成立と拡大であった。国際的に過剰となったドルは、本国政府からの干渉をうけず、自由な取引ができる利点が歓迎されて１９６０年代に急激に膨張して、いわゆるユーロダラーとなり、後にはドイツ・マルクや日本円も参加するユーロカレンシー市場を実現し、アメリカ以外の銀行に巨額の預金を持つようになった。

ＩＭＦ体制は、ドルと金のリンクを基礎に固定為替相場を維持することを国際経済秩序の根幹に据えていたから、このような国際的投機資金の出現は想定していなかったのであり、ユーロ市場の肥大化は、早晩ＩＭＦ体制の崩壊を予想させるものとなったのである。

吉村信之教授は、「外国為替とは貨幣取扱費用（金本位制下では金現送費）の節約体系にほかならない」[9]といって、ドルの流通根拠について、「ドルが銀行間で選好されるのは、インターバンク市場に累積するドル残高の圧倒的な厚み、そしてそのことがもたらす出会いの取りやすさ＝取引コスト（貨幣取扱費用）の低さという商品経済的な節約原理である。銀行レベルにおけるドルの一極的な強さがあればこそ、さらに下位の貿易レベルにおける貿易媒介通貨の〝多様化〟もある」[10]と、事実上の「ドル本位制」について説いてはいる。

しかし、「幾度かの通貨危機を国際的な金融協調を維持することによって切り抜けつつも、趨勢的には、黒字国に対し30％から40％内外の暴落を続けながら、国際通貨の地位を維持してきた」[11]。ドルについて、「明らかなことは、ドルによる決済は、あくまでアメリカの債務による債務の繰り延べであり、最終決済とはならないということである。決済尻は、24時間ディーリングのなかで、常に世界中をたらい回しにされ続けている」[12]といって、「世界貨幣金節約の究極の姿、すなわち借金による借金の清算こそ、最終決済なき現代資本主義の歴史的位相である」[13]と結んでいる。

ここには、金融グローバル化という状況のもっとも基本的な問題が開示されている。そうであれば、私たちは改めて資本主義という市場経済社会において、金本位制のもっていた意義を確認しなければならないであろう。

「金本位制というのは、第一に、金の一定量をもって自国の通貨の単位とすることであり、第二に、その金を通貨として流通させること、あるいは銀行券を兌換銀行券とすることであり、第三には、その金の自由な輸出入を保証することです」[14]。

「19世紀の始めから19世紀の終わりにかけて、先進資本主義国は軒なみに金本位制になっていきます。その結果、1823年から1913年まで、つまり、イギリス資本主義が確立して第一次世界大戦前夜までのイギリスの物価は、この約100年のあいだに上下30%しか動かず、きわめて安定的でした。これは金本位制の成果でした。物価が100年間も安定するということは大変なことです。ただし、世界的に金本位制が成立したといっても、実際にはイギリスのポンドを中心として世界経済が編成されたということです」[15]。

「金本位制は通貨の価値を金という実体で支えるということですが、社会体制としては、中央銀行の発券準備を金に求めるということです。そして、この金準備を中核とした信用システムは、景気動向を公定歩合を基準とした利子率で規制するということを意味し、これは資本蓄積を相対的過剰人口の形成と消費の過程をとおして実現することと同義です。つまり、一つの体制が金本位制をとるということと、その体制が労働力の商品化を基軸としているということは、同じメダルの表裏なのです」[16]。

「資本主義は、最終的に貨幣が金と結びつくという形を通さないと経済をコントロールできない。原理的にそういうシステムです。第二次大戦後、どこの国も金本位体制は回復できなかったにもかかわらず、アメリカが1オンスの金と35ドルのお金とを結びつけて金本位制を守り、ほかの国はそれに準ずるような形で、金本位制の仕組みをまねた構造を維持することをやってきたわけで、その限りにおいては、まだ資本主義的な合理性は作用していたのです」[17]。

降旗節雄教授は、金本位体制を、「資本主義体制の健全性を保証する最後のとりで」、「体制の脊髄」、「金融経済を現実の生産の場と結びつける、いわば命綱」とも表現しているが、まさに現代社会経済の不安定性や不確実性の根本原因が金とのリンケージを喪失した通貨システムにあることを活写しているといってよい。したがって、第二次大戦後のドル支配体制が堅実性を確保していたのは、金・ドル交換を保証していた1971年までであったことは、十分に首肯できるであろう。

すでにアメリカの規制の枠外で氾濫し始めていたユーロダラーを追認するかたちで、1980年代から規制緩和ラッシュが進行する。しかし、「金融ビックバン」といった株式や公社債などの多様な形態を証券化することによって資金調達のチャンネルを自由化し、国際資金移動の自由化を徹底すれば、これまで国民経済的なスキームのなかで、銀行システムを囲っていた金利規制や業務規制は意味をなくしてしまうし、世界的レベルでみる国際金融の分野でも、発展途上国は中小金融機関と同位置に運命づけられてしまうであろう。金融は実体経済からますます乖離した情報産業化し、金融と情報のメディアとしての同質性を基盤として、情報の世界化と金融の世界化が結びついて進展する。

「証券化の進展を伴いつつ国際資金移動が自由化されてくると、為替や株価の変動が激しくなる。そのリスクをヘッジするために、さまざまな金融デリバティブ（金融派生商品）取引が急速に拡大している。アメリカを中心にした大手銀行は、もはや預貸業務を中心とする旧来の銀行とは異なった存在形態に変化しつつある。しかし、本来リスクをカヴァーするために生まれた金融デリバティブが、かえって市場を不安定化するという皮肉に直面している。……この金融デリバティブ取引はレバレッジ（てこ）効果が大きく働く。預金を集めて貸し付けるといった従来の預貸業務とは異なり、元本の調達を必要としないからである。極端に言えば、金融自由化によって先物やオプション取引あるいは通貨や金利のスワップ取引などさまざまな金融商品を次々と作り出すだすことができれば取引量を〝無限〟に拡大できることになる。しかも金融デリバティブ取引はオフバランス（簿外）取引であるためＢＩＳ規制も十分に効かない」[18]。

こうした動向は、重化学工業に基盤をもつ「規模の経済」よりも、広いネットワークをもつ情報と金融を主力とした経済の全般的サービス化の傾向を強め、「範囲の経済」を定着させることになる。

一国的な経済政策の相対的自立性を保証していたＩＭＦ体制の崩壊に起因して、福祉国家体制の後退が必至になるが、同じその過程において、国際資本移動が激化してくることは、一国的な財政金融政策の効果が国外に脱漏して有効性を減殺してしまうことになるのであった。

四　地域論の位相

いま改めて地域を問ううえで不可欠な前提は、「資本主義になっても、人類は国家と家族という共同体からは自由にならず、むしろこの二つの共同体によってはじめて近代資本主義も体制として成立しえたとする認識である」[19]。

しかし、１９７１年８月以降、この資本主義というシステムも金本位制という中枢機能を完全に喪失し、国民経済というバリアを踏みこえた多国籍企業とグローバル・マネーの氾濫に主導されて、生産も流通も金融もグローバル化を強めている。それは他面、16世紀から20世紀に至る資本主義の形成・確立・変質という五世紀に及ぶ国際関係史の主役となった近代国家の溶解という歴史的傾向を定着化したばかりでなく、グローバリゼーションが新たに紡ぎ出すさまざまな問題を解決する政策主体としては、現代の国家は不適合となってしまっているという根拠を明らかにするものといってよい。

地域は、21世紀の人類史にとって、この未知で、抜本的な政策提言の困難な領域にたいして、少なくともマクロ的問題はリージョナルな共同体によって、ミクロ的な問題はローカルな自治体によって対処されることが期待されるものとして、いいかえれば、グローバリズムに対するオルタナティヴとして現実的な期待をよぶ場となっているのである。

ふつう地域というのは、共通の問題性を負っているという点で、ひとつのまとまりを構成している経済的単位としておさえられている。より立ち入って考えてみると、地域には、Region・Localというニュアンスの相違が含意されており、文明系としての社会空間と生態系としての自然空間が繋がりをみせるかたちで一定のまとまりと独自の個性をもつ空間である、といえる。そしてこれが重要なポイントなのであるが、そのまとまりを支持する要素こそ、共同体的な機能であり、共同体的な属性ということである。それゆえにこそまた、地域は、政治・経済・生活の三面性を不可分の関係とした重層的で複合的な構造をもち、変動を許容する歴史空間となっているのであり、中心と周辺を統合した空間として定在しているのである。

グローバリゼーションに対抗して、国民の生活権としてのセーフティネットを確保する政治経済学はいまだ未確定である。地域における「顔の見える市場」や「日常世界」に、即目的に保持されている通文化的な倫理的な基礎に期待して、金子勝教授はこういっている。

「労働・土地・資本（あるいは貨幣）といった本源的生産要素の市場化の限界を起点に、歴史具体的に公共性の論理を構成し、自己決定権と社会的共同性の相補関係をぎりぎりまで突き詰めることによって、オルタナティヴを提出するということに尽きている」[20]。

それには、人びとが顔の見えない世界から脱却する主体性を自覚し、先ず確かな日常世界の内にコミュニティを再建し、参加者の視点をもって、自己決定権を行使することが求められているのではなかろうか。例えば対人社会サービスなどは、地域経済の底上げにも寄与するし、公共性を日常生活に滲み込ませてゆくという戦略にも適合する。市場経済の不安定性がもたらすリスクを、共同してシェアする仕組みとして、健康で安全で文化欲求にも応えられるセーフティネットの張替えも、地域でこそ応えられる領域は少なくない。人間は、ほんらい100パーセント合理的な存在ではない。地域の慣習やルールは素直に受容するし、仲間との共同や協働を歓迎するものである。

ここに、説明責任を免れ、顔の見えない主張を繰り返すものの、エトスを喪失した賎民資本主義としてのグローバリゼーションから相対的に開放された、個性ある文化基地としての地域が展望されるといえるであろう。

【注】

（1）例えば降旗節雄著作集第5巻『現代資本主義論の展開』2005年、社会評論社を参照されたい

（2）スーザン・ストレンジ、小林襄治訳『カジノ資本主義』1989年、岩波書店、2ページ

（3）同上、5ページ

（4）同上、4ページ

（5）同上、6ページ

（6）同上、15ページ

（7）同上、13ページ

（8）吉村信之「グローバル資本主義」第5巻『金融システムの変容と危機』2004年、御茶の水書房、135ページ

（9）吉村、同上、161ページ

（10）吉村、同上、160ページ

（11）吉村、同上、159ページ

（12）吉村、同上、同ページ

（13）吉村、同上、同ページ

（14）降旗節雄『貨幣の謎を解く』1997年、白順社、294ページ

（15）降旗、同上、295ページ

（16）降旗、同上、307ページ

（17）降旗、前掲『現代資本主義論の展開』250ページ

（18）金子勝『反経済学』1999年、新書館、52―3ページ

（19）降旗、前掲、「現代資本主義論の展開」78ページ

（20）金子、前掲、184ページ

（初出：『東日本国際大学経済学部研究紀要』20号、2006年4月）

第五章　日本海運の盛衰と港湾

一　発展略史

地理的特性において、日本列島は、３９２２を数える大小の島々からなり、その合計面積約３８００万㎢に対して、海岸線延長は、３４５６８㎞に達している。国土面積１０００㎢当たりの海岸線延長をみると、日本は91・３㎞と、欧米諸国のトップであるイギリスの51・４㎞に比して１・8倍となっている。日本列島の沿岸域で太洋的な潮である暖流・寒流が交錯し、またアジア季節風が定常的特性を示してきた気候条件にも恵まれて、17世紀の初頭には、アンナン、ルソン、シャムなど南の海へ三本マストの朱印船が年間40隻も往来していた。

15世紀末の地理上の発見を契機として、アメリカ航路、東インド航路を根幹とした大航海時代が現出し、世界史の主潮は、貿易独占や植民地経営をめぐる対外関係が強いインパクトとなって、西欧における国民国家の形成を導いていた。その有力な推進母体となっていたのが、ポルトガル・スペイン、オランダ、イギリスと続く海洋国家群であった。ほぼ16世紀から三世紀に及んだ資本主義の成立期における国際関係は、商人資本に主導される資本蓄積推進フレームの覇権を争うものとして、絶対王政の国民国家への変様過程をとおして、資本主義形成の基盤を西欧に定着させるものとなったのである。

この世界史の動向からみれば、当時の日本は、「極東」に位置し、なお途中に広大な中華帝国という緩衝地帯をもっていたが、絹、砂糖、薬品、香料などの輸入と、銅、漆器、硫黄などの輸出を介して東南アジアに商人資本的進出を展開し、海洋国家としての実を示しつつあった。

徳川幕府による海外渡航の禁止､海外日本人の帰国規制、５００石以上の大船禁止令、オランダとの官許貿易以外の一切禁止による鎖国の完成（１６３９年）が、勃興しようとしていた外航海運と日本船の発達を阻止し、二世紀余にわたって日本を世界史のアウトサイダーとしたことは、日本の近代史に特殊な性格を刻印することになった。海運もその例外ではない。

江戸時代、竜骨使用の禁止による板張り、一本マストの制限ながら、大阪と江戸における突出した商品流通に対応するため西回り、東回りルートの開発による沿岸航路が、せいぜい60〜70トンの帆船による廻船問屋によって運航されていた。日本の海運が「板子一枚下は地獄」といった閉塞状況にあったとき、世界の海に招来された変化は強烈であった。18世紀末葉から19世紀前半にいたる産業革命がすべての変革の引き金となったのである。

①社会的再生産過程の基幹部分における機械制工場システムの確立は、都市人口の爆発的な増加をもたらし、工業製品輸出の急増に加えて、原料、食料の輸入が、世界の海運に新たなチャンスを提供するものとなった。

②アメリカ大陸およびオーストラリアへの大量移民が発生したが、これも、綿製品を大宗する工業製品輸出と当該原材料、食糧輸入を主軸とした西欧（イギリス主導）による世界経済における農工間国際分業を編成する事態を予定し、これを補完する労働力の国際移動で、海運の活況を加速した。とりわけ、アメリカ西海岸の発展が太平洋を新しい交通路として、香港経由の中国茶を積んだ東インド船路がロンドンに直結するアジアの新ルートは無視できないものとなった。

③産業革命の海運における技術革新の成果は、汽船の実用化である。汽船には定時運航が可能という従来の帆船にない特徴があり、これによって定期航路が実現したのである。世界最初の定期航路は、１８１８年、ニューヨークとリバプール間の大西洋航路としてスタートした。鉄船および鋼船の増大、外輪に代わるスクリュー・プロペラの採用、大量輸送をまかなうための大型化といった急速な展開は、まさしく海運を独立の産業となす促進要因であった。貿易に従属していた海運が独自の基盤をもつ企業として自立し、いわゆるマーチャント・キャリアからコモン・キャリアへの衣替えが必然化したのであった。

④貨物は定期船と不定期船に分化する傾向を定着させるが、初期の定期航路は植民地経営のための移民と郵便物を運ぶことを主目的としていた。このため、政府の海運に対する関心は自由主義的政策基調にあっても運賃を下げるための補助金交付に加担した。イギリスにおいては、１８３７年から郵便補助金制度としてスタートし、定期航路の黒字化とルートの拡大が実現したのであった。

このような国際的背景において、海運のあらゆる面において日本と欧米先進諸国との差は隔絶していた。日本の鎖国政策は、1853（嘉永6）年、アメリカの軍艦4隻がペリー提督にひきいられて浦賀に来航したのを機として、安政の開国となり、通商条約の締結など国際化に対応していく。しかし、明治に入っても、日本沿岸輸送の定期航路は、アメリカのPM社、イギリスのPO社の大型汽船による独占状況が続き、政府の回漕会社すら敗退したのであった。

アジアにおける唯一の近代海洋国家としての側面において、日本資本主義がその世界史的後進性を急速に克服していく過程は、太平洋戦争に至るまでの世界のメジャー・フラッグに到達した日本郵船株式会社の歴史に凝縮・集約されているといってよい。

1870（明治3）年、土佐藩船3隻による大阪―東京、神戸―高知の回漕事業をなす九十九商会が設立された。これを引き継ぎ、海運に理財の才を発揮したのが下級武士の岩崎弥太郎で、1874（明治7）年には、本店を東京に移転、三菱蒸気船会社と改称した。所有船は帆船も含めて11隻であったが、折しも明治新政府にとっての初の海外出兵たる台湾への動員が決定された。外国船の局外中立宣言により、岩崎弥太郎の個人会社三菱は、政府船13隻の貸与も受け、政府の付託によく応えたのであった。

日本の海運王は、台湾進出という対外的契機を不可欠な事業機会としたし、またこの経験から新政府は海運育成を痛感した。政府の保護・管轄下に海運を一任する民間会社を育成し、航路開設と国際競争力の向上をはかるという海運政策の方向が決定されたのは、翌1875（明治8）年であった。三菱がその実質を担うこととなり、このとき無償交付を受けた船舶と合わせ40隻以上の船隊となった。しかし、この年政府命令により開設された日本における海外はじめての横浜―上海定期航路は、アメリカのPM社ついでイギリスのPO社との激しいダンピング競争にさらされ、巨大な運賃損失から三菱は存亡の危機に直面していた。ところが1877（明治10）年、西南の役が勃発し、船舶需要が急増したのである。日本の海運は戦争によって繁栄し戦争によって崩壊したが、西南の役は、三菱にとってもその船腹の拡充と莫大な利益をもたらし、海運事業におけるトップ独走の礎石を築いたのであった。1980（明治13）年末の日本登録汽船210隻6万6000トンに対して、三菱は37隻4万1000トンであった。

その後、反三菱グループとしての共同運輸の設立と両者によるすさまじい運賃競争、1884（明治17）年の大阪商船の創業などがあったが、1885（明治18）年には、共同運輸と郵便汽船三菱会社が政府の指導で合併し、日本郵船会社が設立された。資本金1100万円、合計船腹58隻6万8199トンで、全国の登録汽船228隻

8万8765トンのなかでは圧倒的なシェアを独占したのであった。三菱の名は海運から消滅したが、日本郵船の筆頭株主としてその半数の株を保持したのである。

明治20年代から日本郵船と大阪商船に対する助成が海運政策の根幹となり、両者の船を「社船」、他社は「社外船」と呼ばれたごとく、日本の海運界は両者を軸として発展していった。ハワイ移民2万7千人余の渡航もこの期に実現したのであった。とはいえ、1893（明治26）年における日本の外国貿易額に占める各国船の積取比率をみると、日本船はわずか8・2%である。これに対して英国船は圧倒的で57・4%、アメリカ船5・7%、フランス船13・4%、ドイツ船13・7%となっている。この数字は、日本の海運界が、外国貿易の動脈である遠洋航路には進出できなかった状況を示していた。この秋、日本郵船の新鋭船広島丸（3276トン）が、日本海運史上初の遠洋定期航路の第一船として、神戸—香港—シンガポール—ボンベイという基幹ルートに就航したことは画期的であった。

日本経済は、その資本主義的な再生産軌道を軽工業としての綿紡績業を主軸にして、確立期を迎えていた。原料としてのインド綿花を安定的かつ安価に輸入することは、日本の綿工業資本の結集した関心をなすところとなっていたのである。はたしてイギリスのPO社などの反撃があったが、大阪商工会議所における日本郵船と紡績連合会との「印綿運送契約」調印によって、産業全体の利害にかかわるものとしてこの競争に耐え、ボンベイ航路を確保したのであった。インド綿輸入は、1893（明治26）年の36万ピクルから98（明治31）年には220万ピクルに激増し、日本資本主義は綿糸の輸出高が輸入高を上回るまでに発展した。日印貿易もボンベイ航路開設後5年間で4倍強に伸び、外国船独占を打破したことによる一般輸出貨物の運賃低下効果も見逃せない。後発海運国日本における初の遠洋航路の確立は、ボンベイ航路の成功によって画されたが、これは日本における産業資本の綿紡績業における確立を背景としてその地歩が築かれたのであった。

こうして、1896（明治29）年には、日本郵船は欧州、米国、オーストラリアの三大航路を一挙に開設する運びとなった。これは明治後半の海運界におけるビッグイベントとなったのである。

欧州航路を月二便維持するには往復180日をみて、5000トン級以上、14ノット以上の大型・高速の新鋭船を12隻は必要とした。日本最大の株式会社であった日本郵船の資本金が880万円であった当時、新造船には1隻80万円は要した。定期航路が船会社の勲章といわれたのは、労働力、人材、国際的信用という要件が担保されねばならなかったからである。

１８９４（明治27）年の日清戦争は、日本郵船に巨額の戦時利得金と船腹の倍増をもたらした。海に対する国民的関心も高まり、１８９６（明治29）年、これまでの特定直接的な補助を骨子とした海運政策を、一般的な海運保護政策へと転換させる特別立法が三セットで公布実施されたのである。実質的に欧米なみの海運助成を実現した「航海奨励法、造船奨励法、特定航路助成法」であり、その効果を日本船の積取比率でみると、１９００（明治33）年には31％と急上昇し、大正年間に入ると57％となって外国船を上回ったのであった。また外航用の大型船が三菱長崎造船所に発注され、総合工学としての日本の造船技術を一挙に高めるチャンスが１８９８（明治31）年完工の常陸丸（6172トン）によって実現し、日本郵船のフラッグをつけて欧州航路にはせ参じたことは特筆されてよい。日露戦争直前、１９０３（明治36）年末、日本郵船の所有船舶は77隻24万6千トンに達しており、保有トン数ランキングにおいて、英3社、独2社、仏1社につぐ世界第7位に位置していたのである。とりわけ６０００トン以上の新鋭汽船を16隻も揃えたことは、ＮＹＫのブランドが国際性を確保した基盤となった。日露戦争による大量の物量動員に対しても、欧米の船社同盟の協調を得ながら貿易ルートを確保しつつ、日本郵船はよく軍事徴用にも対処したが、かってのような戦時成金現象は成立する条件になかった。

１９１４（大正３）年7月、戦争と革命の20世紀を決定する第一次世界大戦が勃発した。先進国イギリスと後進国ドイツに主導される資本主義の帝国主義的世界編成の対立が、政治の継続としての戦争によらねばならぬ状況にたちいたっていたのである。ロシアと対抗し、アングロ・サクソンに傾斜して近代化を推進していた極東の小国日本は、すでに１９０２(明治35)年1月、日英同盟を締結していた。これは、イギリスの伝統的な外交であるバランス・オブ・パワーのもとで、アジアにおける日本の海軍力の国際的評価が、日露戦争前に成立していた成果といってよい。日英同盟を理由に、日本もドイツに対して宣戦を布告、青島を没落させた。

大戦による巨大な軍需景気が招来され、とりわけ海運と造船がその双璧をなした。まず絶対的な船舶不足が発生した。当時の世界船腹量約４５４０万トンに対して、市場離脱した徴用船が約１５００万トン、撃沈された商船が１２００万トンで、新造船は６８０万トン、であった。加えて安全のための迂回航路や護送船団方式の採用は、航行時間効率を低下させた。また国際貿易における荷動きの劇的な変化が新たな用船ルートを開発したことも重要である。ロシア、東欧からの穀物の代替輸入先が遠く南・北米、オーストラリアに求められ、ドイツ・中欧のてん菜糖にかわってキューバやジャワの砂糖が世界市場に積極的に参入するようになったのである。

日本の工業生産高は大戦後3年間で5倍にも膨張し、輸出も3倍強と伸びて、恒常的だった貿易収支の赤字を一転して黒字とした。船会社の企業利益率も戦前の10～30％から170～190％に達し、船成金ブームを形成した。しかし、日本郵船が、八阪丸（10932トン）をはじめ5隻の大船を失いつつも、唯一、欧州航路を存続したことは、念願だったNYKのイギリスにおける拠点リバプール寄港も実現させることになったのである。1917（大正6）年、日本郵船は資本金を一億円としたが、当時パナマ運河開通を契機に世界一周航路を開設したことも特記される。相次ぐ遠洋航路への進出は、過剰投資化のリスクを不可避としたが、第一次大戦を契機とした世界経済の編成状況が変化したことによる物流対応をベースとして、日本の海運界は、日本郵船と大阪商船による「郵商二社体制」がほぼ確立した。大戦が終わった年、両者の所有船をみると、日本郵船が44万1500トンに対し、大阪商船は30万2400トンで、その比率は100対68であった。

1919年（大正8）年6月、ベルサイユ平和条約が締結され、第一次大戦は終息したが、海運地図の変化はドラマチックであった。独走していたイギリスは首位を維持したが、世界第2位だったドイツは513万トンから42万トンに激落、アメリカは433万トンから1450万トンに激増してドイツにとってかわった。日本は170万トンから330万トンに達し、世界第3位の海運国に成長したのであった。日本に入港した貿易船のトン数比率をみると、戦前の日本船12に対し外国船10の割合が、戦後は16対6になった。また日本船の遠洋定期航路配船数をみると、欧州航路が13隻から29隻へ、アメリカ太平洋岸航路が17隻から25隻へ、ニューヨーク航路がゼロから3隻へ、ボンベイ航路は9隻から17隻へ、カルカッタ航路が6隻から11隻へとそれぞれ大きく増便している。日本の海運は、アジアにおいて外国船と交替したばかりでなく、太平洋、大西洋方面も開拓したのであり、アジア市場のスケールから脱して欧米市場と消長を共にする構造を実現したのである。

1920年代の相対的安定期は、29年末のアメリカのウォール街のガラによって終焉した。単なる循環性要因ではなく世界経済の編成と資本蓄積の構造変化を起因としただけに、この世界恐慌は長期化し全地域に波及した。世界の貿易量をみても、たとえばスエズ運河の通過貨物量がほぼ5年間で4分の1の減少と驚くべき数値を示している。世界中に繫船が増え、1932（昭和7）年には1500万トンを超えた。

こうした背景において、日本の海運界の大不況も、これまで未経験の要素をもっていたのである。中小零細は整理縮小された。すでに東洋汽船を合併していた日本郵船は、大阪商船との間で〝郵商協調〟を成立させ、国際ルートの効率航路、共同運賃、共同施設利用などを骨子として、国際的な海運寡占体制に、その生き残りをかけたのであったが、さらなる展開としての〝郵商合同〟はマスコミもれにて破綻した。

金輸出解禁から2年たらずの再禁止による円の暴落、不定期市況の急上昇などがあったが、1931（昭和6）年9月の満州事変勃発によって、日本経済はインフレマネーの投入による軍需経済化を新たなテコとして成長軌道を確保するのであった。それは戦争という崩壊に向かう過程での繁栄であり、軽工業を主軸とした資本主義からの急速な脱皮という意図の限界を示すものであり、海運もこの制約から自由ではなかったのである。

この間、政府も海運業の国際競争力を高度維持すべく、一定の基準に合格する船舶を新造し、同時に老朽船を解体した場合に助成金を支給するスクラップ・アンド・ビルド方式の船舶改善助成制度を1932（昭和7）年10月から実施した。こんにち1940年体制ともいわれる産官統合システムの先駆けでありその成果も顕著であった。

日本海運として戦前の全盛期を迎えたといわれる1937（昭和12）年の輸出入統計のうち、神戸港、大阪港という関西の阪神両港で56・3％と半ば以上に達していることは、戦前の軽工業を主体とした日本の産業構造とアジア市場との密接な連関を示すものであった。この年6月のデータを、創業52年の日本郵船を主としてみておこう。

太平洋横断航路に定期（ないし半定期）運航する船会社は内外合わせて19社、その経営航路は31航路、就航船腹165隻127万トンである。これを国別にみると、航路数、使用船数、トン数とも日本は全体の過半を占めて、トップとしての著しい航権の広がりを示している。このうち日本郵船は、5航路、22隻21万トンで、隻数で全体の13％、トン数で17％を占め名実とも太平洋の王者であった。

極東欧州間航路では、内外の船会社は14社が使用船187隻162万トンを運航、国別では伝統あるイギリスが最大であるが、それ以外の国では、日本が隻数・トン数ともトップで、仏独伊などを抑えている。このうち日本郵船は4航路（ロンドン、リバプール、ハンブルグ、北欧）の定期航路を持ち、トン数で全体の14％を占め、首位のイギリスB・F社に次ぐ第2位につけていた。

企業としての保有船腹量をみると、日本郵船は87隻63万5000トンを持ち、HALの69万トン、英印社の65万トンに次いで世界第3位の地位にあったが、近海部門を切離して設立した実質子会社の近海郵船の15万5000トンを合わせると実質的には世界第1位の船会社に成熟していた。このとき、大阪商船も53万トン以上を持ち、世界第5位という発展をみせ、ドイツの雄、北ドイツロイド社が6位、イギリスの名門PO社は7位であった。

我が国の港湾取扱貨物量は、1939（昭和14）年、2億7千万トンに達し、戦前の最高値を示したが、やがて第二次大戦を迎え、貨物量の急激な減少、商船隊の壊滅的な損傷・港湾施設の極度の荒廃などが重なり、1946（昭和21）年2千万トンにまで低落した。

開戦から終戦に至る3年9ヶ月間、商船隊の喪失は843万トンに達していた。終戦時の保有船舶は150万トンにすぎず、世界第3位を誇示した日本商船隊は、戦争によって壊滅したのである。世界のフラッグNYKの日本郵船の被害も甚大で、外航優秀船は、わずか氷川丸（1万1000トン、1930年シアトル航路就航）1隻を残しただけで、戦禍で失った船は172隻102万トンに達し、終戦時の保有船腹は37隻15万5000トンに過ぎなかった。

二　戦後の混乱と復興

経済民主化という名目のもとで連合軍による占領政策の圧力は厳しかった。海運は全産業を通じて最大の損失率であったが、戦争中に喪失した船の戦時保険金、御用船契約に基づく補償金など、海運業が受け取るべき戦時補償は当時の払込資本金の31倍に当たる25億円に及んでいたが、これが一片の通達によって一切打ち切りとされた。これは戦後処理における欧米と決定的な差で、世界の大勢とは逆に、さらなる打撃によって、日本海運は、戦後復興を混乱のまま遅らさざるを得なかった。

海運に自主性と国際性が欠ければ産業としての発展は見込めない。ヤルタ協定のきしみが国際情勢に反響し始め、東西対立が明確な姿勢をみせてきた状況をまたねばならなかったのである。

1949（昭和24）年4月、船舶運営会に貸していた船が国家用船方式から定期用船方式に切り換えられ、満一年後、日本の全船舶が本来の持主に返され、内航は各社の自由となった。外航はまだGHQの許可制が残ったが、外航用大型船の建造も自由化された。1950（昭和25）年をもって、日本海運が世界市場に復帰したときとされている。民営に移されたこのとき、日本海運の規模は６００隻138万トンであり、このうち日本郵船の保有船は37隻14万トンにすぎなかった。この年、朝鮮戦争が勃発したが、動乱ブームは、新造船価の高騰によって相殺され、日本海運業としては船腹保有量を１７０万トンから２７０万トンへ増加させただけであり、以後の反動不況の方がながく続いた。日本郵船も戦後はじめて株式配当をしたが、以後昭和40年まで無配を継続させるをえなかったのである。

外航航路への復帰も、基幹的な郵商二社体制が崩壊状況にあって、GHQ管理のもと新興各社の参入もあり、日本船どうしの寡占間競争は激しく、運航採算は極度に悪化した。たとえばニューヨーク航路など、英国系のクローズド・コンファレンスと対照的にオープンなので、同盟の航路の実情に即した自衛の統制機能が事実上ワークしない。このため日本の船会社が殺到したために、市況の悪化と一船当たりの積荷量の激減が併行した。欧州航路は、日本郵船と大阪商船の同盟復帰が認められたが、それは戦前の無制限配船権には程遠く、しかも戦後急成長してきた三井船舶の盟外配船と４年余に及ぶ運賃率の値下げ競争をともなった。

こうして、戦後日本の海運業における構造的変化は、さしあたって定期航路の過当競争として発現した。その傾向に拍車をかけたのが、総花主義的な海運政策であり、具体的には計画造船であった。戦後10年間、民間が新造した船の過半は計画造船によるものであったし、日本の商船隊再生に果たした役割からしても、戦後の日本海運史は計画造船の歴史だともいわれている。

１９４９（昭和24）年の第五次計画造船からは、高速の大型貨物船が助成の対象となった。計画造船が貿易立国・国際収支改善という政策目的の転換に沿うためには、外航大型船中心にならざるをえない。必然的に、戦前の定期航路を復権させ、邦船の積取比率を高めることが予定されていたのであった。計画造船における資金手当の骨子は、対日援助見返り資金を原資として、契約船価の５割を融資限度とし、残額は市中銀行の協調融資方式をとった。償還期間は15年だが、据置期間３年が船主に寄与した。

１９５０（昭和25）年現在、日本海運の保有船腹は、戦前ピークの１９３９（昭和14）年５８３万トンに対し１７１万トンにすぎず、また邦船の積取比率は、１９３７（昭和12）年の輸出68％、輸入58％に対して、それぞれ17％、27％と激減していた。また世界の商船隊におけるシェアも、8・2％から2・2％になっていた。しかし、改善目的とその方法は一致していたとはいいがたかった。計画造船には、世界市場の動向に対するマーケティングを欠いたため、日本のあるべき航路計画という発想が欠如しており、緊急度の高い船を優先的、集中的に建造する方式をとりえなかったのである。

計画造船はバラまき配分の傾向をもち、機会均等にだれにも高速貨物船を造らせたのであり、これが外洋の定期船市場に投入されるのはとうぜんであった。しかも敗戦で激減したシェアを、主要航路で自国船どおし赤字競争する成りゆきを必然化したのである。つまり、戦前日本商船隊の実質ほぼ4割を占めた郵商二社体制が、戦時補償の打ち切りという追い打ちによって崩されたことに加えて、有名無名を問わず各社のゼロからの出発状況が整ったところで、計画造船資金がばらまき配分となったため、定期船二社体制は10社以上の寡占業界に変容したのであったからである。１９６０（昭和35）年現在でみても、戦前１９３７（昭和12）年水準に対する保有船腹量は、三井船舶が2倍、川崎汽船が2・6倍で、5倍、10倍という会社もあるのに日本郵船は56％、大阪商船は52％の回復率にしかすぎなかったのである。

日本海運のこうした政策的構造変化の展開は、世界貿易におおきな潮流の変化がないかぎり、特殊な資本蓄積方式として定着するとともに、海運各社の財務体質に「日本的事情」ともいうべき、マイナス傾向——停滞依存性を付与したのである。

海運業界の借金体質は、戦後の再スタートからビルト・インされていた。ゼロから再出発とし、戦時補償を打ち切られる条件下では、すべて借入金で船を造るしかなかった。再スタート時において、自己資本と借入金との比率を日英比較してみると、イギリスの80対20に対し、日本は逆に18対82であった。また、金利体系も異なっていた。イギリスの借入れ金利は年3・5％に対して、日本は市中銀行からの借入れ金利約11％、財政資金（開銀）にしても7・5％であった。借入金が多いうえに金利が高い。そのうえ建造船価は諸外国に比して約10～15％割高であった。これに加えて、特定領域での過当競争体質が継続すれば、日本海運そのものの構造的衰退はあきらかであった。１９５３（昭和28）年の利子補給法と同損失補償法は、船主負担を開銀3・5％、市中銀行5％となるよう利子補給をなすものであった。これは、１９５６（昭和31）年のスエズ・ブームによって廃止されるが、数量景気に支えられ、以後四半世紀続く日本経済の高度成長環境にあって、海運業界は相対的な立ち遅れをみせざるをえなかったのである。

三　高度成長下の海運不況

日本海運の保有船腹量が戦前水準の650万トンに回復したのは1960（昭和35）年末であり、最後列の産業であった。世界貿易は10年間でほぼ倍増したが、船数も大型化して増大し、運賃市況は低迷し、船の減価償却ですら法定限度の3分の1で、株式配当もできずという状況が、日本経済の高度成長環境のもとでの昭和30年代における海運各社の実態であった。高度経済成長は、技術革新をベースとして基礎素材型産業から耐久消費財産業に至る川上から川下まで網羅した製造業における巨大な設備投資の継続によって実現し、欧米諸国に端を発した福祉国家化のトレンドにともなう大衆消費社会化がこれを裏打ちしていた。ほんらい物流は、地域的に立地する製造業配置において、そのコスト効率を補完する使命を前提に成立するものであり、海運といえども、エネルギー転換をともなう製造業における新産業の成立と発展に、自らを対応せざるをえない。

おりしも、ソ連を主とした共産圏の船腹拡大が目立ちはじめ、発展途上国といわれる国のナショナル・フラッグ船もアジアを主とした国際海運に乗りだしてきた。海運同盟にしても、イギリスが世界の盟主であったパクス・ブリタニカ時代の産物であり、定額的な運賃率に収入を依存する定期船本位の経営が海運秩序のルールとなっていた国際貿易の構造そのものが激変しつつあったのである。こうして、タンカーや不定期分野への進出が、ぜい弱な経営体質のまま推移している日本の海運に至上命令となってくるのであった。政府の計画造船も18次から20次まで前例のないタンカーの大量建造計画を打ちだしたのであった。一方、鉱石専用船、LPG専用船、パルプ専用船、木材専用船なども、高度成長を背景に昭和30年代の後半から建造されていった。

1963（昭和38）年に施行された海運二法は、既存開銀融資金利の全額と市中銀行融資金利の2分の1の棚上げを誘導条件として、海運業の再建整備を企業合併方式で推進しようとしたのであった。これはベストタイミングであった。こうして日本の海運界は、

日本郵船、三菱海運グループ　（日本郵船）
大阪商船、三井船舶グループ　（大阪商船三井船舶）
日産汽船、日本油槽船グループ　（昭和海運）
山下汽船、新日本汽船グループ　（山下新日本汽船）
日東商船、大同海運グループ　（ジャパンライン）
川崎汽船、飯野海運グループ　（川崎汽船）

の6グループとなり、海運史上空前の集約合併を実現し、1964（昭和39）年4月1日から新体制で再スタートした。運輸省もまた6グループ育成を海運政策の中心に据え、戦後一貫した総花主義を修正した。その後、貿易の伸びや市況の上昇などの好環境も手伝って各グループの業績はかなり改善をみせたが、昭和も40年代に入ると、定期船市場は急速にコンテナ船の時代となり、海運業界はまた新たなシュトルム・ウント・ドラングの段階を迎えるのであった。

四　海上輸送技術革新―コンテナ船の出現

1960年代は先進工業諸国における経済成長の黄金期であった。とりわけ昭和40年代の前半5年間は、世界の海上荷動き量は年率9％以上という前代未聞の高い増加率を示し、なかでも日本は1967（昭和42）年以降、世界最大の海上貨物輸入国となった。全体に占める比率も、戦前の7・5％から1974（昭和49）年には18・3％まで上昇した。鉄鉱石、穀物、石炭など乾貨物の揚荷量が1972（昭和47）年に2億7600万トンに達し、西欧各国の域外からの数値を凌駕していたのである。すでに1969（昭和44）年に、日本の商船隊は世界一となっていた。1974（昭和49）年に、日本車の輸出が世界のトップとなったことも特筆される。これらは、世界経済の拡張期における高度成長を主導した臨海型の重厚長大・装置型産業の展開による原材料の大量一括輸送によるコストダウンを意図した海上輸送技術の革新が積極的に対応した成果であり、具体的には、特定の貨物、特定の航路の海上輸送に従事する鉱石船、木材船、油タンカー船など各種専用船の出現によって担われた。

しからば、海運集約による競争効果も手伝って、短期間に世界の首位を占めた日本海運に問題はなかったであろうか。ちなみに、1975（昭和50）年の世界対比の企業シェアをみると、新日鉄の粗鋼生産高シェアは5％、トヨタ自動車は6％、三菱重工の造船進水トン数は14％を占めて堂々たる世界ランキングを誇示していたのに対し、海運トップの日本郵船の船腹量は、1・5％程度にしかすぎないのである。これこそ、コンテナリゼーションという海運の革命が、昭和40年代の10年間を、コンテナ時代となした劇的状況によって説明されねばならない。

この流通革命は、一般雑貨の輸送分野における合理化システムとして、雑貨のバラバラである荷姿、輸送単位、仕出地・仕向地などを定型のユニット化する手段として、パレット化とともにコンテナ化を徹底したところにイノベーションの真髄があった。したがって、コンテナ輸送の究極は、コンテナというユニットロード機器を用いて行うドア・ツー・ドアの海陸複合一貫輸送システム（船舶・鉄道・自動車・航空機など異種輸送手段の組み合わせ）であり、これによって〝より早く、より安く、より確実に〟という輸送の基本要請に対応しようとしたものである。

それは、貨物の輸送や船会社の経営にかかわるすべての常識、ルールといったものを根本からひっくり返すほど衝撃的であったからして、既存の海運体制から生まれるわけはなかった。超大型のトレーラーが走り回っているアメリカのマクレーンという野心的なトラック業者が考案し、実行した輸送方式であった。マクレーンは船会社を買収し、シーランド社を創設した。貨物船を改装した世界最初のコンテナ船ゲイトウェイ・シティ号が、ニューヨークからヒューストンに向かったのが１９５７（昭和32）年10月であった。普通の貨物船なら１５０人で４日かかる荷揚げを、14人で８～12時間で完了した。トレーラーを岸壁に持ってくると船に装置されたリフトで、トレーラーの箱をつり上げて船に移し、船倉に納めたり甲板に積み上げて固定する。ヒューストンに着くと、岸壁には同じ寸法のトレーラーのシャーシーが並んで待っている。船のクレーンがトレーラーの箱（コンテナ）をつり上げ、シャーシーに乗せる。コンテナはシャーシーに固定され、トラクターが連結してハイウェイへ走り出す。これが、陸―海―陸を結ぶドア・ツー・ドアの完成のはじめての構図であった。この成功をベースに、シーランド社は多国籍企業のリフトン・インダストリー社と提携し、巨額な資金を調達して１９６５（昭和40）年、いよいよ遠洋航海に乗り出す計画を発表し、翌年、北大西洋航路にコンテナ配船を実現した。コンテナ船は高速で、荷役に時間をとらないことから回転が速く、１隻が在来貨物船５～６隻分に相当することが実証されたのである。

コンテナ船による輸送を在来船と比較したメリットは、

①貨物の定型化によって、異種交通機関にまたがる輸送が容易化
②荷役の情報化・機械化による荷役時間の大幅短縮
③船型の大型化・高速化をベースとしたスケール・メリットによる単位当たり輸送コストの低減
④貨物の損傷などダメージの軽減と包装費の節約

に要約される。

より具体的には、（イ）在来船一口１時間当たりの取扱量は、雑貨標準で約30トンであったものが、コンテナ標準では約１０００～１５００トンとなった。（ロ）船内荷役労働者一口当たりの員数は、在来船では15名前後であった

ものが、コンテナ船では8名前後（含ラッシング作業員5名前後）と半減した。（ハ）雨中荷役が可能となったため、計画輸送効率が飛躍的に向上した。（ニ）港湾荷役料金体系が簡素化し、港費の見積もりが容易となったのである。

しかし、経済的効果を担保するためには、きわめて重要な制約的前提条件が確保されねばならなかった。それは第一に、コンテナ、埠頭施設、荷役施設、ターミナル関連施設など多額の設備投資、港湾投資が必要なことであり、第二に、安定的な揚げ・積みコンテナ貨物の確保ということである。

コンテナ船の出現は第二の黒船来航とまで喧伝されたが、重要なことは、コンテナ輸送におけるこの二つの基本的な成立条件に、どう対処し、いかにこれを確保するかという課題に、港湾サイドを含めて国民経済的な物流配置構造そのものが、コンテナ化という技術革新に対して評価される舞台が生まれたことである。

みられるとおり、海上コンテナ化は、船舶の運航回転率の向上と港湾経費の圧縮を同時に実現する画期的なイノベーションであったが、そのインパクトは、世界の海運業界に、在来型定期船を市場から駆逐するかたちで発現してくる。欧州の伝統的名門各社は、巨額の出資を共同で負担し、リスクを分散する目的で、船会社のコンテナ部門を切り離して企業連合体とするコンソーシアムを結成した。シーランド社の太平洋進出は、ベトナム戦争にともなう沖縄向け軍貨輸送としてスタートしたが、1968（昭和43）年2月には、日本と北米太平洋岸を結ぶコンテナ配船を開始した。

コンテナ対応は、船会社自ら貨物のユニット化（コンテナ投資）、荷役の機械化（専用ターミナル造成）、船の大型化と高速化（コンテナ専用船建造）、複合輸送システム（海陸一貫輸送経営）を行うものである。技術面だけみても、これまでとはまったく異質かつ複雑な内容を吸収・消化しなければならなかった。とりわけコンピューター活用のソフトウェアが有力な武器となった。集荷のブッキングについて、個々の情報を毎日ブック店端末装置からデーク通信システムで本店のコンピューターにインプットし、即時に必要な情報にまとめあげ、本店、ブック店、ターミナルへアウトプットする。このデータをもとにコンテナ、トレーラーなどを適正配置し、コンテナヤードの作業計画をつくる。そして本船の着岸と同時に荷役ができる体制となるのである。

1968（昭和43）年9月、本邦初のフルコンテナ船である、日本郵船の箱根丸（2万重量トン、752 TEU—Twenty Foot Equivalent Unit の略で20フィートコンテナ換算）

の東京湾出港は日本のコンテナ時代の幕開けとなった。

これは当時最大の高出力２万７８００馬力の高出力ディーゼル機関で、満載航海速力22・６ノット、東京―ロサンゼルスを９日問で航海し、従来の貨物船の14日を短縮したが、寄港地の停泊日数を比較すると、何と従来の貨物船の45日前後を、箱根丸は７日間にしてしまったのであった。

コンテナ化の進展によって激変する海運業の物流対応を方向づけたのが、製造業における製品の軽薄短小化傾向であり、互換性規格部分の国際的水平分業の進展であった。この動向が決定的であったのは、コンピューターを徹底的に利活用するマイクロ・エレクトロニクス（ＭＥ）技術が、省エネルギー、原単位労働力節約による製造コストの圧縮に驚くべき有効性を発揮したからである。こうなると海運による貨物の流れは、国際貨物特有の使用価値的特性によって、専用船とコンテナ船に大別され分化してくる。とりわけ、ニュー・フロンティアとしての後者のコンテナ取扱い市場への参入に軟着陸し、これをベースとして総合物流企業として、新たな展開をいかに確保するかということが、抜きさしならぬ課題として、予想されてきたのであった。

日本の海運業界は、太平洋におけるコンテナ時代の幕開け対応として、一隻分の負担でスペースを共同分担し、隻荷活動の競争原理を生かしながら、コンテナ配船密度を共同行為として確保しようとする独自の方式を実現した。これも危機に直面したサバイバル作戦の一つであった。

すでに１９７０（昭和45）年になると、全くのコンテナ時代となってしまった。北米航路の内外コンテナ船は１１０航海となり、コンテナ化率は、全体で90％以上に達し、邦船各社とも在来船の定期便を中止するにいたったのである。

１９７０年代に移行すると、世界経済は新たな局面を迎え、産業の全分野にわたって構造調整が求められることになってくる。先ず１９７１（昭和46）年８月、アメリカはドル防衛を発表して、久しくＩＭＦ体制の根幹を確保してきた金＝ドル交換の停止を余儀なくされた。同年末には、16・９％円切り上げの１ドル＝３０８円の貨幣レートが決定されている。１９７３（昭和48）年10月には、ＯＰＥＣが石油供給削減通告をなし、第一次石油ショックが発現した。先進諸国においては、福祉国家としての大衆消費社会が実現し、１９５０年代、６０年代と持続した高度経済成長は終焉したのであった。寡占体制の中で硬直的な物価水準と不況が共存して持続するスタグフレーションという経済政策の対象に対する有効性を減殺する状況が、新たな先進国病として社会をおおったのである。

とりわけミゼラブルな状況に陥ったのは、海運業界であった。また、その主たる原因を成したのがタンカーである。端的に言って、第一次石油ショックまでの世界海運も日本海運も、タンカーの伸びをテコとして拡大してきただけに、その反動は強烈であった。石油の輸送量は、世界全体で16億トンが12億トンにと約26％の落ち込みを見せていた。そのうえ、北海油田やメキシコ油田が開発されて、タンカーの平均輸送距離が短くなり、トンマイルで見ると１９７７（昭和52）年のピーク時に対して、１９８３（昭和58）年には、ピーク時の51％減にまで落ちたのであった。

表１には、石油危機によって画された日本の輸入貿易の経済成長に対する弾性の激変が示されている。オイルショック以前には、ＧＮＰ１％の上昇が輸入貿易量を１・55％増加させていたのと対比して、以後の10年間における日本の海上輸入貿易量は、年間平均０・９％の減少であり、この間の年率平均３・７％の経済成長率をもってしても、輸入貿易を増加させることができなかったのであった。

こうしてオイルショック以後の10年間、世界の海上荷動きも日本の海上荷動きもゼロ成長という驚くべき事実に直面したのであった。その間、船腹量をみると、１９８２（昭和57）年までの10年間は、トン数で46％の増加となっている。荷動きの伸びがほとんどとまっているのに、船だけは約５割も増えたわけである。海運市況が下がったまま、ほとんどそこに張り付いたのも当然であった。日本海運はこのときから、止まるところを知らない構造的な長期不況に落ち込んでいくのである。

もちろんイギリスを盟主とした欧州海運業界の地盤沈下も著しく、伝統的な名門各社も買収や経営再編成を余儀な

表１　わが国の経済成長、輸入貿易額および海上輸入量の相互関係　（単位年間平均増加率）

年　次	GNP	総輸入額	海上輸入量
1966	10.6%	16.6%	15.3%
1967	10.8	22.5	24
1968	12.7	11.4	16
1969	12.3	15.7	17.3
1970	9.9	25.7	20.7
1971	4.7	4.4	4.6
1972	9.0	19.1	4.8
1973	8.8	63.2	17.2
1966～1973	9.7	16.1	15.0
1974	-1.2	62.1	1.9
1975	2.4	-6.8	-9.5
1976	5.3	12.0	4.0
1977	5.3	9.3	2.8
1978	5.1	12.1	-4.3
1979	5.6	39.5	9.0
1980	4.2	27.0	-2.1
1981	3.8	-3.5	-6.3
1982	3.3	4.8	-1.9
1983	3	-9.7	-2.1
1974～1983	3.7	14.7	-0.9

出所：GNPは昭和50年基準の実質成長率、総輸入額とともに日本銀行統計局「経済統計年報」「統計要覧」に基づいて作成。海上輸入量は運輸省「運輸白書」から作成。

くされていた。第一次石油ショックから10年間で、イギリスの海運シェアは10%から4・5%に、北欧三国は12%から6・6%に、西ドイツ、フランス、イタリア、オランダ4国は10%から7・5%に、シェアを落としてしまった。こうしたスタグフレーションへの対応に海運先進国側が腐心している間に、世界海運の枠組みを根底から揺るがす地殻変動が進行したのである。

それはまず、海運において絶対的ともいえる構造的スキームをなしていた南北問題のバリアを相対化する潮流となってあらわれてきた。１９６４（昭和39）年、第一回国連貿易開発会議（ＵＮＫＴＡＤ）が開かれたが、発展途上国のナショナリズムは、国際機関における数の力によって、先進国の既成秩序に対決するという形で進められ、海運はつねに最重要議題の一つとして採り上げられてきた。１９７０（昭和45）年、国連総会における開発戦略決議は、「海運において、途上国の貿易外収支の増大、およびこれに起因する途上国外貨流出を最小限にすることを目的に、①途上国船社の自国関係航路同盟加入を決め認め、また自国貨物の積載比率を漸減させる、②途中港同盟の加入についても好意的かつ平等の条件で考慮する、③世界の商船の保有量に占める途上国船隊のシェアが増大するよう、途上国自体または共同保有の商船隊を拡充する、④定期船同盟制度を改善し、不公正な慣行、差別的な措置がある場合はそれを排除する、⑤定期船の運賃の決定に当たっては、途上国の輸出入の振興、とくに新しい産品を輸出しようとする努力に対して、十分考慮を払うこと」を盛り込み、このプリンシプルがガイドライン化していくのである。

日本海運の状況をみると、１９７８（昭和53）年、外航海運が産出した粗付加価値額は1兆４３００億円あり、自動車、高炉、有機化学、通信機器についで第５位につけていた。また定期航路貨物のコンテナ化率において、輸出貨物が50%を超えている。すでに日本船の積載比率は、１９５８（昭和33）年をピークとして低下傾向が定着し、やがて海運における国際収支も恒常的赤字化となる。日本の海運がほぼその歴史的ピークを極めた１９８０（昭和55）年のデータをみよう。世界海上貿易量に対するトンベースでの日本のシェアは18・７%（カッコ内１９９４年、18・5%）であったが、うち鉄鉱石43・２%（17・１%）、石炭39・5%（5・3%）、原油16・０%（12・9%）、鉱物15・７%（2・6%）と、輸送トンキロでみる大量性、長距離性という特質をなお保有していた。

ＲＯ／ＲＯ（ロールオン・ロールオフ）船、ＬＯ／ＬＯ（リフトオン・リフトオフ）船の開発や、独自の自動車専用船など、船舶の専門化傾向が定着するなかで、戦前の1939（昭和14）年対比の1980（昭和55）年の世界海運は、隻数で2・5倍、トン数で6・1倍となっていた。船腹のシェア・ランキングも驚くべき変化が確認される。①リベリア19・1、②日本9・8、③ギリシャ9・4、④イギリス6・5、⑤パナマ5・8、⑥ソ連5・6、⑦ノルウェー5・2、⑧アメリカ4・4％の順である。

リベリア、パナマ両国の船腹量がほぼ4分の1に達している、約1億トンである。これは便宜置籍 flag of convenience といって、船舶の登録用件がゆるやかで、法人税がないなど国の規制が大幅に緩和されている国に置籍し、本国籍のもとでは享受できないような便宜を得るための手段として積極的に活用されたものである。事実上は、外国船社が保有している便宜置籍船であり、1980（昭和55）年におけるその比率は、アメリカ船主29・7％、香港船主19・7％、ギリシャ船主13・1％、日本船主10・7％となっていた。この年、日本の国際貿易における外国船依存率は、輸入において79・5％、輸出において62・6％に達しているが、その裏には、この便宜置籍船への依存があったのである。

安定した経済効率的な外航海運サービスの存在は、経済的安全保障の基本条件である。70年代の世界的なスタグフレーション景況下にあって、日本商船隊も、売却船に途上国船員を配乗させ定期用船するチャーターバック船や外国船主に日本造船をあっせんし定期用船する仕組船など新たなシステムを開発したが、経費節約の主流は、低賃金その他のメリットを求めての便宜置籍船への傾斜とならざるをえなかったのである。また、コンテナ化、専用船化という一方で膨大な投資が求められる海運環境にあって、既存の内部蓄積に乏しく、激変する状況に対処すべく必死の努力がなされたものの、日本の商船隊は、外国船に対し、優位性を保持しうる船種・船型を具体化できなかったのである。いうまでもなく、海運の収益性は、運賃水準、輸送量、船舶運行コストの三要素によって規定されるが、とりわけ、日本海運における船員コストの負担の相対的重圧は、競争力低下の構造的要因を形成した。

そのほか、ソ連、中国などこれまでアウトサイダーであった社会主義圏大陸国家の海運国ベストテン参入があり、とくにソ連は三国間航路への進出に、運賃切り下げという国策的ダンピング手段を持って登場したため、海運市場に特殊な問題を投げかけたのであった。なお、コンテナ化によるシベリア鉄道利用の極東―欧州・中近東間の海陸一貫サービスも開始された。

また発展途上諸国は、海運自由の原則を否定する差別的保護主義政策にもとづく自国海運の育成発展と伝統的な国際海運慣行の改革という海運政策をもって進出してきた。とくに注目すべきは、香港、シンガポール、台湾、韓国などアジアNIESの伸びである。アジア経済の高成長を背景にエネルギッシュな発展を遂げており、この低コストを武器にマーケット・フリーを促進する動向の先頭に立った。1984（昭和59）年のアメリカの新海運法は、こうした新しい潮流を裏打ちするものとなったのである。

1986（昭和61）年以来今に至るまで、世界の海運産業の頂点に立っているのは、台湾の高雄港に本拠を持つエバーグリーン（長栄海運）社である。1968（昭和43）年、チャン・ロンファー（張栄発）によって設立され、中古船一隻のみでスタートした一海運企業が、現在、コンテナ貨物船60隻以上を保持し、物流を軸に冶金、観光、航空事業にも進出し、世界各地に系列企業40社を持つ多国籍企業＝長栄海運集団へと急成長した。海運市場を巡る経済環境が、コンテナ革命によって激変し、これがビジネス・チャンスとなったわけである。同社の各種保有コンテナは15万台とトップ10社の21％のシェアであり、世界4位日本郵船と同7位の商船三井の合計12万台からも、そのスケールが察しられよう。

エバーグリーン社の超急成長は、ハイスピードのアジア経済の国際化を基盤として、徹底した運賃コスト競争を、コンテナ船市場に全力投入して仕掛けた結果として得られたものであり、製造業の主流が軽薄短小の組立加工型に移行し、経済のソフト化・サービス化が進展する国際状況にあって、木目細かな大陸間ネットワーク形成を実現したのであった。まさに、エバーグリーン社は、80年代後半急成長したアジアNIESを典型的に代表する企業であった。それは、成熟社会化にともなう高賃金コストの構造化によって停滞性を強めていた先進諸国に対して、輸出主導型工業化戦略をもって、アジア・太平洋地域における基軸的地位を占めていたアメリカと日本市場の隙間を開発・補完し、商業優先・反共主義という内外条件の巧みな結合による開発独裁の企業レベルにおける実現であったといってよい。

日本の場合、タンカーの運賃市況はピーク時の20分の1という低位に張り付いたまま、コンテナにしても同盟船、盟外船が同勢力でシェア争いを展開している渦中にあって、平均運賃率は低落傾向をたどったなかで、減量経営は不可欠な状況に追い込まれたのである。とりわけ、1985（昭和60）年のプラザ合意以降の円高趨勢がこれに拍車をかけたのである。

通貨価値の変動は、国際競争力に大きな影響を与える。支出通貨が収入通貨に対してその相対価値を高めると、支出経費を賄うためのコスト上昇に帰結する。海運は、運賃収入も用船料や保険料の支払いもほとんどドル建であるから、長期契約のケースでは、ドル安の分だけ為替損が発生する。問題の深刻さは、円が高くなった分だけ船員費が国際比較で高くなったことにあり、企業外要因によって、日本海運の国際競争力が低下してしまったわけである。加えて、石油ショック後のインフレと既に硬直化していた賃金体系のもとにおける30%台の大幅なベースアップが、日本海運を打ちのめしたのであった。旧来の成長型フレームのもとでは弾力的対応力を発揮した日本型雇用システムとしての終身雇用制も、益々無差別化が進行する世界海運市場では、コスト削減のバリアとなる。自動化のマニュアル化が各種の船型に急展開するなかでは、究極のところ、人件費としての船員費がコスト競走のポイントとならざるをえない。事実、日本の貨物船の船員費が一隻当たり年間3億円とすれば、途上国のそれは1億円以下ですむという状況が久しく続いたのであった。

日本郵船の場合、１９７６（昭和51）年が、３７５隻、１４６０万重量トンの運行船舶量で、郵船１００年の歴史のピークであった。１９８３（昭和58）年には、２６８隻、９９０万重量トンで、１９７５（昭和50）年対比でみると、隻数で20%、重量トンにして27%の悲痛な減船縮小を実施したのであった。

一方、こうした減量経営の推進と併行して、徹底的な省力を図る高度合理化船の研究実証が進められ、少数精鋭の乗組員による16人定員の一般的実現過程が展開中となっている。三交替だから、霞ヶ関ビルを横にしたような巨大船がわずか5人強で航海していくという、これが世界の海における苛酷な物流革命の現実なのである。

こうした驚くべき世界海運の激動のなかで、１９８５（昭和60）年6月、運輸省の海造審は、「今後の外航海運政策のあり方」について答申し、国際競争力をもつ船隊の構成として、「近代化船を中核としつつ、必要に応じ在来型日本船、海外貸渡方式による日本船、支配外国用船、外国用船を適宜組み合わせる」ことと、外航海運の方向性を明記した。折りしもこの年は、日本郵船の創業１００周年であった。

こうして世界海運界の大勢は、コンテナ船の活躍とその大型化を基調として推移してくる。定期船貨物量に対するコンテナ貨物量の割合をコンテナ化率というが、日本においても１９９２（平成４）年には、輸出が83・３%、輸入91・２%と圧倒的な水準に達している。また日米太平洋間航路の当初のコンテナ船はＴＵＥ７５０ヶ隻であったが、30年足らずの間に大型化が進行し、１９９５（平成７）年建造コンテナ船のほとんどは、最大コンテナ積載量がTUE換算6000ヶと8倍の大型化現象をみせており、これがスケールメリットによるコストダウンの有力な手段となってきている。

表2　主要港湾のコンテナ取扱量ランキング

順位 1993	順位 85	港湾名	国名／地域名	コンテナ取扱量(万TEU) 1993	1995	93／85
1	3	香港	香港	920	229	19.0%
2	6	シンガポール	シンガポール	905	170	23.2
3	4	高雄	台湾	464	190	11.8
4	1	ロッテルダム	オランダ	416	265	5.8
5	12	釜山	韓国	307	115	13.1
6	5	神戸	日本	270	185	4.8
7	10	ハンブルク	ドイツ	249	116	10.0
8	13	ロスアンゼルス	米国	208	144	4.7
11	2	ニューヨーク／ニュージャージー	米国	197	240	2.4
12	8	アントワープ	ベルギー	188	135	4.2
13	11	基隆	台湾	186	116	6.1
14		ドバイ	アラブ首長国連邦	168		
15	18	フェリックストゥ	英国	164	85	8.6

（注）93／85は、1985～93年の8年間の平均増加率。
「資料」「Containerization International Year Book」

視点を変えてみると、このようなコンテナ船の大型化を機動力として展開される世界的な物流の変動は、これを受入れ、取扱う港湾の側に、新たな問題を提起したのであった。コンテナ対応を主軸とした国際的な港間競争が始動したのである。

コンテナ船運航サービスは、定曜日運航が基本であり、このベースを確保するコンテナ貨物の一定量の安定的集配が前提されねばならない。工業立国としてはもともと貿易依存度の高い日本が、製造業を中心として国民経済としての発展成長軌道にあればこそ、日本の主要港は、コンテナ本船の寄航港、すなわちマザーポートの地位を占めていた。しかし表2「主要港湾のコンテナ取扱量ランキング」にみるごとく、1993（平成5）年には、ついにコンテナ貨物取扱量の上位5港から日本の港は姿を消した。アジアNIES諸港の躍進が目立っている。

これらはコンテナ船の大型化にともなうハブ機能港湾の要請に対し、極東に位置する日本の港湾の地勢的条件と既存の内湾型有力港がゆえの混雑現象を累加する新たなるハンディキャップも考慮せねばならないが、以下の4点は明らかな日本の港湾における比較劣位条件となっている。

①燃料費、ポートチャージ、ターミナル費用など運航費の内外価格差の顕在化である。日本の料金は釜山、ロッテ

ルダム、シンガポールの2倍に達しているのである。
②フル荷役（24時間、365日）体制への不備もある。日本の港湾は、世界の主要港と比べ、制限や休日が多く、通年フルタイム稼動というコンテナ時代のサービス要請に対応できていない。
③大水深岸壁（マイナス15メートル以上）をもつ最新鋭コンテナターミナルが絶対的に不足している。大型コンテナ船への対応岸壁の整備が港間競争の決め手として不可欠なものとなっているが、日本は立ち遅れている。
④入出港事務手続きの簡素化の遅れも否めない。日本の省庁間の縦割り行政機構は、荷役のスピード短縮を、経済効率を最大尺度とするコンテナ物流に、バリアとして印象づけられる。これは、アメリカからの公式非難も寄せられたところでもある。

五　海運市場における無差別運賃体系の成立

海運サービスは、非物質的無形財であって、貯蓄性と移動性に欠如し、その生産、供給、消費の場所的一致を要請する経済行為である。それは、即時財として、需要の波動性が末広がりの大きさをもっているのに対し、供給の弾力性には乏しいという構造的な制約条件をながらく所与の前提としてきた産業分野であった。これが伝統的に、海運市場の非弾力性を形成し、海上運賃体系における価格弾力性の低小を自明なものとなしてきたのであった。たとえば、1971―79年において、ペルシャ湾から日本に至るタンカー運賃の最高・最低倍率は、16・5倍を示したのに対し、この間のロイター商品指数は3・5倍にしかすぎない。しかし既にみたごとく、一方ではオイルショック後70年代後半からの世界的な係船増加による船腹過剰を背景に、他方では、製造業における耐久消費財に集約される軽薄短小型の互換性規格部品や小型製品の主導的産業化の潮流が進展した経済環境が手伝って、海運におけるニュービジネスとしてのコンテナ船の大量投入が、世界における海運の構造と地図を激変させてしまったのである。端的にいって、コンテナリゼーションによる物流革命である。

海運の生産性は、重量トン当たりの年間平均トン・マイル輸送実績をもって表すのが適当とされている。これに関与する要素として、航海速力、港湾停泊時間、平的輸送距離、ロード・ファクターがあるが、オイル・ショック後の経済環境においては、唯一、コンテナ定期船市場のみがその相対的生産性を高められる領域として残されていたといってよい状況にあった。

周知のごとく、コンテナそのものは8×8×20（ないし40）フィートのいたって単純な箱形の輸送容器であるが、さまざまなゼネラル・カーゴをこれに詰め込むことによってあたかも同一形状の単一品目であるかのごとき貨物形態に仕立てあげることによって数々のメリットが約束されたのであった。とくに、定期船海運の側からは、船舶の運航回転率とポートチャージの両面で、宿命的ともいえる港湾からの制約ないし圧迫から相対的に開放され、バルク・カーゴの輸送分野における顕著な経済的効率性によって、海運そのものを高度な競争性と市場性を持つ世界に突きはなしたのである。

そのインパクトは、定期船輸送サービスにおける生産と販売が分離し、定期船サービスの販売が海運以外の資本によって肩代わりされた姿としてのＮＶＯ＝複合輸送人(Non-Vessel Multi-modal Transport Operator)の登場である。このライバルの複合輸送、システムにおけるオーガナイザーとしての威力が優越するとき、コンテナ船社はそのシステムの一環に組み込まれた手段と化してしまうのである。

しかし、コンテナリゼーションの革命性は、何よりも競争領域の陸側への広がりを超えて、定期船市場の本質的な競争性までも輸送サービスの均一化によって根本的に変革させたところにあった。これは結果として、船社間の差別化を消去する傾向を一般化し、つまるところコンテナ輸送市場を価格競争に帰一させるものと作動したのであった。

要は、コンテナ化がもたらした積荷単位の規格化により、コンテナ荷役費は各品目に対し同一水準となり、品目別の輸送費用が平準化したのであり、寄港地が単純化されたこともこの便益を高めたのである。こうして、定期船航路秩序を支えてきた従来型の寡占構造が崩れつつ、コンテナ輸送サービスの供給は拡散され、自由競争的な海運の新たな環境構造が現実化してきたのである。これはまさに、品目無差別運賃(Freight All Kinds)への道をひらいたものであった。物流革命をとおした海運市場における無差別運賃体系の成立こそ、世界経済におけるグローバル・スタンダードの先駆けとなったのである。

これは他面からいって､巨大なスケールをもつビジネス・チャンスの到来でもあった。旧来の同盟ネットワークによる定期船市場に依拠した伝統的な名門船社は、新規参入するアウトサイダー各社との激烈なコスト競争による角逐に、その多くが敗退傾向を如実なものとせざるをえなかったのである。

世界史的後進性をスタートから刻印されながら、極東において「最後の帝国」として資本主義的発展をみせた日本も、戦前既に世界有数の商船隊を形成させたし、戦後も類のない制約条件のなかから、国民経済の超高成長に依拠しつつ、世界海運におけるトップクラスの地位を復権した。この過程には、幾多の感動的な物語が秘められている。しかし、日本経済はその高度成長による成功の構造そのもののうちに衰退のステップを刻んでいたのである。世界海運業におけるコンテナ化の急進展は、まさに世界経済におけるグローバリゼーションを先取りするものであった。

貿易立国を根幹とし、輸出依存戦略に急傾斜しつつ、国民経済としての存在と発展を指向してきた日本資本主義の特殊な資本蓄積構造そのものが、いまやグローバル・スタンダードの験証に耐えられるかいなかが問われる状況になったのである。いわゆる生涯雇用、年功序列、企業別組合といった日本型経営システムの功罪も、この文脈で評価されるわけである。

日本海運は、コンテナリゼーションという具体的な姿をとった先行的なグローバル・スタンダードの襲来に対処するに、その栄光の歴史にかつてなかった効率減量化によって企業防衛を図っている。チャンピオン・フラッグである日本郵船の軌跡は、こうした歴史的文脈において、まさに日本商船隊の過去から未来にいたる動向を示唆するのである。

本稿の統計的数字は、以下の参考文献によっている。
天田乙丙『港運がわかる本』1995年、成山堂
織田政夫『海運要論』1987年、海文堂出版
『海運業界』1982年、教育社
野間恒『豪華客船の文化史』1993年、NTT出版
運輸省第2港湾建設局小名浜港工事事務所・東日本国際大学地域経済研究所『小名浜港業務資料作成（その4）―21世紀を支える小名浜港』1996年
『運輸白書』各年版、大蔵省印刷局
『日本海運の現況』（平成10年版）運輸省海上交通局
『日本郵船株式会社100年史』1988年
日本郵船株式会社『二引の旗のもとに』1989年

（初出：『東日本国際大学研究紀要』第6号、1998年9月）

第六章　磐越道開通と地域の課題

はじめに

１９９５（平成７）年８月２日、磐越道のうち、常磐道のいわきＪＣＴから東北道の郡山ＪＣＴまでを結ぶ、72㎞という長区間が同時開通したことは、平成７年度の福島国体成功への最高のプレゼントとなった。これによって、磐越自動車道全線２１３㎞の73％、いわき中央から会津坂下までの１３５㎞福島県側の94％が供用されたからである。

一　いわきＪＣＴ～郡山ＪＣＴの開通効果

福島県は全国第３位の面積をもちながら、一体的な河川流域や中核的な盆地、平野部に画されたトータルな県域を欠いたまま、明治国家による人為的統合によって、およそ１３０年間も、浜通り、中通り、会津地方といった、いわば東京からのタテの３軸のまま推移してきた。高速道路の直接効果として、走行時間の短縮効果、走行費用の節約効果、安全性、快適性、確実性の増大効果が定説であるが、磐越道の供用開始による交通条件の改善効果は教科書どおりの典型をなすもので、時間短縮が半減以下となって、いわき市から首都東京が県都福島より「近い」といった不合理は解消されたのである。

また「いわき都市圏パーソントリップ調査」によると、人が目的をもって特定地点へ移動する単位に着目した交通行動のパターン分析からみた平成22（２０１０）年の自動車利用トリップでは、分担率63％で現在より４割もアップするとみられており、磐越自動車道は、成熟したクルマ社会における福島県域の単一都市圏形成の基本条件を確保するものであり、福島県サイドからみたその意義は、第一に、抜群な地域統合効果にある。

二　市場の活性化

第二は、首都圏外環軸がトライアングルとして成立したことの経済効果を、市場メカニズムに沿う機能分担として現実化しうる基盤をえたことである。

高速道路のネットワーク化は、高度成長の持続的、数量的達成の経済地理的結末としての日本列島における東京一極集中や太平洋ベルト地帯への傾斜といった地域的な過密と過疎を相対化し、中央に対する地方としての地域を活性化させるファンダメンタルズにおいて最優先要件をなしている。細長く山間部の多い日本列島に、自動車が6000万台を超えるという確実な事実が示すクルマ社会の現実を直視するとき、地域間交流をとおした地域共生機能を十全に活かすためには、その軸をなす高速交通体系の整備が前提となるからである。

ネットワーク型社会において、地域活性化のキーコンセプトをなすものは、棲み分け原理の貫徹による比較優位の地域間経済均衡であろう。このパースペクティブにおいて、市場原理をとおして地域的にその特性に応じた経済機能や生活ニーズの分担と補完を、広範な交通流域のなかで確保できるよう競争的に知恵をつくし、また誘導をはかることが、21世紀における経済効率と生活のゆとりを両全させるシステムとして、構築されなければならないわけである。

たとえば、東北道・常磐道という二大幹線は、磐越道によって首都圏の巨大なマーケットに対してトライアングルを形成したが、そのなかに位置する福島空港は、首都圏の第二物流空港としての現実的展望を期待しうるのである。成田国際空港における1994（平成6）年の航空貨物取扱量は155万トンに達し、その輸出入金額でも10兆円に近く、全国空港のおよそ3／4を占め、世界第1位である。海運を含めた港別の通関ベースでも、ついに横浜港を抜いてトップとなった。しかし、発着枠の絶対的制約が一方にあり、他方で都内通過を含めたアクセス道路の混雑と渋滞や空港内貨物取扱ヤードの狭小による排気ガスの充満など、これが限界に近づいていることはあきらかである。底知れぬ首都圏市場に対して、かりに食料品輸入を機能分担しても、構成比では4・4％にしかすぎないが、金額では2059億円に達しており、トップの〝マグロ〟で480億円にもなっているのだ。首都圏を射程にいれた航空貨物の物流分担こそ福島空港発展の方途といえよう。

また物流の面では海運における小名浜港の活性化にも、磐越道のインパクトは大きい。

小名浜港外国貿易額の推移をみると、１９８０（昭和55）年の２４７５億円から一貫して減少し、１９９３（平成５）年の４６５億円はその19％にしかすぎない。取引貨物は輸入が圧倒的に多く、石炭・石油類４品目で53％を占めている。福島県の輸出入貨物の物流動向調査結果をみても、輸出上位品目の電気機器、一般機械の47ないし48％が、それぞれ東京港、横浜港に依存した首都圏一極集中をみせており、原材料の輸入面で小名浜港は金額の過半を占めているだけである。

とはいえ、これまで小名浜港から発する物流の９割近くが浜通りに集中していたことからすれば、磐越道の開通効果は、福島県全域はもとより、南東北経済圏をカバーする重要港湾としての小名浜の展望を拓くものである。また飽和的な状況に近い東京・横浜港の積極的な機能分担も市場メカニズムに沿うものであり、当面は、重厚長大物の受入れや中継に特化した棲み分け原理の活用も必要となろう。

物流における東北経済圏の著しい劣位は、輸出入において国際的なネットワークのもとで輸送コストの到着地までのトータルコストを競い合える商社的機能をもつ貨物取扱業者の未成熟が、地域経済のオルガナイザーとして成熟していない側面を示すのであって、地域の課題としてまずは先進的な物流フォワーダーの育成こそ急務であることを告知するものである。地域づくり、まちづくりは、適正な条件整備でことたりるものでなく、グローバルな感覚に裏打ちされた人づくりが要請されるわけである。

三　観光資源の活用

第三に、磐越道によるトライアングルの成立は、新しいスタイルの観光を実現させることである。首都圏の人口密集地は、変化に乏しい平野部の広範な展開であり、都心から１００km前後も平板な風景が連続しては、高速道路におけるドライブの快適性は確保されない。ところが、磐越道は阿武隈高原や磐梯高原といった標高５００～６００ｍの区間をかなり持続し、山間湖沼を配した緑の景観や高低の曲線、トンネルやデザインのすぐれた高架橋（東北一の橋脚高66ｍの三和橋もある）による好奇心を刺激する変化に加えて、日本の四季を彩る自然の豊富さ、それに低混雑率によるドライブの快適性を満喫させてくれる。効率を競う現代テクノロジーの最先端と自然が融和した最適の景観を演出しているのである。これはつまり、厖大な首都圏人口を対象として、家族や小グループによる旅行比率を高め、スポーツなどの行動形態、自然体験スタイルやレジャー享受型、温泉などの保養スタイルなど豊富で多様な観光資源が連接され、滞在・宿泊型の周遊性コリドーが確保されるとともに、オールシーズン型として、また多世代のニーズに対応できる条件を得たことになる。磐梯朝日国立公園など国際級のリゾート資源といわきの海洋リゾート観光や各地の温泉、スポーツ施設などが共存し、共生するような、そして首都圏住民を大切な顧客として受容する洗練されたソフトの充実のためにも、京都や箱根など先進地からそのノウ・ハウを学ぶことが期待される。磐越道沿線のかけがえのない風土景観を維持する景観条例なども急務であろう。景観は、21世紀の生活文化における最重要な一角をなすからである。高速社会において不可欠な〝ゆとり〟を満足させる首都圏外環軸が、都心から2時間余の磐越道によって実現されたことの意義は計りしれない含蓄をもっているといってよい。

四　高速道路に応じたまちづくり

第四は、地域的対応としての行政へのインパクトである。まず都市計画のありかたについて根本的な再検討が求められよう。高速自動車国道が実現し誘発する、新たな地理的条件に対して、沿線市町村が広域的、一体的で統合的なビジョンを共有しつつ、個性的な地域開発を分担し、補完し合うような都市計画が当然必要となるからである。またインターチェンジは、全日本をネットワークする都市の〝城門〟であり、はじめて訪れるものにとってそのまちのイメージを決定づける重要な価値をもっている。インター周辺の景観計画と併せ、ソフトの開発がもっとも望まれながら当該自治体の文化センスの欠落のゆえに立ち遅れているところでもある。便益度と経済性が両立する昨今の「SA・PAの一体整備」プロジェクトなど優れた景観立地と両全するならば、自治体や第三セクターにとってエントリーの意欲をかきたてる魅力的な提案であろう。

経済の低成長が定着化した状況にあっては、これに対応したまちづくりのデザインが要請されており、もはや既存の自治体を単位とした公共施設のワンセット主義は破綻している。都市計画ばかりでなく、福祉や教育、文化も含めて、交流を前提とした棲み分けによるネットワーク型の政策構築に転換せねばならないわけである。

五　新しい地域産業構造

第五は、産業構造への影響であるが、高度成長がその要因の食い尽しによって終焉し、高齢化と少子化が同時進行している日本社会の脱力過程においては、それがほぼ半世紀におよぶ歴史的累積の果実であるだけに、速効的な方策はみあたらないのである。変化を受容し、来るべき時代に優先選好されるニーズをとらえ、国際化に対応する戦略の採用にしばし試行錯誤がつづくであろう。

一次産業が元気のよいところはその地域経済が全体として活況を示している。昨今の野菜は形はよくても栄養価と味覚に乏しく、漬物原料の1／4近くを輸入しているが、組織的な有機農業の展開など価格優位の市場性を十分保持できるし、首都圏に近接した高速交通体系はそれを担保しているのである。森林資源のトータルな活用も知恵と創意のもっとも求められる領域であり、三次産業とも結びつくような多角的経営形態の展開のためにも、首都圏人口の自然回帰型ニーズに対応するノウ・ハウの交換が求められる。

そして大切なことは、二次産業の存在態様は、地域経済構造の変動を規定する根本要因であるということだ。かつて東北道や常磐道に沿って北進してきた首都圏外延部での軽薄短小型組立加工産業も、平成の構造的円高不況による相対的高賃金化によって、こんにちではリーディング・インダストリーとしての存立基盤を喪失しつつあり、地域経済は国際経済と直接的に連動していることを如実に示した。

新しい時代のトレンドに即した研究開発型工場の立地要件とはなんであろうか。これまでは工場進出のあとから人が移動してきた。これからは優秀な労働力の定住シフトが先行し、設備投資はこの動向に誘導されるようにならねばならぬし、またそうなるであろう。首都圏外延部にあって交通・通信アクセスが飛躍的に改善されたいま、人はその都市に何の魅力を求めているか、また実感しようとしているか、が改めて問われてよい。景観、人情、文化など資本にとって操作対象としておよばぬもの、つまり21世紀を主導する文化戦略が第一義をなすであろう。その意味でも三春町のダム湖の景観を享受する水と緑と太陽に恵まれた一宅地660㎡・クライン・ガルテンの特権付きの住宅基地構想が、相対的低価格実現への努力と併せて推進されていることはうれしいかぎりである。

六　新しいライフスタイルのコンセプト

クルマ社会の高速交通体系が誘発する多極分散型国土形成＝地域連携軸の実現は、新しい生活文化の形成において、これまでの高度成長型のライフスタイルからの転換を求められることになる。

①地域特有の自然的景観、歴史的伝統など経済社会における市場メカニズムの作動圏外にある個性的な資質への回帰と愛着が大きなモチーフとなる。

②拡大した生活圏域のなかでの快適性に裏打ちされた職・住・遊の有機的・一体的充足が優先選好される。

③コミュニティが社会生活における異質の共存を前提とした豊かさを追求するごとく、地域圏における連合都市圏としての棲み分け的共存が指向され、いわば成長なき社会における多世代多数の福祉実現に社会のベクトルが歩調を合わせる。

④人びとの交流こそが、地域定住型社会における好奇心を満足させ、活力を持続する決定的条件を形成する。

⑤タテ割り思考やタテ割り型の組織原則が消極化し、政策ニーズも広域的連帯を優先するなど、トータル思考にもとづく生活様式が一般化し、生活のゆとりが自然への親しみや地域的ボランティア活動をひろげ、まちづくりと連動した地域住民の生涯学習志向が定着するようになる。

⑥土地利用についても、資本蓄積優先方式から住民生活優先にかわり、沿線コリドーについても文化価値に配意した共通のシンボルによって協働する動きが現実化する。

⑦それ自体としての機能主義・コスト主義が敬遠され、経済性と文化性が両全するしくみが尊重される。

⑧生活文化のなかでは居住環境が価値序列において最優先され、防災面でのゆとりと自然環境への指向性がますます強まる。

⑨人びとが定住的発想においてもっとも希求するものは、水と緑と太陽といったきわめて原初的な環境条件であり、これこそ生活文化の基盤であることの広範な認識が一般化する。

このようなコンセプトを例示してみるとき、高速自動車道によるネットワーク型社会の成立は、まさに国土条件の棲み分け的効率化と比較優位条件の市場メカニズムによる作動フィルターをとおした立地条件の平等化を担保するものであり、フローの低小をストックの見直しによるリストラによって、人びとの生活秩序に安定と希望の基盤を整えるものである。

つまりは真の課題が与えられたわけであり、これからは地域の人びとの主体的なかかわりにかかってくることになる。交通は本来、中立的なものである。これを他力本願的に眺めていては、その強烈なストロー効果によって、地域は解体されてしまうであろう。

磐越道は1997（平成9）年予定の全線開通によって、高速交通体系においては全国で初めて〝洋から海へ〟太平洋と日本海が直結され、陸海空の立体的ネットワークが完成されるとともに、北陸道を経由した東北経済圏と関西経済圏の効率的リンケージなど、多様な選択肢の成立のうちに、国際的射程を展望しうることとなる。

（初出：『高速道路と自動車』第38巻・12号、1996年12月）

第七章　地域経済ウォッチング

一　〝アマ・オケ〟コンクールの可能性

小林氏を柱に薫り高い文化戦略を

いわきが生んだ音楽界の世界的巨匠である小林研一郎の指揮によるハンガリー国立フィルのいわき公演は熱く圧巻の快挙となった。6月20日、この夜のホームコンサートで、マエストロはまずメンデルスゾーンの珠玉のヴァイオリン協奏曲で、千住真理子さんの知的でいて艶やかな独奏を精妙に引き立て、オーケストラとの協奏における理想のスタイルを示し、次いで彼が楽聖とするマーラーの長大にして濃密な交響曲第5番のめくるめくオーケストレーションを披露した。演奏の終了と共に、満席のスタンディング・オベーションをもって、いわき市民がこれに応えたことも凄かった。それはまさに、「僕の音楽創りの本質は、互いの切磋琢磨の中からほとばしり出る炎や情熱が基盤だ」（『指揮者のひとりごと』173ページ）とする小林研一郎の音楽観の確かさを証明するものであった。

このプログラムによせて実行委員長でもある野﨑満いわき商工会議所会頭は、「小林研一郎先生に、いわきのシンボル、精神的な支柱となっていただき、いわきに質の高い本物の芸術を根づかせ、育み、文化の薫りが高い街づくりを進めて行くことといたしました」と言っている。以下はこれらに触発されての一提案である。

いま、日本オーケストラ連盟に加盟のプロの団体は23であるが、インターネットで引いてみると、全国のアマチュアオーケストラは、学生オケ326団体に対し、一般オケは698団体に達する盛況である。北海道・東北では学生23、一般70団体であるが、首都圏に至っては学生136、一般307団体を数えている。

プロと違ってアマチュアオーケストラは、年1～2回の定期演奏会を持つことが一般的であるが、通常1000人前後のふるさとを主とした聴衆をまえに彼らが演奏すると、その技術は一長一短や多少のバラツキがあっても、休日を主として長時間練習を積み上げたその成果は驚くべきもので、コンサートが終了後もなお残る素晴らしい感動を与えてくれる。

それは、オーケストラという有機的組織編成において協働による自己実現が至高の美しさをみせるからであろう。音楽という芸術のもつ感動の世界に誘われ浸れるという点において、プロとアマに本質的な差はない。私が四半世紀かかわっている我孫子市民フィルハーモニー管弦楽団が、陶芸のまち栃木県の益子における招待演奏で聴かせたレスピーギの「ローマの松」のほとばしる響きなど今も鮮やかに耳に残っている。

アマチュアオーケストラは、音楽に感動する心を共有することを無条件第一義的に支持する人びとによって支えられている。それは性別、世代別、職業別を超えた構成と広がりを特徴としているから、俗にいうそのＰＴＡ的支援の幅も厚く広い。

私の希望は、小林研一郎を生んだいわき市の薫り高い文化戦略のひとつに、クラシック音楽による都市間競争を明確なコンセプトをもって樹立してほしいことである。その具体的な手だてとして、アマチュア・オーケストラ・コンクールの企画はいかがであろうか。アマの性格からして、休日に限定されるから期間も要するが、逆にこれはさまざまな角度からの効果的な都市交流、人間交流を実現するであろう。マエストロ小林研一郎にその最終的な実行委員長をつとめていただければ、いわき市のＰＲ効果も絶大となろう。

それにしても想うのは、いわき市には多目的ホールがいくつかあっても、クラシック音楽の鑑賞に耐えるコンサートホールがないことである。

久しくいわき地域をウオッチングしてきた一学究として感ずることは、片やいわきが輩出したマエストロ・コバケンを総立ちで迎える市民の層が存在し、片や国際性も将来性も展望されない公営ギャンブルとしての競輪事業に対して、基金としての積立残余があるとはいえ、市の長期構想における抜本的な検討から除外して、１４４億円もの巨費を投じてこれをリニューアルする感覚が市政のリーダーシップに居据わっていることのなんとも奇妙な構図である。

（初出：「いわき民報」２００３年7月19日）

二　まちづくりと公共交通

昨年4月、清水市と合併した静岡市に首位を譲るまで、広域合併都市としてのいわき市は、1231平方キロという日本一の広域都市であった。いわき市の都市政策の主眼が、地域間のネットワークの利便性を確保するため、久しく道路網の整備に充てられ、先進国グループにしては高額なガソリン税など特定財源に依拠した国策ともうまく連動して、いまかなりの成果を得ているのも事実である。

しかし、他面においていわき市民は、お父さんは普通車、お母さんは軽自動車、学生は中古車という類型において一家で3台余のクルマを有するという典型的なマイカー都市を現出してしまった。日中と較べて朝夕の通勤通学時の車列は驚くものがある。家計費におけるクルマを維持するためのコストも可処分所得のなかで多大な割合を占めるばかりか、都市における人の流れがまったく変わってしまったため、鉄道の駅を拠点とした中心市街地は衰退の度合いを深めている。また市民の購買力は大駐車場を有する郊外型大型店に大部分が吸収され、鉄道やバスといった公共交通も、乗車率の減少によって、即自的な地域内収支は赤字基調を免れず、交通のもつ本来的な公共性を地方都市においてはますます衰弱化しているのである。こうして、高度消費社会の本質的徴表ともいえるクルマ社会化はいまや都市の持つ広場の性格を破壊し、人が集い回遊することによって成立していた日常的な都市の劇場性をすっかり奪ってしまった。

東京や京都・大阪のもつ都市の賑わいは、逆に都市の過密性を公共交通によって救済することによって確保されているものといってよい。

想うに、ネットワークという都市政策におけるキーワードは、高度経済成長が終わりを告げた1970年代後半から、複合的、重層的にあらゆる分野で採りあげられなければならなかったのである。それなのに、道路にばかり眼が向き、まちづくりは土建屋だけの世界と化してしまった。すでに地方都市がマイカー社会化の重圧に喘いでいると き、鉄道の駅を拠点とした中心市街地の活性化が新たなスローガンとなったが、時すでに遅く、部分的な都市計画としては一定の合理性を主張しえても、財政ファンドに乏しいいまとなっては、その費用対効果比をみると、都市政策としての破綻は最初から明らかとなっている。ちなみに、いわき駅前の再開発ビル事業を一考してみよう。

いわき駅はスーパーひたちなど特急が一日当たり40本近

く発着しているが、平成12年度の乗車人員は８０３５人で1万人を割っている。いわき市の14あるＪＲの駅で一日平均乗車人員が2万１９６４人であるから、鉄道利用者の市民人口比は６％強にしかすぎないことになる。一方、上野から30キロ圏の私の住む我孫子市では、常磐線我孫子駅だけで一日3万人の乗車人員があり、市内各駅合計7万人の鉄道利用者は市民人口の55％となっている。高速道路に移動が奪われている面もあるが、駅前タクシープールの待機車に対して人の流れはまばらである。石炭と鉄道によって栄えた平駅が、いわき駅と名を変えてもマイカー社会の流れには抗しきれない。

多額のコストを要する駅前再開発ビル事業といった都市政策は、商業床の充足条件を不可欠とした経済的持続性を確保しうるか否かのテスト基準をもたなければならない。それが市長の市民に対する説明責任を伴った最大の使命であろう。

先年、いわき商工会議所の交通部会が発表したＬＲＴ（低床式市街地電車）による平と小名浜を結ぶ「基幹軸交通システムの基本計画」は、広域都市いわきの21世紀的ネットワークの夢を現実化する画期的な提案であったが、これが市民的な世論として盛りあがってこないのは何とも残念でならない。

（初出：「いわき民報」２００４年5月15日）

三　地域活力とネットワーク

この10年有余をみても、いわき市はつぎつぎと大型で高額の建設工事を発注してきている。その累積投資額を計算してみたら市民のどなたも驚かれるであろう。

考えてみなければならない問題のひとつは、36万の人口を保持する広域的な中核都市でありながら、この巨額の公共投資に対比して、いわき市にはたとえてみれば株式上場の規模に相当するような建設会社が成長しなかったことである。

古い話で恐縮だが、常磐沿線の我孫子市では、私が助役を務めていたころ、人口急増で毎年小中2校は新設を余儀なくされていた。その際私は工事指名審査委員長として、地元企業育成の視点から、乱暴ではあったが、市議会にも事前の理解を頂いて、鉄筋コンクリート校舎の発注になんと資本金１００億円以上の会社と１０００万円の地元企業にそれぞれ折半を請け負わせるジョイント・ベンチャーを組ませて、しかも後者の指導と完成のリスクは前者に納得させて入札リストをつくったのであった。そうした成果のもとに、やがて電気・水道工事の地元への分離発注なども定着し、地域活性化に一定の寄与をみることになるのであった。

いわき市は我孫子市の3倍強のスケールをもっているのである。高度な仕事にもチャレンジさせ、北海道・東北地域ではもっとも多い売上高と雇用数をもち、経済波及効果のおおきい建設業に対して、徹底した発注上の配慮というものが工夫されて然るべきであろう。

これこそ行政や議会の智恵の欲しいところといってよい。

世界的にみても高度経済成長を担保する環境や諸条件が喪失した現局面において、日本経済も少子高齢化が現実化し、中央・地方の公共セクターもその財政は巨大な借金漬けが明瞭な姿を構造化し、首都東京と地方都市の経済格差は拡大をみせるばかりである。

地域においては持続的成長を志向するためには、まずもってネットワークという概念を地域という一定のエリア内で徹底的に検証し、これを市民的レベルまで拡充して実現しなければならないであろう。

その一例が、域内資金循環、つまりおカネの使い方なのであり、地元発注＝地場消費がその根幹をなすのである。

いわき市は仙台を抜いて、東北一の工業都市であるが、この1兆円を超す出荷額に至る中間財等の不可欠な分野において意外と市内取引高は低少である。輸送コストの利益が見込めるのに、域内産業連関を高密度化しうる機会損失をもたらす参入障壁が何なのか、商工会議所や行政はまず足もとのチェックを優先すべきであろう。新産業の育成も、かけ声だけの産学官民連携よりも、現実的なニーズに優先立脚すべきであろう。

いま、いわき市民の日常的購買力もその半ば以上は、地場企業以外の大型スーパーやコンビニにその資金が流れてしまっている。それぞれに市民各位も小さな購買者となって地域経済の構成員に参加しているのであるからして、地産地消に留意して誇りあるふるさとブランドの定着に協力できるような仕組みや舞台装置の構成とそのネットワーク化に関係者は立ち上がらなければならない。

地域社会は、単なる消費者的・アトム的個人の集合体ではない。それは、ながい歴史的伝統のもとで形成されてきた相互的、互恵的な人間の協同活動によって支えられているのである。そこには、共同体ごとに共有された意味としての貴重なエトスであるコモングッド（共通善）が潜在している。

ネットワークこそ交流の実質を確保するものであり、地域ネットワークを再構築することの大切な意義は、グローバルで急速な市場経済化の非常な潮流から、地域における共生を回復する有力な手だてであることの確認にある。

（初出：「いわき民報」2005年3月5日）

四　談合は「悪」か

グローバリゼーションという企業活動における資本蓄積の新しい様相が急進展している。

その経済思想の根本に、競争原理を絶対視するアメリカ的な「ものさし」がある。この「ものさし」を唯一の測定手段とする小泉・竹中流の政治支配が強行されていくならば、歴史的に構造化されてきたさまざまな日本的経営システムはその解体化を促進され、日本的経営における一定のセーフティネットを破綻させるであろう。

他方において、地方分権やコミュニティの再生が重視され、低成長＝成熟の時代におけるキーワードとして、協働・共生がうたわれていることも事実である。

こうした背景において、日本の取引慣行のなかに埋め込まれて巧妙に組み込まれ、建設業界などに定着してきた〝談合〟の問題を考えてみることは、「競争は万能か」を問うことになり、また「話し合い」ということの本質的要件を吟味することに帰着するであろう。

競争的な市場のメカニズムを維持する条件は、独占禁止法に明示されている公開・自由・公正の三原則である。しかし、この理念を現実に適用するとなると、制度的にも最適解答はない。伝統的に定着してきた入札制度においても、重要なポイントは、誰が参加でき、どのように落札が決定されるのかの2点であった。とりわけ「指名」は、業者の「運命をも左右する生殺与奪のキーワード」となっていた。そして通常は、発注者が作成した予定価格の範囲内で競争入札で落札者が決定するのであるが、こうした請負契約については、対等な主体者間の規範関係というカテゴリーを超えて、上級者から下級者への下命ないし恩恵的給付を構成要素とする片務的性質を有するものとする、著名な法学者の見解もある。

また、談合事件を詐欺罪で処罰できないと明示し、談合行為自体を業者間の自主的な協定として「営業の自由」のもとに容認される行為と判断した1919（大正8）年の大審院（最高裁）の判決も興味深い。

官民関係を時系列的にみても、技術情報の量や質は、高度成長期を経て完全に逆転してきている。いわば官という発注者側の実質的な能力の低下を補ってきているのが、裁量の幅のある指名という権限であった。これをテコとして、官による民間の豊富な技術の利活用も可能となり、またそのためにこそ、業者間の談合による受注者の特定を必要とする構造が必然化したのであった。

本来、入札の効果は、競争を通しての効率性の向上を求めるものであって、予算の節約に矮小化されてはならない。

歴史的にみると、入札制度が導入されたときの目的は談合の排除ではなかった。当初の制度の前提となっていた官による技術的な独占などの条件を喪失しながら、一世紀余も制度的改革がなされず、結果的には、現在のように、公共事業の発注方式は、談合を前提としたシステムになっているのであった。

今日でも、地域社会においては、建設業は雇用量の上位を占めている。一回ごとの受注生産を宿命とするこの業界にあっては、その経営の持続性を確保するために何らかの調整システムを必要としていることは明らかであろう。

問題なのは、その競争の手段の内実である。日本的取引慣行を特徴づけた「長期相対取引」では、効率性についてのコモン・センスを共有しつつ、相互協力にもとづく合理化努力が続けられてきた。

地域には、共同体の基礎である躾《しつけ》が潜在している。この分別の基準は、地域社会における文化の第一義をなすものであればこそ、地方においては、自治体も民も協働・共生の理念にもとづいた相互信頼による事業発注方式の創生が展望されねばならない。

（初出：「いわき民報」２００６年４月８日）

五　「フラガール」成功の背景は

久しく私たちに忘れ去られていた日本固有のエネルギー資源＝石炭の命運に絡むふたつの事件が、昨秋から国民的関心となって展開した。いずれも、貿易自由化と石炭という固体燃料からより安価な石油という流体燃料への産業構造の転換という国際的文脈が、鉄の必然性をもって、産炭地という地域経済を直撃したことに起因している。

ひとつは、企業の再生をフラダンスショーと温泉に賭《か》けたいわき市にある現・スパリゾートハワイアンズ誕生の苦節を描いた映画「フラガール」の圧倒的成功であり、いまひとつは、北海道第一の炭鉱都市であった夕張市の財政破綻《たん》である。「フラガール」は、東宝や松竹といった製作・配給・興行という映画産業の3事業を垂直統合型に経営する大手とはまったく異なるシネカノンという独立系の小さな映画会社の作品として登場したため、当初大手系列の劇場チェーンでは上映されなかった。

しかし、日本映画製作者連盟から公表されたデータによると、ヒットの目安とされる興行収入10億円を超えて、58日間で動員数100万1000人、興行収入12億2000万円を記録している。いわき市においても、いわき駅前のミニシネコンで単館上映だが、すでに5万人弱の観客を集めており、最長のロングランをいまも継続している。

そして、驚くなかれ、年が明けてみれば、2006年日本映画のビッグタイトルをつぎつぎと獲得していったのである。まずもっとも長い伝統をもつ第61回毎日映画コンクールにおいて、日本映画優秀賞と劇中で見事なダンスをみせた蒼井優が助演女優賞、白取貢が録音賞を受賞した。

大賞は西川美和監督の「ゆれる」にゆずったが、日本映画大賞と優秀賞は、約80人の映画記者、評論家らの一次投票上位5作品を二次選考候補とし、新井満、桐野夏生、品田雄吉、吉田喜重、ドナルド・リチーの5人の選考委員が討議で決定したもので、「フラガール」は、「作品部門選考会では、評価を集めたが、その完全さが逆に足かせに」と『毎日新聞』（1月26日夕刊）は伝えている。

ついで東京映画記者会による第49回ブルーリボン賞が決まり、作品賞に「フラガール」、主演女優賞に蒼井優、助演女優賞に富司純子が選ばれた（『毎日新聞』2月7日夕刊）。

そして直近では、2月16日の第30回日本アカデミー賞授賞式において、いずれも最優秀の冠のついた作品賞に「フラガール」、監督賞に李相日と羽原大介、助演女優賞に蒼井優と、「フラガール」は最大の栄誉に輝いたのであった。

この映画の成功を下支えしたいわき商工会議所を主体とした地元の市民組織の活動については、別稿を期待するとして、ここではその社会的背景について一考してみたい。映画は何にもまして20世紀における大衆の視聴覚文化を代表するメジャー産業であった。

しかし、テレビの圧倒的な普及とパソコンネットの急拡大などによって、基本的に興行収入に依存するメジャーの垂直統合型の産業支配構造が変様し、利害関心を役割分担する水平分業型にシフトする映画づくりが盛んになってきた。その代表的なビジネス形態が、製作資金を広く調達し、利益とリスクを分担する製作委員会方式である。

また昨今、巨大集客施設の不可欠条件ともなってきたシネコンと略称されている一施設に通常6スクリーン以上を設置した複合映画館が急増し、国内の映画のスクリーン数は昨年11月末で3021と過当競争状態となっている。これは他面において、独立系でシネコン上映のチャンスを拡大していることに連動して、ヒット作を生む要因ともなっている。

韓流ブームの火付け役となり、「フラガール」を手掛けた李鳳宇《りボンゥ》社長のシネカノンは、劇場公開用20作品に投資し、興行収入やDVD販売などで配当を目指す映画ファンドを昨年4月に設定し、証券会社を通じて一口2000万円で販売、個人投資家から約46億円を集めたという。「フラガール」のDVDは販売だけで20万枚を超えると予測されている。

李社長は1960年京都市生まれで、フランスの名門ソルボンヌ大学にも2年間留学した映画通であるが、シネカノンを設立したのは89年である。『エコノミスト』の問答無用で、「お客さんが入る映画がいい映画なんです。だから、本当にいい映画にするには、多くのお客さんに見てもらう努力をしなければいけなかったんです」といい、映画でヒットを出す秘訣はとの問いに「経営者としてのシビアな目と、映画が好きだという情熱の両方が必要です」と答えている(2月6日号)。

映画が累積してきた裾野《すそ》の広さと歴史的伝統に培われた人材やノウハウの蓄積は、現代のコンテンツ産業としても確かな地位を約束されている。若い世代のパワーが結実した「フラガール」の成功を手放しで喜ぶばかりでなく、この映画の感動の底に、エネルギー転換という歴史の重みがあることを再確認せねばならないであろう。

夕張市の財政破綻も行政手法の拙劣に帰することはできないのである。

(初出：「いわき民報」2007年3月7日)

六　地域の中の大学

資金の過剰流動性と情報の氾濫のすさまじい乱気流の時代に、私たちは直面しています。

グローバリゼーションまたはグローバリズムといわれるこの流れは、主として巨大多国籍企業の国際的な展開による資本蓄積活動に起因する、現代世界の経済構造そのものが呼び起す不可逆的な波動であるといえます。こんにち、カネや情報の流れに壁をつくることは許されておらず、相互依存が抜き差しならぬ関係性を背負わされた経済世界は、現実的には、格差社会を急進展させ、一国的な経済政策の限界を露呈させております。

それは、石油、肥料、穀物といった国民経済の基幹的な商品の投機的な値上げに対して、日本政府が何ら有効な手だても方向性さえも示しえず、ただ市場のなすがままに翻弄されていることをみてもおわかりと思います。

こうした不気味な時代なればこそ、社会的機関・公共機関における指導的な立場にいる人びとには、リーダーシップの本質的な要件として、社会的使命の自覚と再確認が求められるでありましょう。使命（ミッション）が明確であってこそ、事業の目標や戦略が決定されるわけだからです。

ここでは大学と地域の問題を考えてみましょう。

福島県のホームページをみると、平成18年度県立高校全日制の卒業者総数1万7922人のうち、大学などへの進学者は7271人（40・6％）とこれまでの最高値を記録しました。ここをいわき地域の3大学でみると、いわき明星大学が244、東日本国際大学42、いわき短期大学76の計862人で全体の5％にしかすぎません。県内の国公立4大学合計でも556人です。これに対して東京都に所在する4年制大学への進学者は、いわゆる浪人をのぞいて、国公立87、私立校1104、合計1191人となっており、これは4年制大学進学者6189名の20％を占めております。

福島県全体において大学進学の東京依存・東京指向は明らかですが、これがいわき市内となると驚くばかりの小さな数値を示しています。グローバリゼーションにイメージされるポストモダン社会は、現実的には、少子高齢化を伴いながら、東京ないしは首都圏へのヒト・モノ・カネ・情報の一極集中を加速しています。福島県やいわき市における大学進学状況は、このトレンドを傍証するものです。これまで日本経済の高成長を背景に、数量的には市場の実情を無視して、供給を増大してきた日本の大学は、おおむね工業社会型学力の提供機関として、学習内容・方法の実用性、情報リソースとしての信頼性、社会的上昇手段としての実効性という3つの成果を売りものとしてきました。

いま、その質的内実は別にして、情報量は無限に近く、アクセス手段も多様性を極めています。情報消費による若ものたちの生活行動は即時・即物的で、農業社会や工業社会での時間という軸のなかでの自己実現という対応とはあきらかな変容をみせています。ポストモダンのど真中にいる若ものたちの公共観念や、歴史への参加意識が後退するのは、現代社会では必然性をもっているのです。

こうした事態は、私たちに旧来の工業型社会の教育モデルから脱皮して、いわば多文化共生型の学力を提供できるよう、柔軟で深刻な対応を求められているものであります。困難なときほど、ものごとのシンプルな原理原則、あるいは人類の歴史的経験の鏡に立ち返るべきです。

大学は寺小屋方式の少人数対話の子弟関係からスタートしました。私たちは少人数教育を学生のキャリア形成に向けて徹底し、志をもって建学の精神に同感を呼びおこしていくことが、地域における知の公共機関として、大学が市民から認知される根本要件であると確信しています。地域の活力は、人材の確保が最重要な必要条件であります。日本の近現代史に誇るべき産業的・文化的伝統をもついわき都市圏には、50万の人口があります。21世紀に命脈を確保するうえからも、私たちの大学が揃って地域貢献をなすべき多彩なメニューのなかでも、有為な人材を地域社会に送りだすことが最優先されねばならないと考えている次第です。

（初出：「いわき民報」２００８年４月30日）

七　佐藤優のアピールに注目

佐藤優（さとうまさる）は、いま、起訴休職外務事務官であるが、ユニークなノンフィクション分野における作家として精力的な活躍をみせている。彼は１９６０年生まれ、その著作は刺激的であるばかりか多彩な知的興奮を誘発するし、また運命的な独自の体験にもとづく「権力世界」の深層に迫る情報開示としても時代の転変を照射している凄みをみせている。昨今とかく多忙な私にしては、少なからず彼の本を読んでおり、今回は書棚から８冊を紹介するとしよう。

①『国家の罠』（05年3月・新潮社）は、ソ連・ロシア関連のエリート外交官・情報分析官としての立場から、国策捜査により５１２日間の独房生活を余儀なくされた著者が、南北朝の混乱した状況を記述した古典『太平記』にヒントを得て、もっぱら「事実の細部にこだわり、描くという方法」で、自分が被疑者とされた事件に対して論述したものである。人気絶頂の小泉政権のもとで政策的方向転換を広く示す一手段としてなされた国策捜査の実質を、驚くべき説得力をもって語っている。四面楚歌のなかで、いわば被告人である佐藤優のこの著作が、メジャーの出版社から発刊された背景に、著者がすばらしい友人に恵まれていたことを忘れてはならない。

②『国家の自縛』（05年9月・産経新聞出版）は、産経深部で元モスクワ支局長をつとめ、佐藤優という突出した異能の外交官の国益を根幹とした戦略眼に敬意を持続していた斉藤勉氏によるインタビューで構成されている。好評をもって迎えられた前著が、豊かな広がりをもって補完されていて、時宜にかなった味のある企画が実現されたものといえる。

③『国家の崩壊』（06年2月・にんげん出版）は、ソ連崩壊の過程を佐藤優が宮崎学の主宰する研究会で8回に渡って語った内容をまとめたものである。とりわけ、理性を信奉する普遍的啓蒙主義者ゴルバチョフがスラブ的リアリス

トであるエリツィンに敗れていくプロセスは、社会主義ソ連消滅という世界史的事件の現場証言として、貴重な教訓に充ちている。

④『日米開戦の真実』（06年4月・小学館）は、「大川周明著『米英東亜侵略史』を読み解く」というサブタイトルが付いている。これは往年の著者の冷徹な思索の別の面の成果が地政学的なインテリジェンスのもとで展開されており、国際関係論に一石を投じたものとしてその論評は別稿を要するところである。

⑤『獄中記』（06年12月・岩波書店）は、佐藤優が人間としての尊厳を保ちながら、重い問いを発しつつ取り組んだ62冊の獄中ノートの精華である。獄中読書リストなども付録されているが、自由な精神の発現パワーに驚かされる類まれな記録文学であり、著書の発想の原点をたどることができる。いま私の手もとにある彼の著作ではこれが白眉である。500ページを超えても読み進ませる筆力がこもっている。

⑥『国家と神とマルクス』（07年4月・太陽企画出版）は、「自由主義的保守主義者」と自認する著者にとって「絶対的なものとして並存している」日本国家、キリスト教、マルクスの言説について率直に語ったものである。「資本主義システムが癌のような死に至る病だとしても、根本的な治療法がないのだから、それと付き合うしかないと諦めています。しかし、資本主義がろくでもないシステムだという認識はきちんと持ち続けていきます」といい、「日本の傑出したマルクス経済学者宇野弘蔵がマルクスから批判的に継承した『資本論』の論理が基本的に正しいと考えている」と言及している。

⑦『地球を斬る』（07年6月・角川学芸出版）は、60週分のコラム集であるが、国際政治への関心を強くいざなう応用編となっている。

⑧『国家論―日本社会をどう強化するか』（07年12月・日本放送出版協会）は、国家と社会にかかわる佐藤優のいわば学者としての思索力の強靭性が示され、大学院クラスのセミナーテキストとしても深く多様な問題を提出している力作である。

どれ一冊でも読者は佐藤優のファンになること請けあいである。

（初出：「いわき民報」2008年6月13日）

八　経済学者・金子勝の仕事

金子勝（まさる）は、1952年生まれだから私よりずっと若いが、この混迷の10年有余、経済学者として畏敬すべき精力的な仕事の成果を発信してきた。

①『反経済学―市場主義的リベラリズムの限界』(99年・新書館)では、経済社会のモラル喪失について、「問われているのは、公か私かという所有論のダイコトミー(二分法)ではなく、高齢化やリストラ失業などのように普通の人々にとって誰にでも起こりうるリスクをシェアするために、人々の共同性を構築してゆくことなのである」といっている。金子教授の発想の原点はシンプルかつ核心的であり、土地・労働力・資本(さらに、その基盤にある貨幣)といった本源的生産要素市場における公正な制度やルールが、グローバリズムの進展に伴うバブルとその破綻の過程で破壊されてきたとみて、市場化の限界という問題自体の内在的枠組みを、歴史的、社会的背景を包含して問うものといってよい。

②『見たくない思想的現実を見る』(02年・岩波書店)は、気鋭の社会学者大澤真幸(まさち)との高齢者医療・過疎地・韓国などの共同取材である。感銘深い仕事であるが、「歴史の教えるところによれば、派遣国の経済の衰退を契機に始まるグローバリゼーションは、金融市場から労働市場の順に進み、やがて農産物市場で壁に突き当たる」。その根拠は、「それぞれの市場の調整速度に違いがあるからだ」。つまり農業問題こそは、このままだとやがて社会そのものの維持が困難になることを予見させると説いているのである。「あとがき」で金子は、「デフレ不況が長引き、時代が混迷の度を深めるにつれて、人々は体系的な理念を求め出すだろう。その時点で、私は何を言うべきなのか。もう一度原点に立ち返って、体系的思考を展開し直す必要がある。私にとって体系的思考とは、社会哲学的思考、政治経済学の理論的革新、現在の歴史的分析、そしてこれらと一体となった政策オルタナティブをさす」といっている。

③『長期停滞』(02年・ちくま新書)。これは、重化学工業が成熟化したなかで、ITやバイオなどの新しい技術は創出されてきていても、それが一般消費者の需要を本格化するまでに至っておらず、「長期的に経済成長率が低下してゆくなかでは、事業投資機会を失ってマネー(過剰流動性)に投資機会を与えるために、金融自由化政策が推し進められていく。その結果、余剰なマネーは株や土地などの資産に向かうために、ますます資産価値の変動が景気循環を主導するようになる」状況を、見事に描いている。

④『経済大転換―反デフレ・反バブルの政策学』(03年・ちくま新書)は、アメリカの景気頼みの輸出依存による日本経済回復シナリオの危ういことを活写し、「本当に怖いのは、こうした事態を放置していると、社会が復元力をう

しなってしまうことだ」と断言している。

⑤『金子勝の仕事道』（06年・岩波書店）。これは、いま、生きる価値を求めてさまざまな現場で踏ん張る人々へ贈る、著者からの応援歌であり、面白く読める。

⑥『閉塞経済―金融資本主義のゆくえ』（08年7月・ちくま新書）。これはサブプライム危機以後の経済を読み解く好著として版を重ねている。金子は今回の金融危機が、実体経済としての住宅バブル崩壊と重なっている強烈な逆資産効果に注目しつつも、その背景に71年8月の基軸通貨としてのドルの金交換停止があり、とりわけ85年のプラザ合意後のドル切り下げ基調が、変動相場制とセットになった金融自由化をもたらし、アメリカは、過剰消費による強大な輸入超過国となって世界経済の牽引力となってきた反面、各種の証券化商品の売却によって世界的な金余り状態＝過剰流動性を吸収してきた状況の筋道を分かり易く説いている。「影の銀行システム」と彼がいう、長短の金利差を利用した債務担保証券の人為的組成商品を、レバレッジというテコの作用によって、新たなる市場型間接金融の連鎖をはてしなく拡張したことには驚くばかりである。

いま、世界の注目するGMやトヨタの業績の急降下は、先進国における自動車社会化が限界に達したことを、資本主義の長期波動としても明白に告知するものであろう。それは、地球温暖化という環境問題にも重なっている。

（初出：「いわき民報」２００９年2月13日）

九　国家としても十全ではない　原発の責任当事者能力

経済学系では注目されるしごとをした室田武が、「近代科学から人間・文化」と題した論文ですでに「原発は、それが存在するかぎり、放射能を外界にまきもらさざるをえないのである。いいかえれば、原発は、決して自分で『あとしまつ』をすることのできない技術なのである」（１９７８年・『反原発事典』・現代書館３１２ページ）といって「自給における無限の論理」を対置していました。

３・11東日本のトリプル災害からこの一年間、原子力発電について社会科学者の公的発言が少なかったことは、この国の知的衰弱を象徴しているように思えてなりません。

長老の伊東光晴が、昨年8月号の『世界』で、「その廃棄物を処理する技術が存在せず、しかもプルトニウムのように、自然界に存在しない極めて有害な放射性物質を、何世代にもわたって大量に放置せざるをえない産業」、つまり「研究段階の技術である」とし、これについて「私の専門である経済学のケネーからケインズに流れる循環論の上に立って、再循環を阻害する要因が生まれたとき、その社会は危機におちいるという考えの上にも立っている」（275ページ）と記しています。

オール電化生活といった現代科学に裏打ちされた夢の生活の証明となるべきものが原子力発電でありました。

しかし、この巨大工業技術がシステムとして未完成であることは、核廃棄物の安全かつ経済的な処理方法すら確立していないことからも明らかになりました。

とりわけ人工放射線による生活環境や土壌の汚染という災禍は、眼に見えない多様な経路からの累積的な被曝をとおして、少なからぬ確率をもって人間の遺伝子に打撃を与えていることを知りました。

いわき駅前のテアトル平で上映されていた60分ほどのチェルノブイリの被爆者の国際的な医師団による記録映画は、正視しがたいものでした。原子力はまさに悪魔のエネルギーであり、カルチャーがないのです。

福島大の清水修二教授によりますと、いわゆる「電源三法の発想をひとことで言えば〝利益の分配〟と〝リスクの分配〟を市場取引の原理で調整しようとするもの」（『世界』2011年7月）ですが、福島県資料によりますと、昨年の事故前36年間の電源三法交付金受領額は2698億円で、これでは広大な県域の除染費の一部にしかなりません。

原発の大事故から学ばねばならぬことは、リスクテイクの面から、この事業は損害保険の範囲をはるかに超えており、とうてい民間企業の手に委ねられるものではなく、放射能への対応という長大な時間軸と被害の特殊な悲惨さからして、国策としても許容されるものではないということです。ましてや現今の日本財政は税収より借金の方が多く、対GDP比の国債残高は世界一なのです。輸出依存型の経済構造では成長力も見込めませんし、日本は生産年齢人口の減少社会化が急進行しているのです。もはや国家ですら、共同体としての責任当事者能力は十全ではないのです。

日本は極東の島国ですが、江戸時代という世界に誇る豊かな文化と平和な時代を二世紀半余も持ったのです。どうやら私たちは、電力の有効利用や再生可能エネルギーなどを、交通システムや市民のライフスタイルの変革まで複合的に組み合わせた社会システムとしてスマートコミュニティの構築に知恵をだし、汗を流さなければならないようです。

福島県浜通り地域は、持続的な経済活力源として、風力や太陽光など自然再生エネルギー生産主体として既存の送電線インフラを利活用して、中長期的に首都圏の皆さんから稼げる仕組みをつくるべきかと思います。

いま日本の原子力発電設備能力は、アメリカ、フランスについて世界3位ですが、福島県の佐藤知事が昨年声明された脱原発の方針は、広島・長崎の被爆体験を持つ日本人として、改めて覚悟を決めて、世界にその具体的モデルを果たすべき歴史的な責務を求められているのではないか、と私は考えます。このことを抜きにして本当の福島の復興はないというのが、私がフクシマから学んだことです。

（初出：「いわき民報」２０１２年3月10日）

第三編　地域に絡めた自分史

第一章　幕藩体制と「内川廻し」水運
――利根川河岸成立の必然性

世界史の潮流は、「長い16世紀」以来、五世紀におよぶ資本主義的商品経済社会の成立・発展・変質のプロセスを基軸として展開してきたといってよい。19世紀の最終四半期にドイツやアメリカの経済的躍進をみるまで、その歴史の典型的具体性をもってこれを代表し、主導したのは、イギリスであった。

こうした世界史の文脈を前提にしてみると、極東の島国であった日本の江戸時代が260余年もの間、これという戦乱もなく、平和で独自の文化を開花させるとともに、その経済的展開に特殊な後発性を刻印することになった仕組みというべき社会経済システムを解明せねばならないであろう。

それが、日本の近世封建社会に特有な徳川一門による国家デザインともいえる幕藩体制である。すでに織田信長（1534〜82）、豊臣秀吉（1537〜98）によって、中世的権力としての社寺公家などの下にある関所や座を廃し、自由な商業や交通を促進する楽市楽座や貨幣の鋳造といった進歩的政策も採用されていたし、刀狩りを押し進めて、武士を農村から城下町に移住させ、また全国的なローラー作戦とでもいうべき検地によって、統一的な度量衡で土地面積・収量・作人を調査し確認して、きまった計り方による石高表示というスタイルで大名のそれぞれの大きさが分かる構図がつくりあげられていた。

いわば、統一政権を志向しながらも、国家デザインとしては、大名の支配を基本にしていたのであり、それぞれ自治権を持つ各地の大名の勢力を示す大きさは、米の収量石高に一元化され、封建的な支配権力としても、中世紀的な、臣従する家臣の数によらずに、新たに無媒介的な数量による土地の広さに依存するようになってきたのであった。

1600（慶長5）年、関ヶ原の戦いに勝利し、1603（慶長8）年、徳川家康（1543〜1616）は、征夷大将軍となって江戸幕府を開府した。

この年、世界の西のかなたでは、25歳からの在位45年間、生涯独身のままに、1588年、一三〇隻の軍艦と二万人余の兵力を持つスペイン無敵艦隊を撃破して大英帝国のヨーロッパにおける国民国家の基盤を確保し、１６００年には、東インド会社を設立して対アジア通商の拠点を構えるなど、初期絶対王政の名君であったイングランド女王エリザベス一世（１５３３～１６０３）が、70歳の生涯を終えた。

　彼女は家康より10歳の年長であったが、ほぼ同年代のリーダーとして、ユーラシア大陸の西と東に位置する島国でありながら、国づくりのデザインにおいて、両極端を構築したことは銘記されねばならないであろう。

　家康は信長より9年、秀吉より6年しか若くない。ちなみに九州南方の種子島に鉄砲が入ったのは１５４３（天文12）年で、奇しくも家康の生まれた年であったが、新時代のリーダーとして同世代の三人は、鉄砲や槍が効果を大きくする歩兵の集団戦を採用し、また内外の情報にも目配りして、対外通商の活用や鉱山開発にも積極性をみせていた。

　家康も秀吉からうけた関東六か国ー武蔵・相模・伊豆・上総・下総・上野に二四〇万三〇〇〇石を持つ大名のひとりであった。

　関ヶ原合戦とその最終処理としての大阪城攻防戦という二つの戦争による敵方よりの領地の没収高は、六八八万九〇九〇石に相当した。いわば、封建戦争として、家康が大名を統一するための恩賞としての土地は十分であったのである。それぞれの大名は、大名領国を甚礎に自費で出兵していたからであった。

　こうして、諸藩が相対的には自立した封建社会は、近世日本に独自な、石高制を根幹に据えた幕藩体制を確立したのであった。

　この最終戦争が、エリザベス一世の対スペイン戦争のごとく、西欧のイギリス・オランダ・フランスなどにみる戦争の回を重ねて国民軍や国民国家を指向していく、こういう性格のものでなかったことは留意されねばならない。

　１６３２（寛永9）年から39（寛永15）年に、長崎一港のみを幕府の直轄統制下におくオランダ船と中国船のみの限定的通商を例外として、幕藩体制の対外的政策の完成として鎖国が断行された。

　これについて信夫清三郎は『江戸時代・鎖国の構造』（１９８７年・新地書房）で四つの条件を採りあげている。

１　幕府が対外戦争への衝動をもたなかったこと。

２　日本が農業社会であること。食料自給の自足社会であったこと。

３　外国市場に輸出を委ねる工業生産物を欠いていたこと。

４　国際情勢が有利に作用したこと。

江戸時代では元禄・享保に至るおよそ百年余は、開発ブームで人口も増加していたが、貿易・対外通商をみると、日本は、絹織物・陶磁器・香料・薬種・砂糖・書籍といった奢侈品を輸入し、いわばその決済手段として、金銀銅を輸出するという完全片貿易の構造を持続していた。いわば幕藩体制のもとでは、日本はシルクロードの終着駅とはなったが、その始発駅となることはできなかったのである。

しかし、戦国の世から江戸時代が社会の安定を得たことは、全国各藩において、唯一の戦闘集団である武士の城下町移住を完成させるものとして、これを補完する商工業者の集住とあわせ、都市建設が活況をつくりだした。とりわけ、幕藩体制の構築原理をなしていた石高制のもとでは、米の現物収取がいわば財政の根幹であったから、都市建設はたんなる用水土木を超えて、水害軽減はもとより、河川による物流インフラの確保策として、利根川、北上川、富士川、木曽川など大河川に対する巨大土木工事の集中展開をみたのであった。

これによって全国各地の沖積層平野がつくりかえられていくのであり、河川交通による物流中継基地としての河岸も成立してくるのである。

また耕地面積の推移をみても、江戸時代初頭一六三万町歩が、中期（１７２０年ころ）に二九七万町歩と82％も増加しているのに、１８７４（明治７）年には三〇五万町歩とその後わずか2％しか増加していないことで、時代のトレンドがみえてくる。

江戸時代初期がまさに大土木工事の時代を画したことは、鉱山開発が積極的に行われ、日本は世界有数の金銀銅の産出国となったことでも特記されねばならない。これが格別の輸出品をもたない日本の対外通商における決済資金となり、また商品経済の進展にともなって求められる流通手段としての通貨となっていったのであった。

ここで事実上、ロンドンやパリを超えて、世界最大級の人口を収容するに到った消費都市、行政都市としての江戸の都市計画ともいうべき、江戸城の大改築と一体的な江戸市街地建設の一端にふれてみたい。

当初はまだ本郷の方から張り出ていた湯島台が駿河台と続いており、江戸城を北からおびやかす形になっていた。そこで、天下普請によるいまの神田川にみるお茶の水の掘割が年月かけて形成され、湯島台と駿河台の間が切り離されるとともに、ここで発生した厖大な残土は、日本橋・室町方面の新市街地拡張の埋立てに供用されたのであった。石取船といわれた伊豆半島からの石材運搬船だけでも三千余隻が就業していたといわれる。

「江戸の総曲輪《くるわ》」と呼ばれる日本橋を起点として、東側は隅田川、南側は江戸湾に画された江戸城下町が、北から西側は、お茶の水から市ヶ谷、四谷、赤坂、溜池を通って浜離宮の北側まで連続した掘割に囲まれたデザインのもとで、基本的な完成をみせたのは1636（寛永13）年であった。

つぎは、大消費都市としての江戸の構築とそれと併行せざるを得ない物流の大動脈としての、江戸からみた「内川《うちかわ》廻し」といわれる水運インフラ整備、これからの不可欠な要請として実現した利根川東遷事業と江戸川の創成的な改修工事についてである。

利根川は、新潟・群馬の県境に位置する大水上山《おおみなかみやま》（一八四〇メートル）に源を発し、関東平野の中央部を西北より東南にかけて貫いて犬吠埼を望む銚子河口で太平洋に接する、流長322キロメートル、流域面積16840平方キロメートルという、長さでは信濃川に45キロ不足するが、二八五の支川を従え、流域では信濃川より四割余も広大な一都五県におよぶ巨大な利根川水系を形成している。

ちなみに、河口から標高200メートルに達するのが約200キロメートルという利根川であるのに、フランスのパリを流れるセーヌ河は同一条件を達するのに600キロを要するし、アジアの大河メコン河に到っては、なんと標高100メートルを確保するのに1000キロ逆登るという自然条件があった。また台地と平地との比率としての平地率も、利根川流域においては水田開発に好都合な六割を占めていることも留意されてよい。

当時の世界史に特出したこの大土木河川事業に着手したのが、1590（天正18）年に江戸城入府した徳川家康であり、工事を指導したのが、家康の傑出した土木ブレインで関東郡代の要職を指名された伊奈備前守忠次《いなびぜんのかみただつぐ》（1550～1610）とその子孫であった。

主な事業を年次的に略述する。

①1594（文禄3）年、会《あい》の川締め切りがある。これは、いま埼玉県羽生市上川俣・上新郷間で分岐していた利根川のうち南利根川（会の川）が忍《おし》藩により締め切られ、主流路は東利根川となったという工事であり、その意図については諸説ある。

②1621（元和7）年、新川通および赤堀川開削がスタートしたが、事実上これが利根川東遷事業の本格的着手といってよい。いま茨城県古河市となっている中田村と五霞《ごか》町になっている川妻《かわつま》村の間を水海沼まで掘られた備前堀は止水となって流れず、1625（寛永2）年に拡幅されるものの、本格的な通水は、③1654（承応3）年の赤堀川三番割工事をまたなければならなかった。削られた関東ローム層によって河水が赤く濁ったことから、赤堀川と呼

ばれたという。新川通というのは、いまの佐波（現・埼玉県大利根町）～栗橋間をいわば直線的に開削したもので、これによって渡良瀬川は利根川に結ばれ、赤堀川は本来の利根川の水流を、既存の中河川であった常陸川に結ぶことになった。

そしてこの間、新生の大動脈としての利根川の水運ネットワークを確保する二大工事が行われた。④1629（寛永6）年に完成されたのが、鬼怒川（奥日光を源とし全長176・7キロメートルで最大の支川）を小貝川《こかい》（全長111・8キロメートル）と分離し、ふたつの川を約3キロメートルの距離をもって別々に新しく利根川に付替えした工事であり、これによって利根川の水量を確保するとともに、両川とも水運による江戸直結の実現に寄与した。

もうひとつは、⑤1641（寛永18）年の江戸川開削竣工であった。これは、利根川と渡良瀬川が合流して、新しい江戸川の旧名である太日川《ふとい》に落ちていた流路を、権現堂の北で直角に東に曲げて関宿《せきやど》で江戸川の流頭と結び、その結節点から北に逆川《さかさ》を拡幅して関宿の北で利根川（赤堀川が常陸川の上流と結ばれた辺）と結ぶという工事と、これと併行して着工され、1647（正保4）年に完成したといわれる太日川の中流、金杉（野田市西南）から北方の関宿に向かって新河道が開削されたことであった。

こうした工事経過は、スクリーンにでも投写して地図上で説明すればより具体的にイメージされるであろうが、ともあれ、「利根川を中心とする関東平野の河川改流工事をみてくると、元和7年（1621）頃に始まり、ほとんど寛永期に集中して行われたことが知られる。

東北・北関東諸藩の江戸廻米が本格化するのも、この寛永期からであった。近世初期の関東河川の改流工事の問題を考えるとき、東廻り海運の発展、特に東北および北関東諸藩の江戸廻米の強い要請を抜きにしては論じられないことは明らかであろう」（川名登『河岸』2007年・法政大学出版局・60ページ）。

このころすでに、畿内の上方市場圏の中心を形成しつつあった大坂と江戸を定期的に結ぶ海運航路は、1619（元和5）年に、菱垣《ひがき》廻船組織として実現していたし、正保年間には樽廻船組織もできて、両者は近代の明治に至るまで続いていた。

また、1670（寛文10）年、河村瑞賢《ずいけん》（1617～72）によって開発されたといわれる東廻り航路は、日本海沿岸から津軽海峡を経て八戸～石巻（北上川河口）～荒浜（阿武隈川河口）～小名浜～那珂湊～銚子～小湊、ここから通例は外房から直接東京湾には入らず、いったん伊豆下田まで帆走してから風待ちをした上で改めて東京湾に入り、品川沖を経て江戸の河岸に入るのがその海上ルートであった。

この外洋コースは、季節風が安房沖で南北逆になる難点もありまた、浦賀水道辺の暗礁の危険も無視できなかった。千石（二五〇〇俵）積の大船から、利根川筋で開発され、17世紀半ば以降大活躍した四〇〇〜八〇〇俵を積んで吃水深からず、三〜四名で河川交通を可能とした高瀬船に銚子湊で積み替えて、東北諸藩のそして上・中流の各支川や霞ヶ浦・北浦などを経由する関東各地の持続的な江戸廻米を確保することを実現した。この「内川廻し」水運の確立は、海運と舟運を一体化させることによって、初期絶対王政の性格を強く内包しながらも、封建制の再編成に帰結する石高制——現物収取を根幹として兵農分離を実現した城下町経営を担うという、特殊な幕藩体制の相対的安定に寄与したのであった。

もちろん、現代的な都市計画の視点からみても、こうした列島全国的な物流インフラの整備に対応する江戸の諸工事も先行していた。江戸川河口に最近接する水陸交通の要所であった行徳河岸からは、新川《しんかわ》から中川番所を経て小名木川《おなぎがわ》を通り、墨田川に出てから道三堀や神田川など水運直行で江戸城に着荷が可能となっていたのである。蔵前や日本橋の河岸を目前にした行徳から新川・小名木川という総延長8・2キロメートルの人工運河こそ、東北諸藩や関東各地の米穀・木材などを主とする利根川全域の物資を江戸川を介して搬送する舟運の動脈として用意されていた。

1690（元禄3）年、幕府は関東各地の河岸吟味を行った。天領として散在する各地からの廻米移送の状況把握と運賃不統一の是正を含めて、自然発生的に成立してきた河岸を統一的な運輸機構として体制的に把握したのである。

これによって、利根川では上州の河井河岸から下総の野尻河岸まで三一カ所、霞ヶ浦、北浦、涸沼《ひぬま》の一六カ所、鬼怒川・小貝川の一七カ所、思《おもい》川の三カ所、巴波《うずま》川の一カ所、渡良瀬川・佐野川の五カ所、江戸川の五カ所と、合計七八カ所が城米移出河岸として公認されたのであった。

順風と利根川中流部の適切な水量さえ確保されておれば、銚子河岸を出発した高瀬船は、布川・布佐辺を中間一泊地として、二日間で利根川を遡上し、境・関宿などの河岸で一泊して、翌日80キロメートル余の航行——江戸川を下って小名木運河に入り江戸の蔵屋敷に入庫という、二泊三日の行程が一般化されていた。

こうしたグランドデザインを前提にしてみると、利根川河口の銚子からほぼ80キロメートルの行程に在り、小貝川の流入口にあって利根川の中流と下流部の境界に位置する河岸として、小堀《おおほり》・布川・布佐・木下《きおろし》の四つの河岸は、集落としてはそれぞれ別個の郷村制のもとにあったものの、いわば河川都市機能として重要な役割を果たしていたことが分かろう。四河岸それぞれが連帯し分担して、利根川舟運の基幹的中継基地として、17世紀後半から明治時代後半の鉄道が河川物流に対する優位を発揮するにいたるまでの二〇〇年有余、賑わいのある独自の発展と文化的成熟をみせたことの意義が鮮明となってくるであろう。

以下紙幅の許すかぎり、四河岸について略述する。

①小堀河岸

小堀河岸は、水戸藩の蔵米搬出の中継指定河岸として特殊な役割を保持していた。その対岸のいま我孫子市中峠《びょう》の台地がいわば緑の壁となって南東からの強風を防ぐ環境にあって、往来する高瀬船には格別の休憩地となっていた。河川交通成立の要件は、荷物を満載した船の吃水を持続的に確保する水深の安定性であるにもかかわらず、特に冬期になると年貢廻米は増加するのに、関東地方の降水量は減少して、河川流水量が乏しくなり、利根川中流域では境河岸を起点として、鬼怒川や小貝川の合流点まで、江戸川では、松戸河岸に至る区間に浅瀬の障害が連続して出現したのであった。

小堀河岸は、浅瀬の部分を乗り越える方法として、下流域から遡上して来る大型船の積み荷を配下の艀下船《はしけ》に分載して吃水を小さくすることによって、水深の制約を解除するという補助輸送船の手持ち準備や専任水夫の用意を常時整えていたのであった。

「このような艀下船を主に利用したのは、冬期減水期、年貢廻米を積み込んだ大型船が中心で、その艀下船を差配したのが小堀・関宿・松戸の三ヶ所の河岸問屋たちであった。彼らは、利根川や鬼怒川と合流する地点を境にそれより上流部分を関宿河岸が、下流部分を小堀河岸が差配するといった具合に、それぞれの請け負い場所を決めて艀下船の調達から難船の処理に至るまでを取り仕切っていたのである。また、諸藩領主の側でも彼らを〈穀宿〉に指定し、藩船は勿論のこと自藩の年貢廻米を積み込んだ元船への艀下船の調達や、それらに関わる事件や事故の処理一切を請け負わせていた。したがって、これら三ヶ所の河岸問屋は、この地域を運航する船持・船頭に対しては船宿として、また諸藩領主に対しては穀宿としてそれぞれの立場から利根川水運の中継地としての役割を果たしていたのであった」（渡辺英夫『近世利根川水運史の研究』２００２年・吉川弘文館・１１５～６ページ）。

小堀は水戸藩の蔵米搬送にかかわることから、17世紀末葉の元禄期にかけて利根川中流域における先駆的な河岸として成立していたのであった。

明治になって新政府が非常の緊急時に備え調査した『明治一〇年徴発物件表要覧』によると、北相馬郡井野村（小堀河岸）は五〇石以上の船が五七、以下が一〇、船大工五、舟夫一二〇となっているが、布川村は二四、三四、三、三六という対比も、両河岸の役割分担を示唆しているものであろう。

②布川河岸

布川河岸は、小堀より8キロメートルほど下流の利根川左岸に位置している。「下総国相馬郡布佐村・布川村右両村最寄村々舟持、諸事為取締組合相立、諸荷物江戸運送致候ニ付、川通リ小堀・関宿・松戸・江戸表迄四ヶ所船宿相定置候」（『松戸市史』史料編（二）所収、No.一一五「布佐村舟持行司松戸河岸の舟宿再願」）とある1800（寛政12）年の文書に見られるとおり、「小堀のすぐ下流に位置する布佐・布川両村とその近辺の舟持たちは、諸物資の江戸廻送にあたって組合をつくると共に、江戸並びに小堀・関宿・松戸の三ヶ所河岸問屋を舟宿に指定して、川筋での事件や事故に備えていたのである」（渡辺英夫・前掲書・69ページ）。

江戸へ来航した高瀬船は、「帰り荷」に再び関東・奥羽の各地奥川筋へ行く荷物を積んだが、これらを取扱うのが「奥川筋舟持問屋」であった。日本橋の「小網町三丁目布川屋庄左衛門は〈布川問屋〉といって、下総布川・藤蔵河岸・十里・木下・田川・布佐・取手を得意先として持っていた」（川名登・前掲書・91ページ）。

私が幼少の頃、栄橋を渡って格別の賑わいを見せていた地蔵市に行くのは秋の楽しみであった。布川河岸が幕末近くに生んだ巨星の赤松宗旦《そうたん》（1806〜62）は、『利根川図志』のなかで「布川は一帯の丘山を背にし、前は利根川に臨みて街衢を列ね、人烟輻湊して魚米の地と称するに足れり（旧地は山の西北を遶るといふ）。殊に六月十四日の宵祭、八月十日の金比羅角力、十月廿一日の地蔵祭等は、詣人村々より来たりて雲の如し。燈は町々に照しつれて月の如し。魚は一帆の風を使ひて銚子より輸すべく、酒は一葉の力を借て江戸より運ぶべし」（岩波文庫版・148ページ）と、河岸の活況を伝えている。

この岩波文庫は1938（昭和13）年に第一刷が発行されているが、13歳からの三年間を、長兄である松岡鼎《かなえ》のもと、布川で生活した柳田國男が校訂したもので12ページにおよぶ長文「解題」が付されており、明治中期の利根川と布川河岸辺のエキスが活写されている。

旅の俳人、小林一茶（1763〜1827）がその65年の生涯において、その日記によるだけでも約五〇回、二九

○日間を数えるくらいもっとも多い滞在先が、布川河岸の廻船問屋、古田月船《つきふね》の屋敷であったことも特記されてよかろう。

一茶には「春立つや四十三年人の飯」と、立春の日、胸に溢れた一句などもあるが、藤沢周平の傑作『一茶』(1981年・文春文庫・178ページ)をみると、すでに無縁となって布川の東、羽中の応順寺に墓のみを残す往時の古田月船の家の奥座敷から、眼をさまして池を眺める一茶の感懐を伝えるくだりなど、まさに裕福な経済力をもつ問屋の旦那たちと江戸の文人たちとの交流の一端が凝縮されている。

③木下河岸

木下河岸は手賀沼への入り口にあって、古くからの河岸として、当初の幕府による河岸公認においても、関宿より利根川下流部の右岸としては最初の指定を受けていた。

それはまず河岸本来の業務として、年貢廻米をはじめ周辺農村よりもたらされる諸物資を舟積みして送り出す機能であったが、やがてこれに加えて、主として江戸方面から行徳河岸を起点に八幡・鎌ケ谷・白井・大森と木下街道(いわゆる江戸みち)を通行して、鹿島・香取・息栖《いきす》の三社参詣に出かける旅行客や霞ヶ浦や銚子方面に向う旅人の客船運行を地域的に独占する特権を持っていたことが注目される。

この木下河岸から出る定期的もしくは貸切り方式の乗合船・遊覧船は「木下茶船《ちゃぶね》」といわれた。1778(安永7)年から「一二年間の木下河岸出船数の平均をみると、一年間に約四三五〇艘、一日に約一二艘の乗合船や三社参詣船が出航していたことになる。またこの内で『茶船』は乗客定員を八人乗、『小船』は四人乗と定められており、それ以上の人数の乗船は禁じられていたので、平均四人としても、年間で約一万七四〇〇人の旅人が乗船したことになる」(川名登・前掲書・214ページ)。利根川通りで「旅人河岸」というのは、境河岸より下流では、木下河岸のみであった。

そして木下河岸はもうひとつ、鮮魚荷物の陸揚げと駄送を取り仕切る特権も認められていた。銚子方面から江戸へ向けて出荷される鮮魚類をここで荷揚げし、さきの木下街道を行徳河岸まで宿継ぎで駄送するというものであった。

地の利を生かしたこうした複合的な機能をもって、郷村集落として本来の竹袋村《たけぶくろむら》から離れていたにもかかわらず、木下河岸は独自の発展をみせ、明治期には、利根運河の開通によって銚子—東京日本橋間を48キロメートルも短縮した航路に、外輪方式の定期蒸気船三艘も保有した富豪・吉岡家などを輩出する河岸都市としての繁栄をみせたのであった。

④布佐村

布佐村は、「下総国郷帳」によると石高が1702（元禄15）年に一〇〇七石七斗、1834（天保5）年に一〇六八石五斗の記載をみる（『我孫子市史資料・近世篇Ⅰ』2004年）が、北は布川河岸に直面し、東は木下河岸に2キロメートル余、南は若干の新田を経て手賀沼に面し、西は高台に連なるという平凡な農村であった。もちろん河岸問屋株は認められていなかったが、利根川水運が活況を呈し、用船需要が高まるなか、立地上の環境特性も手伝って、やがて、幕府の川船役所の極印を受けて特許料としての「船役永《ふなやくえい》」を上納し、運送業に従事する船持が集住する新しい河岸の様相をつくりだしてきていた。新しい船主たちは組合をつくり、布川河岸などと連携しながら用船や役務提供に応じたのである。

布佐が特殊な河岸として公式記録に立ち現れるのは1761（正徳6）年、鮮魚輸送に限定して、布佐村から松戸河岸に付通し、つまり宿継なしの直送が許可された件である。

町方人口五〇～六〇万、武家身分ほぼその同数といわれた大消費都市江戸に、海から送る生魚は鮮度が生命なのであるから、当然、短距離・短時間のルートが優先される。舟方三人にて銚子浦から快走したなま船は、未明に布佐に着岸し、これより発作《はっさく》―亀成―浦部―平塚―佐津間―金ヶ作―松戸と約七里半の松戸みち（行徳みちより二里短い）をノンストップの馬の背に乗せて松戸河岸の特約問屋に送られ、ここからは早船で当日中に江戸の魚市場に供せられたのであった。

このような新規ルートの開発とその鮮魚輸送権の独占は、商品経済の発展を背景にして、さまざまな事件や訴訟をひき起こし、またその解明が歴史的事実の確認に連鎖していくのであるが、今様にいえば、布佐村や近隣の中峠村などの農間駄賃馬による雇用の、多大にして持続的な拡大効果をもたらしたことも事実である。

俳人松尾芭蕉（1644～94）は、1687（貞享4）年8月、門人の曽良と宗波の二人を伴って、常陸国鹿島で月見をしようと旅に出た。行徳河岸からは徒歩で、一行が布佐に着いた頃には日はとっぷりと暮れていた。ここで鮭の網代を営む漁師の家に一食一休し、利根川の夜船に乗って鹿島に下っていった。この旅模様は小篇『鹿島紀行』に残されているが、この布佐の立寄り先は「いと生臭し」と記されている。

時はかなり過ぎて1825（文政8）年七月に、学者・画人の渡辺崋山（1793～1841）は、江戸の自宅を出て芭蕉と同じ街道を通って臼井宿・木下河岸に止宿するが、翌日は布佐新河岸の代表的問屋をなした榎本次郎右衛門家を訪ねて、豪華な昼食を供されたと記録している。

これは17世紀末から19世紀初頭に至る布佐村の経済的発展を著名な客人を迎える対応から伺えるエピソードとなるであろう。

幕藩体制は、土地については検地帳、人口については宗門帳、集落については郷村制という三つを別個に作り、それらを重ね合せるというスタイルでしか権力支配をすすめることができなかった。それは、石高制や武士の都市集中にみるごとく、この特異な身分社会そのものが、商品・貨幣経済の展開を不可欠とし、この流れに町民や農民を巻き込んで、封建制的共同体を崩壊させていく要因を自らに内包していたのであり、その自己保全を第一義としたため、世界史の潮流に視野を開けなかったのである。

それが典型的に表出したのが、河岸の盛衰でもあった。幕藩体制を前提に、これに寄生し、これを補完するものとして成立した商人資本は、やがて本百姓を根幹としていた農民層の分解を問屋制生産の展開と併せて押し進め、地域経済を新しく再編成する方向で、その一部は民富の形成に参画するに至った。

また江戸を媒介とする利根川流域文化圏の成熟は、幕末近くから明治近代国家に、偉大な人材を輩出していくのであった。私なりにその十傑を生年順に列挙して、この稿を締め括りたい。

1　伊能忠敬（1745〜1818）佐原河岸問屋の出身。晩年に全国を測量して正確な日本地図を作製した。井上ひさし『四千万歩の男』（講談社文庫全五巻・1990年）がお奨め。

2　間宮林蔵（1780〜1844）小貝川の畔、常陸国上平柳村（茨城県つくばみらい市）に農民の子として生まれる。間宮海峡を発見。吉村昭『間宮林蔵』（講談社文庫・2011年）。

3　渋沢栄一（1840〜1931）現在の埼玉県深谷市血洗島の農業と藍商売を家業とする家に生まれた。評伝は多いが、鹿島茂『渋沢栄一』上下二巻（文春文庫・2013年）が格好。

4　田中正造（1841〜1922）いま栃木県佐野市小中町となっている地に、中農の名主の子として生まれた。利根川上流における足尾鉱毒事件は忘れられない。小松裕『田中正造―未来を紡ぐ思想人』（岩波現代文庫・2013年）。

5　松岡　鼎（1860〜1934）東大医学部別科を卒業した翌年、27歳で縁あって布川で医院を開業し、

1890（明治23）年、15歳年下の実弟・柳田國男らと両親を布川に呼び寄せた。千葉県医師会長も務めたほか、布佐町長としては、組合方式で利根川に栄橋を完成させるなど、一身二世ないし三世という生活を送った。今後の研究が期待される。

6　岡田武松（1874〜1956）気象分野における学者・行政事業者として文化勲章に輝いたふるさとの偉人。須田瀧雄『岡田武松伝』（岩波書店・1968年）は必見の名著。

7　柳田國男（1875〜1962）布川と布佐の長兄松岡宅で生活したのは青春期の3年余であるが、この体験が彼の生涯に与えたインパクトについては、研究対象としてまだまだ魅力的である。

8　井上二郎（1873〜1941）いま市史研の皆様の解読対象となっている歴史的公共財、「井上家文書」の近代篇の中核をなす、大規模水田造成事業を完成させた東大土木工学士である。注目される研究対象。

9　長塚　節（1879〜1915）いま茨城県常総市国生となっている鬼怒川のほとりの大地主の子であった。名作『土』を生んだ37年の短い生涯を、藤沢周平『白き瓶・小説長塚節』（文春文庫・1988年）は活写している。

10　茂木一族—野田醤油（株）・キッコーマン（株）の経営者。発電の歴史的展開、利根川流域史研究には不可欠の対象。市山盛雄『野田の醤油史』（崙書房・1980年）はコンパクトだが、さらに『キッコーマン社史』にアクセスすることが大切であろう。

（初出：『市民による我孫子市史研究—我孫子市史研究センター40執念記念誌』2015年11月）

〔追記〕

いまの流路を定着された利根川は、400年足らずの若い川です。その歴史には、流域の経済や文化の花を開いた河岸の存続がありました。近接する布川、木下、小堀、布佐は、利根川下流から人口100万の巨大都市化した江戸への結節点に位置し、四つの河岸がそれぞれ物流や交通の機能を分担しつつ、江戸や水戸、東北諸藩の情報を媒介していたのです。このような歴史的環境は、各方面に傑出した人々や企業を輩出させ、近代化の流れを加速する商品経済のダイナミズムを展開しました。

こうした歴史研究の面白さを、私は、①共同体（身分社会と商品経済（市場経済）、②幕藩体制・石高制（江戸時代の特殊性）、③世界史を先導した海洋国家イギリスとの対比、④鎖国と対外貿易の輸出入構成、⑤江戸と大阪との相互補完システム、⑥舟運と海運の結び付き（西廻り・東廻り航路の成立と「内川廻し」の必然性）、⑦高瀬舟、⑧人口増で元禄文化に象徴される江戸時代前期の活力（布佐海岸の成立）といったキーワードを底に据えて、いささかでも呈示できたらと考えた次第でした。

経済学は衣食住という生活資料の持続的で安定的な生活秩序の確保にかかわる人と人との関係性を見究めるものです。

農業を主とする前近代社会においては、土地に依存する人間集団が相互に分離できず、一体として存在しなければなりません。ですから共同体は、「生産手段・生活手段の不分割に対応する不分割集団」と規定できるものです。これを維持する規範が家という同血縁を擬制する身分として成立するわけであります。

資本主義は、人間の労働力までが商品化する社会ですから、共同体の根幹をなしていた土地と農民との分離を前提としなければなりません。資本主義成立の過程が、様々な歴史的ドラマに彩られているのは当然であります。

資本主義を理解するには、英訳本もある宇野弘蔵の画期的な名著『経済原論』が、この一月に岩波文庫で発刊されました。８００円ですから是非お読み下さい。

なお資料として、私がかつて大学で経済政策論を講義したときのエッセンスを、資本主義の展開・スケッチ①②としました。90分授業が三〇回または一五回の内容ですが、及ばないところはいかようにも対処しますので、０９０―４８８３―７４８７に問合せ下さい。

昨年は我孫子市史研究センター40周年記念誌として『我孫子市の地名と歴史』と『市民による我孫子史研究』の見事な著作を二冊発刊され、その成果に深い敬意を覚えます。

本日は挑発的な大風呂敷ばかりの雑談となり申し訳ありませんが、うれしい機会を賜り有難うございました。

（初出：「我孫子市史研究センター会報」第１７１号）

第二章　文学と経済学に絡めた自分史

一　私の実家

私の実家は、信濃川に次いで日本第二位の322キロメートルの幹線流路延長をもつ利根川の河岸のひとつである千葉県東葛飾郡布佐町にありました。いまは昭和30年代の町村合併で我孫子市になっておりますが、河口の銚子から70キロほど上流の関東平野の水田地帯の一角を占めております。

利根川はもともとは東京湾に流れておりましたが、利根本流を太平洋岸の銚子に落とす河川改流工事を徳川幕府が完成させたのは、利根川と江戸川を通した内陸水運ネットワークの形成によって関東平野全域を江戸の手中におさめることに加えて、東廻海運と接続して東北地方の諸物資を江戸に搬送するためでありました。すでに17世紀の末葉、1690（元禄3）年には、80余の河岸が江戸への廻米運貨を定めた幕府の改帳に記載されています。当時江戸は人口100万内外の世界一の消費都市であり、現在でも世界のトップを継続している千葉県の野田や銚子の醤油の産出高は、この利根川と江戸川を経由する舟便のルートなしには考えられません。

私のふるさとは、こうした経偉をもつ利根川べりの河岸町、問屋町で、4～5千人の人口で推移してきたようであります。

ここで、利根川について、もうひとつ重要なことを申しますと、利根川は、1万6840平方キロメートルという日本最大の全流域面積をもっているということであります。1975年に発行された中公新書に、小出博教授の『利根川と淀川』という名著がありますが、「いま河川流域に10万町歩を超える水田が分布するのは、利根川（25万町歩）を除いて淀川（13万町歩）、信濃川、北上川、石狩川の4本である」（52ページ）と小出教授はいっておられます。

関東平野の農業生産力の巨大さがイメージされると思いますが、上利根川流域の水田面積は12万町歩なのに中下利根川流域のそれは13万町歩もあり、秀吉が家康を江戸に配置換えしたのは最大の誤算であったともいえましょう。

石井家の本家はお寺の過去帳で調べて戴いたところでは、江戸時代の初期ごろまでその系図が遡れるようですが、私の実家はその新宅でありまして、分家して私で四代目であります。私の曾祖父と祖父は商才に恵まれていたようで、利根川中下流の広大な水田地帯をバックとしたビジネスチャンスを、東京の市場とうまくネットワークして、米穀肥料商としては成功した人物だったといえるかと思います。私が少年のころ、祖母が、「むかし米騒動というのがあって、成田線の布佐駅から貨車出しした米が暴徒に襲われてたいへんな損失をしたけれど、米の値段が急騰したので在庫分をトラックで東京へ送ったら損をとり戻せた」といった話を、何故か鮮明に覚えています。米のような大切な生活物資でも商品として相場の変動というものがあること、みんな荷馬車やリヤカーでモノを運んでいたころ、ウチはアメリカのフォード社のトラックを持っていたことなどです。改めて調べてみますと、米騒動は、38市、153町、177村の計368ヵ所で発生した組織をもたない民衆暴動として日本近現代史において最大にして最後のものであり、1918（大正7）年8月2日、ロシア革命に対する列強の介入の一環としての日本のシベリア出兵宣言に端を発したものでした。大阪市内の白米小売相場でみると、8月1日一升39銭5厘、12日56銭、わずか12日間で4割余の値上がりをみせました。比較的高いといわれた大阪市電の運転手の初任給が日給で68銭のときのことです。

祖父の営む米穀肥料商石井英商店は、順調に発展して証券部なども併設して株式売買の仲介などもするようになっていたようです。私は、昭和10年11月に母の実家の東京に生まれて、両親が采配していた東京神田の支店で使用人なども含め5歳まで生活していました。

日本経済において〝戦前〟というとき、ふつうは昭和9、10、11年の三ヶ年平均の統計的データを採用しています。その後は急速に軍事化路線が拡大して、経済構造に人為的な歪みが生ずるからであります。その意味で戦前の日本経済の構造編成の典型をなしている昭和10（1935）年についてイメージしてみますと、職工が5人以上の製造業の従業者数は236万人で、綿紡績と生糸業からなる紡績工業が45・4％も占め、機械工業が15・2％で化学工業や金属工業は10％に達していません。国民経済の近代化とは本質的に工業化でありましたが、日本の近代化とは軽工業としての綿工業を基軸としてアジアに進出していったのでありまして、これを世界史的にみるならば、イギリスより100年以上も遅れをとっていたわけでして、いわば後進国における最後の帝国主義としての問題をはらんでいたのであります。

一方、農業の面をみますと、昭和10年は現在と同じ国土の総面積に対して600万町歩の耕地面積は16・2％で、総世帯に対する農家の割合はなんと41・2％にも達していました。「もはや戦後ではない」と政府の『経済白書』が誇らしく宣言し、産業の重化学工業化を基軸とする高度経済成長が起動した1955（昭和30）年ですら、日本の産業部門構成において農業就業者数は4088千人、41・2％を占めていたのです。農家総数も1935年には5611千戸で専業農家は4164千戸とほぼ4分の3を占めていました。ちなみに2004（平成16）年には、農家総数2161千戸、専業は441千戸とわずか2割になってしまい、しかもその実態はかなり高齢化しているのです。こんな簡単な数字からも、ほぼ四分の一世紀にわたって持続した日本経済の高度成長の実質をなす重化学工業化投資に誘導されて、巨大な農村人口が太平洋ベルト地帯へ労働者となって移動していったという歴史の重みが想像されるのであります。

いまにして想えば、幼いころ東京で生活したころが米穀肥料商としての石井家の最後の輝きをみせた時期でありました。

二　少年時代

日本の資本主義体制は、1920年の第一次世界大戦の反動恐慌を契機に金融資本の展開期を迎えました。もともと後発資本主義国の典型的パターンとして、日本の工業化は資本の有機的構成が相対的に高くてしかも企業相互間の産業連関性の希薄な繊維産業を主とする軽工業に依存していましたので、農村に構造的慢性的な過剰人口が堆積して、農業問題は深刻なものがありました。厖大な小作農の存在などは、その一端であります。

1939年9月ナチスドイツのポーランド侵攻をもって第二次大戦が開始されますが、日本も1931年9月の満州事変から1945年8月の敗戦まで15年戦争という時代に入ります。

農業政策も次第に過小農保護政策の色彩を明確にしてきます。年表をざっとみましても1921年米穀法制定、1925年第一次米穀法改正、1933年米穀統制法、1936年米穀自治管理法、重要肥料業統制法、1939年肥料配給統制規則、米穀配給統制法、1940年米穀管理規則、1942年食料管理法、中央食料営団成立、といった状況で、自由な商売としての家業も廃業せざるをえなくなってきたのでした。東京の店を閉店した両親と共に私も利根河畔の実家に帰り、しばし幼稚園に通ったあと、地元の小学校に入学し、4年生の夏に終戦を迎えました。ギラギラと暑い日でしたが、うちのラジオから天皇の放送を近所の年寄りたちが集まって聴いて、言葉もなくみんな去っていったことを覚えております。当時36歳の父は陸軍に徴兵されておりました。戦争中のいまでも忘れられぬ体験としては、昭和19年の暑い日でしたが、汽車や電車に乗ることが大好きだった私は、母の父親の葬儀に無理にたのんで東京足立区は荒川土手に近い母の実家に同行したときのことです。列車がでるとまもなく米軍機の機銃掃射を受けたのです。列車が切り通しの山かげに停車したので、幸いにして一回ですみましたがその金属的で激しい音の威力に只々身のすくむ思いでした。また走りだした列車が隅田川の鉄橋を渡ると、千住、三河島、日暮里と一面の焼け野原で、ところどころ小さな金庫だけが燃え残っている車窓からの情景は鮮烈な驚きとなって焼きつけられたものです。高台にあった小学校の校庭はイモ畑になりましたし、見晴らしのよいところには何カ所かの回転式の対空機関砲が据付けられて講堂には兵隊さん達が駐留しておりました。

戦中戦後という少年時代の私は、夏に利根川で泳ぐ以外に、これといった遊ぶものがなかったせいか、当時デンチクといった電気蓄音機でクラシックのSPレコードをなんど度も聴きました。フィラデルフィア・オーケストラによるドヴォルザークの「新世界交響曲」など本当に好きになり、いつかナマで聴いてみたいと思ったものです。またもともと本が好きだったせいか、父が明治大学の学生時代に買った探偵小説や恋愛小説もよく判らなくても片端から読みふけったものでした。戦争直後は母の弟たちがアメリカ映画のロードショーに有楽町スバル座や新宿の帝都座などによく連れていってくれましたのですっかり映画ファンになり、アメリカ、イギリス、フランス、日本など名監督の手になる映画はほとんど観るようになったものです。若いときの体験は貴重なものだと思います。

クラシック音楽と本と映画をとったら私の人生なんて無いに等しいものです。

祖父は、食糧管理法の施行とともに成立した食料営団の千葉県における管理職として成田や千葉に戦中戦後と勤める身分となっておりました。戦後はじめての普通選挙で町長に打って出て、50町歩からの大地主の旦那や東京商大（いまの一橋大）を卒業してエリートビジネスマンだった候補者に勝ち、早速に兵舎の解体木材など入手して新しい土地を手当てして新制中学校を建設してくれたのは有難かったです。生徒たちも町民もずい分と奉仕作業をした記憶があります。

　私が小さなふるさとの布佐町について格別の誇りと感謝の念をもつことは、伝統的に教育に熱心な気風が明治時代以前から持続していたことであります。それはひとえに利根川水運の河岸町として豊かで広大な水田地帯をバックに商人たちが活躍し、さまざまな情報や文化の交流があり、そうしたものを知的に受けとめ、それから学ぶことの重要な意義を自然に体得するローカルながらも開かれたセンスが醸成されていたからでありましょう。司馬遼太郎のベストセラー小説『坂の上の雲』にも出ていますが日本海海戦において、「天気晴朗なれども波高かるべし」と有名な天気予報を連合艦隊指令長官東郷平八郎に打電したのは、当時32歳の中央気象台予報課長の岡田武松（１８７４～１９５６）でした。〝梅雨論〟で理学博士となり、昭和24年戦後最初の文化勲章を受けられましたが、先生は私の実家から１００メートルほどのところで生まれ、晩年もお住みになられました。私費を投じて自宅の庭に子供用図書館をつくられて開放され、学校の入学式や卒業式にはいつも型やぶりの味わいのあるお話をしてくれました。昭和43年に岩波書店から出版された須田瀧雄氏の『岡田武松伝』は、深い感動を呼ぶ名著です。東京大学の解剖学教授として著名だった大沢岳太郎博士もドイツ人の夫人とともに利根川のみえる高台に住んでおられましたし、博士のお身内の方は三井生命の社長・会長になられました。第一銀行頭取や銀行協会会長の要職にもつかれた井上薫さんも手賀沼の新田開発に功のあった地主の息子として布佐で少年時代を過ごしましたし、日本画家として著名だった松岡映丘（１８８１～１９３８）もそうです。巨大な仕事の成果を残した柳田國男（１８７５～１９６２）も長兄の医者・松岡鼎《かなえ》宅にあった対岸の布川町と移住した布佐町に少年時代居住しておりました。

　私は中学、高校時代には学校を卒業したばかりの若い意欲的な先生による自由な指導に恵まれました。スポーツは駄目でしたが、学芸会の脚本を書いたり、学校新聞の編集長なども務めました。私が経済学というものに強い関心をもったのは中学3年のとき、たしか同級生のお兄さんが持っていた岩波文庫版のローザ・ルクセンブルク『経済学入門』を読んだことに始まります。

　しかし、私が戦中戦後の少年時代を通じてずっと重く受けとめていたことは農民の貧しさでありました。同級生も半分近くは農家でありまして、総じて彼らの衣服や弁当のおかずは、町場のものとあきらかな差がありました。当時、往還といっていた成田街道に沿って、私の実家の近辺には、県道の北側には生糸にするマユの問屋、裁縫塾、時計屋、魚屋、文房具店、綿屋、金物店、漬物屋、氷屋、下駄屋、菓子屋、医者、などが連なり、南側には足袋屋、植木屋、くず屋、米穀肥料商、餅屋、団子屋、畳屋、呉服屋、新聞屋、雑貨店、小料理屋、豆腐屋、経師屋、床屋、旅館、染物屋、酒造工場などが並んでおり、町の人たちはお互いに商品を売ったり買ったりして生活をたてているのが面白いけど不思議でした。それにひきかえ百姓といわれた農民たちは、朝から晩まで一粒の種子を数十粒の収穫に実らすべく汗して働いているのに、なぜ貧乏なのだろうかと思っていたものです。私は心のどこかで商人の家に生まれたことに劣等感を抱いていたのです。まともに生産している農家の方が正しくて単なる流通から利益を得ている商人というのは何か正しいとはいえないではないかという疑問です。農民の生活の目に見える正しさは事実なのに、彼らは貧しいという現実は、少年の私に重い観念を保ち続けさせたのでした。そうした想いはさらに進んで、金貸し業をする銀行などは、日曜や休日も利子を加算するのはどうしてだろうかなどと新たな問いを意識したものでした。

高校2年の秋、宮本百合子の処女作『貧しき人々の群れ』が岩波文庫で刊行されました。これは、日本の農民の現実に対する天才的な観察の賜物で1917年、大正6年9月にお茶の水女学校4年、当時17オの中條ユリの名で『中央公論』に発表された小説です。いまは郡山市に編入されているようですが、彼女の祖母の里であった福島県桑野村での滞在から素材を得たもので、彼女はトルストイの影響なども受けていたようですが、私には衝撃的な150枚の作品でした。宮本百合子は1899年、明治32年の生まれですから、私より36年も先輩ですが同じ17歳でまったく同じような受けとめ方を自覚したからです。

愚かで利己的でヨソモノに残酷で貧乏の穴倉から抜けでられない農民たちに対して、東京のハイカラなブルジョア娘であった中條ユリは、これしかないような素っパダカの真情を語ってこの小説を結んでいるのです。

「私の手は空っぽである。何も私は持っていない。此れのちひっぽけな、みっともない私は、ほんたうに途方に暮れ間誤付いて、只どうしたら好いかしらんとつぶやいて居るほか能がない。

けれども、どうぞ憎まないでおくれ。私はきっと今に何か捕へる。どんなに小さいものでもお互いに喜ぶことの出来るものを見つける。どうぞそれまで待っておくれ。達者で働いておくれ。私の悲しい親友よ！

私は泣きながらでも勉強する。一生懸命に励む。そして、今死なうと云ふ時にでも好いから、ほんたうに打ちとけた、心置きない私とお前たちが微笑み合う事が出来たらどんなに嬉しからう!どんなにお天道様は御よろこびなさるか?」

いかがでしょうか。モノは豊かになっても心貧しい現代人は、これを甘ったるいセンチメンタリズムというでしょうか。宮本百合子の生きざまは最晩年の長編小説『道標』に輝くような結晶をしめしているのではないでしょうか。

私はこれに触発されて高校時代、TPOつまり時と所と状況はさまざまに異なりながらも、農民が主役となっている小説はよく読みました。長塚節の『土』、バルザックの『農民』、パール・バックの『大地』、スタインベックの『怒りのぶどう』、ショーロホフの『静かなドン』など鮮烈な印象が今でも刻まれております。

三　青年期

私は柏市にあった東葛飾高校時代、通常の学業は授業時間に習得することに専念し、もっぱらスタンダール、バルザック、ドストエフスキー、ヘミングウェイなど先生や仲間たちで話題にのぼる著名な作品や、図書館にある岩波新書、総合雑誌の『世界』など、俗に〝岩波文化〟といわれるものに多大の恩恵を賜りました。英語はサマセット・モームの短編小説の訳注本がいくつかでていて、そうしたものを読み、いわゆる受験勉強というものはまったくしなかったのです。大学受験の直前に、国公立大学一期校の8科目について模擬テストを三回ほど受けてみたら、数学の点数にばらつきがあったので浪人はまったく考えていなかったため、著名な先生方がおられる東大は断念して、予定どおり大阪市立大学の経済学部を受験し、無事合格できました。

母校大阪市大については、その前身である旧制大阪商科大学を昭和3年に創設した関一市長について若干触れざるをえません。1986年（昭和61年）に日本生命財団の出版助成によって東京大学出版会から発行された『関一日記』は、「大正・昭和初期の大阪市政」と副題がつけられていますが、その「刊行のことば」で宮本憲一教授は、関一研究会を代表してつぎのように述べております。

「戦前戦後を通じ、その高邁な理論と実践とを総合させたという意味で、傑出した自治体首長は関一であろう。彼は令名高い東京高商（現一橋大学）教授であったが、乞われて1914（大正3）年大阪市の高級助役となり、1923（大正12）年大阪市長に就任、1935（昭和10）年1月26日に現職のまま腸チフスでなくなるまで、20年6ヶ月にわたって大阪市の近代化に力をつくし日本の都市学の樹立に寄与した。

関一は、古代都市以来、日本では政治的権威のためにつくられた都市計画を近代産業や市民生活のための都市計画にかえることに全力をつくした。その事業は首都ではなく、当時日本最大の産業都市であり、中央の統制をきらった〝自由な大阪〟という土壌の上にはじめて花をひらいたのである。

関一は今日、大阪市の骨格をなしている港湾、パリを思わせる御堂筋などの道路網、地下鉄などの交通事業、電力事業、上下水道などを創設した。しかし、彼の偉大さは、このようなハードな社会資本をつくったというだけではない。ソフトな社会福祉や教育・文化行政を都市行政の中に位置づけたことであろう。助役時代に書いた『住宅問題と都市計画』の中で、彼は日本の都市計画が独仏流のオースマン（パリ都市計画の担当官）方式にならい、中央集権主義、街路中心、美観主義であったに対し、これからは分権主義、住宅中心、保健主義＝実用主義でなければならぬとしている。

あるいは、〝上ヲ見テ煙突ヲ数エルダケデナク下ヲ見テ労働者ノ状態ヲ見ヨ〟ともいっている。実際に、関はこの主張どおりに、社会部をつくり、日本最初の労働者家計調査をおこない、公営住宅、保育所、公設市場などをつくり、都市自治体独自の福祉行政をはじめた。衛生試験所を中心に公害対策にとりくみ、帝大の官僚主義に対抗して実学を旨とする大阪商大（現大阪市大）を創設し都市問題研究のシンクタンクとして、大阪都市協会を発足させている。関一が急逝した時に、大阪市民の嘆きは深く、８万人をこえる空前の参列による市葬がおこなわれた。」

関一については、１９８２（昭和57）年、私のはじめての著作『地域と文化の周辺』に「ふたりの大阪市長」という小論を載せてありますが、彼の遺稿集『都市政策の理論と実際』は不朽の名著です。現代社会を考察するうえでも、地域政策を検討する面からも、都市論は不可欠な領域です。関心のある方は復刊もされていますので是非お読みください。

大阪での四年間の大学生活は、関西での文化や風土にふれ、学問の奥深く精妙な世界に好奇心をますます加速され、リベラルアーツの真髄を味わうことができたと思います。若い梅棹忠夫先生はまだ助教授で『中央公論』にあの衝撃的な論文「文明の生態史観」を発表されたばかりでしたし、アダム・スミスの『諸国民の富』を外書購読した一橋大からこられた佐藤金三郎先生は、まだ助手でした。中堅どころでは哲学の森信成、金融論の川合一郎、日本経済論の小野義彦、経済地理学の川島哲郎といった立派な著作をのこされた諸先生がおり、学生との研究会交流にも骨惜しみせず参加されておられました。また看板教授には貿易論の名和統一、保険論の近藤文二、交通論の富永祐治、西洋経済史の安部隆一、景気変動論の吉田義三、会計学の木村和三郎、民法の谷口知平、商法の西原寛一、といったそれぞれ学会に重きをなす諸先生が揃っており、敬愛された法哲学の恒藤恭学長のもと、大阪市大の黄金時代であったのであります。私は農業経済学の硲正夫博士のゼミに入りました。先生は当時さかんであった農業経済学会の重鎮で多くの著書を残されておりますが、弟子たちが1999年に『硲正夫先生を偲ぶ』という318ページの本を刊行しましたが、私の短いメッセージも採録されています。「硲先生がゼミのとき、人間の体にたとえれば、工業は骨、農業は筋肉、サービス業は脂である、といっていたのが印象的です。昭和30年代のはじめ、日本経済の筋肉が弱くなり、あぶら肥りになりだしていることを、あの穏やかな笑顔で皮肉っておられました。農業は資本主義というメダルの裏側をなしていることを認識したのは貴重なものでした」。私が学部ゼミ生のころは、農産物価格論についての論文や著書が少なからずトピックスになっておりました。

硲ゼミでは、カール・カウツキー『農業問題』（1899年）をテキストにしていました。この古典的名著は、農業の構造的諸問題や農民の相対的貧困は農民層分解の停滞にあることを説いており、これこそ農業問題の核心をなすものであり、それは工業や都市側の雇用吸収力と強く相関していることを示唆するものでありました。

硲先生は、後進国農業の特殊性については有斐閣からでた『小農経済論』（1952年）などで説いていた筈ですが、農産物価格の低位性の根拠を農民労働の低位性にもとめるという観点を開示されていました。結果的に私の卒業論文は恩師の理論を批判する農産物価格論となりました。

想えば、当時は戦前に行われた講座派と労農派との「日本資本主義論争」が事実上再燃し、これの決着が、日本の労働者・農民という勤労大衆の命運にかかわる政治戦略の方向性を認識するうえで、重要なポイントになっていたという事情がありました。この論争のひとつのキメテになったのが、明治維新の評価でありまして、講座派はこれによって天皇制を頂点とする半封建的絶対主義が確立したとみたのです。半封建というのは歴史科学的概念としても成立しないおかしい規定ですが、いずれにせよそういう歴史認識、現状認識がもたらす政治戦略は来たるべき日本の革命は天皇制と地主の打倒ということになります。つまりブルジョア革命だということです。これに対して労農派は、明治維新は地租改正によって土地の私有権を確定し、職業移転の自由を認めるなど基本的にはブルジョア革命であったから、日本の革命戦略は基本的に資本家階級を打倒する社会主義革命でなければならぬという路線にならざるをえません。

この論争は、いわばマルクスがイギリスをモデルとした『資本論』における資本主義としての近代社会のイメージを、直接的に、日本の現実に適用する視点で展開されたものといってよいでしょう。日本は地政学的には極東の島国でしたし、徳川幕藩体制はながらく鎖国をしていましたから、ヨーロッパの列強のように絶対王政が戦争をとおして国民国家、国民経済を構築していったのとは様相が異なりますし、明治以降も農民人口は圧倒的で、地主・小作関係が重要な問題となっていたのも事実ですが、これを講座派のように本質的には封建的といってしまっては、社会科学としての経済学を放棄することになります。そうかといって労農派のように、時間的におくれた資本主義体制というだけでは日本農業の構造的な歪みがどこに起因するのか解明できません。

私はすでに夏休みをとおして、マルクスの『資本論』は最後の章まで読んでおり、深くて広いマルクス経済学の魅力にとりつかれていましたが、講座派の流れをくむ日本共産党の路線は、いろいろと改定はあったようですが、いまだに理解できません。私が農業問題について、いちばん教えを受けたのは、毎日出版文化賞を受賞された『日本資本主義の農業問題』（1948年・改定版1952年）で衝撃的な登場をしてきた東京大学の大内力先生です。大内教授の著作は出版されるたびにこれを求め読みましたから、いま自宅の書斎をみてずい分とお世話になったと感慨がひとしおです。一例だけ紹介しますと、1951年初版がでた岩波全書『農業問題』の農産物価格決定の特殊性という項目のなかで「小農民においては、資本家とちがって、生産価格が実現されるような必然性は存在しない。――けれども小農民生産においては――農産物価格の最下限は、限界生産物の不変資本＋最低生活費、いいかえれば、がいしてＣ＋Ｖという費用価格の水準によって与えられると考えることができる。――（しかし）このような価格決定がおこなわれるのは、農民が賃労働者に転化しうる、という前提条件があるからであった――日本のばあいのように、資本主義の側における労働力需要がたえず比較的小さい状態におかれているばあいは、むしろ広汎に兼業を結合しつつ、この低価格に耐えてゆくことになるであろう。こういうわけで日本ではむしろ費用価格さえ全部が実現されず、農業所得は労賃部分を下まわる高さにさえあるていど恒常的にさがりうることになるのである」といっておられます。そしてこれを1936年の「農家経済調査」から、家計費＝最低生活費＝労賃部分とみなすことによって、農業所得はこの労賃部分の73％をカヴァーしているにすぎないことから、ここでは農産物価格はＣ＋Ｖではなくて、Ｃ＋０・73Ｖという水準にまで低下していると考えられると、有名な定式、農産物価格はＣ＋０・73Ｖを発表されたのです。不足の27％は兼業労働によって獲得されているわけです。私は学生への講義のさい、しばしばこの定式を説明手段として使わせて戴いたものです。

一橋大学や神戸大学とは旧三商大いらいの伝統的交流がいろいろとあり、ボートなどのスポーツばかりでなく学生による学術討論会なども催され、私も農業分野の発言者として東京の国立や神戸の六甲台へも出向きましたし、全日本社会科学ゼミナールなど学生主体の催しも盛んで、慶応大学や山口大学で発表したこともありました。

大阪平野というのは関東のように広くありませんし、神戸、京都、奈良、和歌山といずれの方向も国鉄のほか私鉄が競合して交通の便がよく、和辻哲郎の『古寺巡礼』とか亀井勝一郎の『大和古寺風物誌』などポケットに入れて、ずい分と気軽な旅のなかで、なんとも美しい仏像を拝見できたのも大阪での四年間の収穫でした。夏休み帰省を遅らせて、四ツ橋の文楽座でフランス映画の名作を50日間連続日替わりというスタイルで観たこともあります。瓜生忠夫、飯島正など著名な評論家の著書を図書館から借り出して、自分の感銘や見落としを再確認したものでした。授業料や下宿代は実家から送金されましたので、育英会の奨学金と定例的な家庭教師のアルバイトで小遣いはありましたし、著名な外人演奏家のコンサートなど聴くには、学生課へいくとアルバイト先は充分ありました。鉄道が好きな私は我孫子と大阪の往復に、片道6時間の特急ツバメ号はあまり使わず、関西線、紀勢線、中央線、北陸・信越線など経由の学割キップを使い、途中下車しながら旅をしたものです。

4年生の秋、旧制大阪商科大学および昭和24年発足の大阪市立大学の学長をつとめてこられた敬愛する恒藤恭学長の学生主催による送別会が食堂で催されました。私はそのとき「先生はなぜ一高の英文学コースに入学されたのに京都大学の法学部に移られたのですか」とおたずねしたら、先生はちょっとうれしい表情をされ「それは君、三年間芥川とつきあっていたら、とてもぼくは文士には及ばないと思ったからだよ」といわれました。恒藤先生には『旧友芥川龍之介』という今は絶版ですが河出文庫に異色の名著があります。先生は１９６６年文化功労者として表彰されますが、１９７２年京都の世界思想社から恒藤会の弟子たちによって出版された『若き日の恒藤恭』という書物には、１９６１年1月5日読売新聞に載った「わが青春時代の生活」が採録されています。その結びは次のように書かれております。

「青春は各人にとっていわば芳香を放つ果実のようなものである。だが、あたかも青春期において、私たちは青春の果実の味わいを真にそのようなものとして味わいながら青春を生きるわけではない。その理由は簡単である。青春期における各人は青春をいきることにもっぱらだからである。いま半世紀に近い期間を隔てて、青春のころを回顧するとき、青春の果実の味わいを真にそのようなものとしておもい浮かべる次第である」

なんと簡潔で美しい文章ではないでしょうか。私もこのような最終講義の機会を賜り、青春という宝をさまざまに想い返して仕合せであります。

四　大学院から市役所入所まで

さて、私が大学3年の秋ごろだったと思いますが、神戸の古本屋で偶然入手した宇野弘蔵『農業問題序論』という本をみて、これこそ眼からウロコが落ちるインパクトをうけました。国民経済の一分野としての農業の構造を資本蓄積を主導する世界史的視点から照射するものだったからです。21歳のときで、それ以来、独学で『経済原論』・『経済政策論』など読み進みましたが、学問とはこういうことか、マルクスに学ぶとはこういうことかと、50年間、宇野シューレのひとりであることを誇りにしております。とはいえ、私は卒業後のことについては、平凡なサラリーマンをしばらくつとめるぐらいにしか考えていませんでした。就職も内定して正月に帰省したところ、肥料問屋として石井産業株式会社を創設していた父は、ボンボン育ちで、いくつかの小売店に数十トン単位で貨車発送した肥料代金を回収できず、不渡手形をつかまされて資金繰りがきびしくなっており、長男である私は家業を手伝わざるをえなくなったのです。卒業式前後の春休み、あまり面白くない気分で手伝っていましたが、ふと新聞広告をみましたら、法政大学大学院の入試が4月上旬に設定されていました。不足する書類は後日送ることで私は勝手に受験したのです。数日後、驚いたことに大阪の恩師の硲正夫先生が自宅を訪ねてきたのです。奥座敷に上がってもらって、両親ともども応対しますと、所用があって東京にきて「大島君に会ったら、テスト結果は君が一番だったそうだ。差額地代の限界原理まで説いてさすがだと大島君によろこばれたよ」というのである。大島君というのは、法政大学の農業経済論を担当していた大島清教授のことで、お互い親交を結んでおられたのでしょう。テストの問題は「市場価格について論ぜよ」というもので、一般の商品については平均原理が貫徹するのに対して、制限された自然としての土地を主要な生産手段とする農産物については、社会的需要に対応する限界原理がはたらくというわけでして、ゼミのとき地代論もしっかりやっていた私はスラスラと答案が書けたというだけの話です。

そんなことで給料は若干減らされましたが、週2日だけ会社を休むことは許され、変則勤務の取締役ということで落着きました。そうした事情から大学院の修士課程は2年ですが、私は4年在籍し、主として中野正先生について、宇野理論の精髄を特徴づける商品の価値形態論を学びました。資本主義という近現代の社会システムは、人間の労働能力まで含めてすべてが商品になっている社会であります。ですから経済学は商品の分析からスタートするのですが、商品とは相手にとっての使用価値であり、売れなければどうにもなりません。この売りを効率化・社会化する展開が価値形態論でありまして、経済学入門のもっとも面白くまた難しいところです。中野正『価値形態論』（1958年）は画期的名著です。

修士論文は「日本経済と化学肥料」を、あまり出席しなかった指導教授大島清先生に提出しましたが快く認めて戴きました。これを大学院事務局から借り出してコンパクトに再構成したものを、本学初代経済学部長渡辺寛先生の退官記念論文として東北大学の「経済学年報」に掲載されましたが、この論文は、私の著書『地域という劇空間』にうまい具合に治まっております。

大学院の博士課程は3年ですが、私は結婚して石井産業から給料を得る仕事もしていましたので、中野正教授を指導教授に、せいぜい週一～二回通学する次第で満期退学まで6年を要しました。

中野先生は東大の大学院でも教えておられましたので、合同でやろうといわれて法政からは後に社会学部の教授なられた石垣今朝吉さんと二人で2年ほど参加しました。公文俊平さんの語学力などには驚嘆したものですが、本郷のゼミはとても有意義でした。

そのころ東大を退官されて法政大学の社会学部に迎えられていた宇野弘蔵先生が大学院では教えられないので、私は谷川徹三総長に直接交渉したところ、翌年度からこれが実現しました。埼玉大学の教授になられた暉岡淑子さんと私の二人で『資本論』の地代のところを、原書で丁寧に読んでいったものです。宇野先生の声咳に直接ふれて教えて戴いたのは私たちが最後の世代であったと思います。

「宇野先生は、マルクスのシニカルなヘーゲル批判の含蓄など愉しんで読むという気風も一面ではみせられたが、論理的展開にいささかなりとも問題を発見されると、その疑問をわたしたちにも率直に伝えられたが、また、ご自宅に在っても原書の当該箇所を腹の立つくらい繰り返し読むといわれたのを記憶している。マルクスほどの不世出の天才の強靭な思索に疑問をもつときの偉大な学者の姿は、かくありなんと畏敬の念を覚えたものであった」

これは私の最初の著作の「あとがき」の一部をそのまま読みました。

昨年はモーツァルト生誕250年の盛大なイベントがありました。音楽家モーツァルトを語りつくせぬように、宇野弘蔵先生をそのいぶし銀のようなお仕事を通じて語りだしたら、テーマごとに半期分一五回の講義も私には可能かと存じます。

宇野ゼミでの単位取得のため提出した論文は、岩波書店の学術雑誌『思想』の編集部に紹介され、これを圧縮して、1964年11月号に発表されたのが「商品経済と私有制について」と題する私の処女論文でした。これが意外な反響を呼び、まだ適切なコピー技術が開発されていないころでしたので、岩波から戴いた〝抜き刷り〟がすぐなくなって、先輩や友人に送れない弁解に苦慮したものでした。

大学院も後期になりますと、好奇心はあれどもあれもこれもとは続きません。だんだん専門的に深く勉強するようになるからです。私もマルクスの〈グルントリッセ〉といわれた『経済学批判要綱』を原文と対照しながらずい分と時間をかけて読みましたし、また独学では『日本の村落共同体』というハンディな名著に刺激されて、ながく東北大で日本経済史を担当された中村吉治先生の著作を神田の古本屋街など歩いてほとんど集め、共同体というものについて勉強したものです。

ほかに、その頃の読書でいまでも感銘が強く刻まれているのが広津和郎の『松川事件』という大著です。いま中公文庫に再録されていますが、作家の眼の鋭さとその気魄に圧倒されます。

大学院を終了した春、地元の先輩が千葉市にある淑徳大学の社会福祉学部で社会政策と社会思想史の講義を担当してくれといってきました。私は専門外ですし実家の仕事ももっているからと遠慮したのですが、しばらく非常勤でいいから気軽にというので、週一回いくことになったのです。

いまも残っておりますが、この講義ノートをつくるのは、本当に大変で、ずい分と新しく本を購入し精読せざるをえませんでしたが、経済学をベースに新しい領域を真剣に学び、その新鮮なところを学生たちに講義していった数年間はそれなりに充実した手応えがありました。

社会政策では、宇野弘蔵先生の『経済政策論』から学んだものがおおきく、資本主義の形成期、確立期、変質期という発展段階に対応した重商主義、自由主義、帝国主義といった政策基調が、それぞれイギリスの救貧法や徒弟条令、産業革命後の工場法、それからドイツの社会保険三法などに検証されましたし、1929年の大恐慌後の現代資本主義のもとでは、アメリカのニューディール政策やイギリスのビバリッジ報告にもとづく社会保障などを跡付けることができました。東大の社会科学研究所におられた戸塚秀夫先生の『イギリス工場法成立史論』(1966年)など素晴らしい研究成果に敬意を覚えたものです。

また社会思想史は、イタリアのルネッサンスを代表するニコロ・マキャベリの『君主論』にはじまり、エンゲルスの『ドイツ農民戦争』をベースにルターの宗教改革を説き、他方でトマス・モアの『ユートピア』からカンパネラの『太陽の都』などのユートピア思想の系譜とバリエーションも重点的に解説しました。これはたくさん本も読み面白かったのでいつか論文を書きたいと思っています。そして、人はすべて狼よという認識、つまり万人の万人に対する闘争という、共同体から自立した個人の成立を前提とした契約国家説を打ちだし、近代政治学の始祖となったトマス・ホッブスの『リヴァイアサン』を論じました。ついでジャン・ジャック・ルソーを中心にフランス啓蒙思想の特質を考えましたが、京都大学の人文科学研究所長桑原武夫教授が主宰した『ルソー研究』(改訂版・1968年)には驚きました。そしてさらにアダム・スミスからリカードに至るイギリス古典経済学の社会観をデッサンし、それから後れて世界史に登場するカント、フォイエルバッハ、ヘーゲルなどドイツ古典哲学の論調を吟味し、マルクス主義の成立に至るというのが講義内容でありました。「世界の名著」といったシリーズ本や岩波文庫など哲学、政治、法律、経済など混合した社会思想といわれる面での代表的著作を読む機会が強制されたようなもので、著名な解説書と併せ、これは汗を流しただけの余韻のある読書体験となりました。角川文庫で復刊されましたが、アメリカ人のデュラントという人の書いた『哲学物語』など、カント哲学について日本人学者の書物よりはるかに判り易かったことなど印象に残っています。

淑徳大学に非常勤講師でつとめた5年間には、「商品経済と共同体」(1968年・淑徳大学研究紀要第3号)という大塚史学への批判を宇野理論や中村学説によって展開した論文しか発表していません。

父は我孫子市議会の副議長をしておりましたが、1971年に59歳で亡くなりました。会社もガソリンスタンドを兼営したり、プレハブ住宅や損害保険の代理店業務など営業を多角化して、私も社長として地方の小都市ではまずまずの業況を展開しておりました。このころ必要に迫られて、宅地建物取引主任者とか損害保険の総合代理店資格、危険物・高圧ガス・劇物毒物取扱主任者など各種の資格を取得しました。いま、大学生に対する卒業に向けての付加価値として、資格取得が奨励されていますが、経済学部の学生などには、経済原論、簿記、民法の三大科目と一定レベルのパソコン操作と英語の能力が、リベラルアーツとしてしっかりたたき込まれていれば充分ではないか――と私は思っています。資格などというのはコマギレの知の集積にしか過ぎないし、学問としてリベラルアーツとは程遠いものだからです。

さてそのころ我孫子市の総合計画審議会の委員として恰好のいいことを発言していたのが眼にとまったのか、リベラル派の市長の人事の一端として、私が我孫子市収入役に就任することになりました。私がまだ37歳のときです。

これから自分史としては、地方行政や地方自治に関わった第二期と、いわき短大から東日本国際大学といういわきでの職場をベースにした第三期と、テーマはいっぱい残っております。しかし、もう与えられた時間が迫っていますし、最終講義をもういちどというわけにはいきません。

いま想うに、第一期30代後半までの私の歩みは、とりわけ学問の道や趣味の世界において何か必然性をもった形をもって、その後の生きざまを決めているかと存じます。

いわきでの教員生活においては、主として地域経済と平和経済を担当しました。２００６年末に出版された私の『地域という劇空間』は、１９９１年の『日本経済の地域変動』に次ぐ、「いわきからの発信」というサブタイトルを付した地域論の集成です。いわきというフィールドがこのような研究を促してくれたことに、深い感銘を覚えております。また平和経済学研究において、とりわけ国際政治史や国際関係論に関わる力作をかなり読み込む機会を得たことを感謝しております。

いま、大学全入時代に直面して、私たちの大学も試練にさらされております。しかし、いわき都市圏50万人口のマーケットからみれば、定員確保に充分すぎる環境をなしているわけです。要は、圧倒的多数の東京への大学進学者をいかに相対化して、地元への歩留まりを確保できる名実とも魅力のあるキャンパスを構築することにかかっているといえます。

私はいわきが好きです。本日は多数の教職員各位もご列席賜り有難うございました。

（初出：『東日本国際大学研究紀要』第12巻1号・２００７年3月）

第三章　先達者を悼む

一　武松博士を偲ぶ

書斎の移動に伴う整理をしていたら、昭和28年12月24日（木）発行の「東葛高校新聞」第20号の写しが出てきた。二面が読書特集となっており、そのハイライトに、最晩年、布佐にお住まいであった岡田武松（１８７４～１９５６）先生の「英文を学んだ頃の思い出話」が載っている。先生の写真入りのこの玉稿は、タテ十五字、ヨコ一六四行、ほぼ二四六〇字に相当するもので、味のある内容であるばかりか資料としても研究さるべきところを含蓄している。例えば少年の岡田は、「明治十九年から布佐の小学校で初めてナショナル・リーダーの（一）を習った」とあるが、いったいそのころの布佐小学校に英語を教える先生がどうしていたのか、ナショナル・リーダーというのはどんな教科書だったのか、などなどである。

当時、私は「東葛高校新聞」の編集長として3年生の冬を迎えており、大学受験の勉強などで先生からアフターフォローする機会を失ったことが悔まれる。

このたび、仮称・布佐北区域（ふさの風）まちづくり協議会会長の村田正敏さんから「博士との思い出」の小冊子を近隣センター完成記念に発刊するため、原稿を求められた。予定の目安を超えるが、貴重な資料なので是非とも掲載賜わりたい。

「老生はこれでも昔は物理学を専攻したものであって、英語や英文学を専ら学習したものでない。しかし己が国の文学はとても難しく、一般には広まっていないから科学者達はその所論を発表するのに、止むを得ず英、仏、独何れかの文に依らなければならない。

だから吾々はこれらの外国語や外国文の少なくとも一つを学習しておく必要にせまれていた。

もっとも外国語の方は外人に接する機会もある少数の人々が、勉強すればそれで宜しく、一般の学生がペラペラとやれなくても良いことと思う。但し文字の発音やアクセントはどうせ習うのだから、学生の時から正確に学んでおかなくてはならない。中年からでは駄目だと思う。

老生は明治十九年から布佐の小学校で初めてナショナル・リーダーの（一）を習った。小学時代は英語なんてものは変てこなもんだ位にしか思はなかった。なにしろ西洋では六つか七つの子供に習わせる本を吾々十三、四の半大人に読ませる。だからたまったものではない。今から考えると学修の年頃に応じ内容の相当した教科書を新たに編纂して教えるべきであったと思う。

中学に入ってからはナショナル・リーダーの続きを教わった。五年生になってからは第五の巻は習わなかった。

実は第五の巻は古文の旅枠が多く朗唱すべきものが多かった。この時に英文典はスウイントンの本で、清水由松先生から教わった。英文の読方はアービングのスケッチブックで村田祐治先生から習った。村田先生の訳読ときては天下一品で失礼ながら実にうまいものであった。英文の妙味を所々摘示され、単に英文を解読するというだけでなく、これをエンジョイすることを教えて下さった。

アービングの文はいわゆるエレガント・センテンスで初学などの真似るべきものではないが、精錬せられていて一言一句抜き差しの出来ない点は深く味わうべきであった。

清水先生は後に麻布中学の校長となり、村田先生は第一高等学校の教授を経て、正則英語学校の校長となられた人である。

老生の中学生当時は数学にしても地歴にしても日本文の教科書が出来ていなかったから、学校では止むを得ず英文の教科書を使った。

三年の時の地文学の教科書は米国のモンテースの本であった。

四年の代数は英国のスミスのもの、五年の三角術は英国のトドハンハンターの著書であった。

これらの教科書をとに角曲がりなりにも読みこなしていくうちに英文を読む力が段々とついてきたように思う。

以上は教科書の話だがその間に自分で楽しみのためにパーレイの万国史、スウイントンの世界史などを読んだ。何にしても六十年も前のことだから今日のように気のきいた読み物はなし、からっきしお話になりませんでした。

明治二十五年には一高に入りました。そのころは第一高等中学校といって予科が三年、本科二年都合五年でしたが筆者は予科の二年生に入りました。

古いことで忘れたことが多いのですが、篠野正次郎先生にラスキンの随筆、岡田良平先生にテンドルの科学断片、斉藤秀三郎先生にジッケンスのピクウイクペーパーズを教わりました。クレイクはご承知の通りユーモアたっぷりの軽文学であるから、斉藤先生が独りでニコニコしながらページを繰って行かれるのだが生徒たる吾々には酒麗のところが判らず、ポカンとして聞いていたことも何度もあった。

篠野先生は後に外交官、岡田先生は文部大臣、斉藤先生は正則英語学校の校長となられた方である。

この外一高では和文英訳をコックス先生、英詩パラフレーズをメースン先生に教わった。メースン先生はゴールドスミスの荒村行を一行づつ散文に直して教えて下さった。両先生の御教示は後年英文を書くのに大いに役に立ったと思う。

第一高にいた時のことである。今は民俗学の大家である柳田國男さんのお宅が布佐の老生宅に近かったので、夏休みなどに時折英文の輪講などをやった。柳田君は旧姓は松岡氏である。スコットの「湖上の佳人」なども一冊読み上げて仕舞った。だが何しろ柳田氏は文科、老生は理科で一寸太刀打ちが出来なかったが老生には大変に利益になった。

大学に入ってからは、特に英文を学ばなかったが熟読をした。ホーソンやコンラッドの短篇物などを手当たり次第に読んだ。

大学では菊池大麓先生が全く英語で講義された。その他の先生も時々英語で講義された。試験の答案は全部英文で書くのであったから、英文に親しみが出来た。もちろん老生などは間違いだらけの英文だったから、菊地先生からロンググラマーなんて赤インクでお直しを喰ったもんだ。

こんな具合で英語は片言もしゃべれないが、英文はどうやらおっくうでなく書けるようになった。

二十年ばかり前のことだが、英文を習うのは文字ばかり覚えたのではいけない、文句を覚えなければならないと覚った。日本文と英文とは語順が全く異なっている。論文をまず日本文で書いて後に英文に直すんでは駄目だ。初めから英文で書き下すべきである。

要するに英文で書けるようになるには、まず英文を味わうことだ。次に英文の文句を覚えこむことだと思う。

英語は決して言文一致ではない。文語と口語は大体異なるのである。吾々が英文で習ったような文句で話し掛けると、外人には「然り而して」流に聞こえるものとみえて滑稽らしい。

英語は英語として勉強しなくてはうまく行かない。

しかし英文を学ぶにしても単語の発音を正しく、読方の調子をとるには初めから気をつけるべきであろう。老生などはこのような英文を学んだが色々と便利な参考書がある今日から見ると、たまげたようなことだと思われるかも知れない。」

本文中の人名について調べてみた結果を補記します。

清水由松（しみずよしまつ）

１８６５年〜１９５０年、札幌農学校を経て、１８８９年から１８９２年まで東京府尋常中学校（のちの府立一中）にて教鞭をとる。１８９５年から麻布中学の教員となり、１９２２年に二代目校長に就任。官公立にないリベラルな校風の基盤を継承することに傾注した。

１９４１年に藍綬褒章受賞。貴族院議員を経て、１９５０年死去。84歳。

村田祐治（むらたゆうじ）

東京帝国大学英文科専科を卒業。明治25（１８９２）年学習院教授、明治28年に第一高等学校教授となる。

その後、正則英語学校の創立に関わり、教鞭を執る。

岡田良平（おかだりょうへい）

１８６４年〜１９３４年、静岡県掛川市出身。

東京府第一中学、大学予備門を経て、１８８７年、帝国大学文科大学哲学科卒業、大学院へ。第一高等中学校教授を経て、１８９３年に文部省視学官。１８９６年山口高等学校長、フランス派遣を経て１９０１年文部次官。１９０７年京都帝国大学総長。１９１６年、24年、26年、文部大臣を歴任。

貴族院議員、枢密顧問官を務めた。

斎藤秀三郎（さいとうひでさぶろう）

１８６６〜１９２９年、仙台市生まれ。仙台中、東京大学予備門を経て東京工部大学に通うかたわら、東京帝大英文学教授のJames Main Dixon（１８５６〜１９３３）に師事した。明治21（１８８８）年第一高等学校で助教授として教鞭を執る。明治29（１８９６）年弱冠30歳で正則英語学校を誕生させ、三年たらずで生徒数３０００人を数えるほどに発展させた。「斉藤和英大辞典」を編纂するなど英語教育史上不朽の存在とされており、著名人を多数輩出させた。

菊池大麓（きくちだいろく）

１８５５〜１９１７年、津山藩の洋学者の次男。11歳のとき、中村正直らとともに幕府より派遣されてイギリス留学。帰国して開成学校でフランス語を学んだ後、１８７０（明治３）年に再度イギリス留学。ケンブリッジ大学で八年間数学を学び、帰国して、東京大学理学部教授（１８７７年）、理科大学長（１８８１年）、１８８８年に理学博士。１８９８年東京帝国大学総長。１９０１（明治34）年文部大臣。

その後、京都帝国大学総長（１９０８年）を経て、学習院長、理化学研究所長。他に枢密院顧問官、帝国学士院長、貴族院議員など。

二　恩師・中野正先生のこと

中野正先生は、おおらかで人の好い、含蓄に富んだ言説を吐く、当世なかなか得難い学者であった。

法政の大学院の修士コースでは、いまは社会学部教授でおられる石垣今朝吉さんたちと、マルクスの『経済学批判』の原書講読をしたが、それこそ問題点を一行一行検討してゆくという読み方で、先生流のペースがわたしには新鮮であった。公刊されて間もなく精読した名著『価値形態論』の感銘とともに、社会科学認識論のエッセンスを学ぶ面白さを覚えたことに感謝している。

博士課程に移るとき、わたしの関心が農業論から原論の方に傾いていたので、大島清先生から指導教授を中野先生に代って戴いたが、快く引受けてもらい有難かった。

このころは、先生の指導を受ける法政在籍の学生はすくなかったので、先生が講師を兼任されていた東大の大学院で、院生といっしょにセミナーをしたものである。ロストウの『経済成長の諸段階』や宇野弘蔵先生の『経済学方法論』、R・ハイスの『弁証法の本質と諸形態』などをテキストとしていた。香山健一、公文俊平さんら秀才が参加し、本郷の赤門前の〃ルオー〃で、カレーライスとコーヒーでのアフターゼミも愉しかった。

このころから、経済学展開のロジックを、中野先生の師の宇野先生とは微妙な核心において流れを異にするようになってくるが、これにはかなり東大の若き俊才たちの影響もあったように私には思われる。

経済認識の方法について、屈折と苦闘のうえに、不朽の名著『価値形態論』を問うてのち、先生は、近代社会の組織《オーガニゼーション》を、「社会有機体の種《スペシイズ》としての特殊な歴史的規定性」として、ゆるぎのない包括的な展開のロジックを求めて、再度〃経済学批判〃を試みるという雄大な構想をもったのであろう。だからこそ、アリストテレスやプラトンを読み、カントやヘーゲルを再検討され、新カント派や現代のK・ポッパーなどの著作にも深くあたられたのではあるまいか。生物学の方法論やいわゆるシステム論などにも格別の関心をお持ちであった。

中野先生のはなしかたは、決して立板に水を流すというがごときものではなく、たとえば景気循環論を好況から説くとき、「これには体制的な意味があるんだ」というふうに、短いことばに深い含蓄を込められるのである。だからNHKのラジオやテレビで、時間枠のなかで登場するときなど、凝縮された内容を伝えるのに、かなり周到な準備をされたのではなかろうか。

１９６４年3月のある日、1月から始まったFMと第二放送による大学通信講座経済学の最終第三七講の「質疑応答と総括」の録音に、いま東北大学におられる堀元さんとわたしは、質問者の学生として、内幸町のＮＨＫのスタジオに先生と同行した。格別の打合せもなく、ＮＨＫの人がリハーサルをやりましょうというので、堀さんとわたしが交替で質問した。

わたしは、「先生はコストというものを一つの機能的な基準とされ、これによって社会の流動的な質量編成を産業循環のうちに媒介する体系をお考えのようですが、労働力のコストとか資金のコストとか、そういうコストの概念が社会的なコストとして発現する点について、いまいちど総括して下さい」とか、「循環という概念は時間の要素をとうぜん伴うところから、資本の効率をみるにはその回転が重要な意義をもつのはわかりますが、静止的なストック量としての前貸資本と、年間の流動的なフロー量としての充用資本との区別が、従来のマルクス経済学では聴きなれないストックとフローという概念によってアクセントをつける意味をいまいちどはなして下さい」とかそんなふうに伺った記憶をもっている。質問はいっぱい用意していったのだが、途中で、中野先生もＮＨＫの人も、「もうこれでいいです」ということで、リハーサルのテープを本番に使うことになって、あっさりと済んでしまった。

先生は、帰りにとても機嫌よくて、ＮＨＫからのこれまでの報酬をみんな飲んでしまおうということで、銀座の店を三軒もハシゴして、結局、先生がかなり足しまえをする破目になったのである。

美人揃いのバーで、中野先生がかなりモテタのには驚いたが、先生の酒の飲み方は、若いホステスにも親近感を抱かせるなにか徳のようなものがあった。

美味しい手料理で接待してくれた先生のご夫人は、わたしの自宅近くに開業の女医さんと医専の同窓生であったが、その奥さまがお亡くなりになってから、あの青山のお宅に、ひとりで哀しかったであろう中野先生を、訪ねていく機会をもたなかった自分が、いま、悔まれてならない。

せめて、こよなく書物に親しみ、贅沢な愛書家でもあった先生の貴重な蔵書も、散逸することなく、「中野文庫」として残る方途を、なにか知恵をつくせないものであろうか。

〔50歳。中野先生には法政大学大学院でご指導を戴いた〕

（初出：『中野正先生追悼集』１９８６年６月・森田企版）

三　青春を生き抜いている加瀬完先生

加瀬先生は、親しくその謦咳に接してお話を伺える仕合せを得ているものとして、おそらくもっとも若い世代にあるであろうわたしにとって、いつも巨きな存在である。

先生はたしかに怖いひとである。座談でさえ、ことばは明晰で簡潔、テーマの本質を衝いて弛みがない。相談ごとなど、じっと聴いてから、射すように、短い結論を言われるので、その含蓄を解くのに、時間を要することもあり、そんなときにはこちらも汗を流すことが多い。三段論法ふうに明快に説いてくれるときなど、雲が晴れたような驚きと感銘に浸ることもある。先生の語り口は、指導者としての先生の類例のない資質と努力の社会的結晶であって、それは致し方のないところだ。

しかし、反面、先生は強度の情熱を湛えたひとであり、その底に人間に対する優しい気持ちを秘めた志の充満した教師である。加瀬教育にあっては、子供は孤立しておらず、クラス全体、いや、地域ぐるみで支えられており、そのことが逆にフィードバックして、教師の情熱を持続させる活力源となっていた。教育とは、人格の形成だと先生は言うが、それは、長幼の差はあれ、生きた人間どおしの緊張と忍耐の過程であろう。先生の温かくそして鋭い観察眼は、教師として、子どもの生活をトータルに認識することから出発しており、子どもの可能性をひきだす強靭なバネは、そこにあった。

先生は、情熱をもってなにごとかを成そうと努力しているひと、世のため他人のため一生懸命に尽くそうとしている人間が好きなようだし、また、そういうひとに、援助も惜しまなかった。初代我孫子市長になった鈴木和喜さんに対しても、選挙では反対側の頭目にありながら、熱心さにほだされて、市政の進展にと助力したエピソードは、枚挙にいとまがない。わたしなども、収入役、助役として九年間、それこそ公私にわたって格別のお世話を戴いたが、利根川河川敷やＮＥＣ誘致のこと、北千葉水道の件、我孫子駅前開発についてや市民会館建設をめぐってなどなど、市執行部の力不足で、ご助力に対して十全な対応ができなかったことが悔やまれてならない。

先生はまた、清貧に甘んぜられた。クレムリンにあるレーニンの書斎の印象を記した小文は、まさに先生はそういう気質を伝えて強い感銘を残すものであった。手賀沼を望む我孫子のお住まいも、三十年の国会生活をリタイアしてはじめて増築されたし、それまでは、これが参議院副議長の家かと驚いた客人もすくなくなかったであろう。タバコ好きのわたしなんかにも、福田総理の欧州土産であるクリスタルガラスに銀製の小鳥が羽を開閉する見事なドイツ製の灰皿を、惜しげもなく下されたものである。市長応接室にも、当代最高の書家の大作が、先生から寄贈されている。

調べ物をしている時の父の背中はピリッとしていて、凛とした威厳があって怖かったと、お嬢さんが言われたことがあった。先生のご著書『寒流暖流』に採録されている富里空港阻止をめぐる質問の展開など、議員にとっては、最高の教科書として、永遠の生命を持つものであろう。「議員は、よく調査し、勉強して、新聞記者が訊きに来るぐらいでなくてはダメだ。いまはどうも逆でなさけない。」と言われる先生は、国会調査室や図書館のスタッフを泣かせたほど、勉強されたようである。それが、委員会質疑における白熱した追及の場面に結実したのであろう。また、国会における会期のルールが尊重されていたころ、先生の時間稼ぎの質問は著名であったが、勉強の積み重ねがそれを支えたものにちがいない。

先生の真骨頂は、まさに情熱的実践者たるところにあった。素晴らしい教師であったからこそ、当代一流の政治家としての志操を、一徹に通底し得たように思われる。先生の魅力は、青春をそのままに生き抜いているところにある。

わたしの夢は、加瀬先生を学長に戴いて、小さくてもピリッとした味のある我孫子市立大学を創設することである。

（加瀬完『寒流・暖流――私の国会五十年』初版発行１９８２年2月10日。初版発行に伴うＰＲ図書より石井執筆分）

四　田久孝翁先生へのお別れの言葉

田久孝翁先生。先生のご霊前に、あなたが新たに創設された昌平黌の教職員三八六名、在籍する学生・生徒一五〇〇余名、卒業生一万二千余名を代表して、合同葬儀副委員長として、つつしんでお別れの言葉を申し上げます。

私が縁あっていわき短期大学商経科の教員となって、田久先生のご厚誼を頂いてから二十年になりますが、とにもかくにも、あなたは不思議なカリスマ性を備え、義理に厚く、穏やかな微笑を湛えつつも、その生き様はまったく破天荒な生涯でありました。

田久先生。あなたが苦労して東京で確実な発展の軌道に乗せた田久建設の社長から、昌平黌短期大学の経営に転身されたのは45歳のときでありました。自ら請け負った工事代金の手形が不渡処分という予期せぬ事情があったとはいえ、教育事業を手がける決意には、何といっても生まれ育ったふるさとへの想いがあったのでありましょう。

ここで私が田久先生について鮮やかに思い浮かべることは、福島民友新聞に三五回にわたって連載された「私の半生」を主として、77歳喜寿を迎えて発刊された「欅」第四巻の書評をご覧になって、あまり人を誉めない田久先生が、にこりと笑って「石井君に僕の弔辞は頼むよ」と言われたことです。

先生の琴線に触れたのかなと思うところを、恐縮ですが、読ませて戴きます。

「1921（大正10）年、山紫水明の小川郷に木材業者の次男として生を受けた田久は、ガキ大将として、小学校へ片道6キロ余りを休みなく通うが、昭和恐慌の打撃は阿武隈の山間にも及び、家業の製材工場の休業のため8キロも離れた炭焼き場へ毎日通い、夜はさらに6キロある青年学校に精勤したのであった。今日なお強壮な田久の身体は、青年期における恐慌の苦難に耐えた賜物であろう。田久の人生の第一の転機は、20歳のときに訪れた。全国から集う三万五千の青少年の代表として小川青年学校から選ばれて、昭和天皇の親閲式への参列が決まったとき、八坂神社への21日間連続する夜中の〝願掛け〟参りを果たし、〝機械や科学に頼らず、自己の肉体と精神力にのみ頼る〟という点が最高の自身の根源となると習得したのである。

皇居前広場での玉砂利をけっての分列行進における福島県大隊の旗手をつとめ、一瞬の玉顔を拝した田舎の青年の感激のうちに、国家・国民の自覚が生まれたのだ。徴兵検査における弱視による不合格のショックから立ち直るべく、新しい天地を求めて満州行きを決行し、奉天鉄道学校から満鉄に入り、警乗となって満鉄の誇る特急アジア号に乗務することとなる。

太平洋戦争が激化し、南に向けての激しい輸送が続く中、病気になり、昭和20年の春、一時帰国となる。田久の秀でた国際感覚は、この期の大陸生活に培われたものであろう」。

つまり、田久先生、あなたは20歳のとき、国家・国民を自覚したのと同じく、45歳のときの大決断は、小川郷が輩出した偉大な先輩たちへの深い同感や、いまだ一つの大学もない地域社会に対する強い使命感だったのに違いありません。

その後あなたは

いわき短期大学幼児教育科、留学生別科、附属幼稚園を開設し、四年制大学としても短大の改組転換の全国第一号として、東日本国際大学経済学部を創設。また名実とも学校法人昌平黌の名を冠するに不可欠なものとして、建学の精神を「修為要領十七ヶ条」に具現化した明治教育史に有名な、田辺新之助先生の昌平中学を復活補完するため、昌平中高一貫校を開設し、また大学における念願の福祉環境学部も開設されました。

40年たらずして、個性のある学校法人昌平黌を創りあげたのであります。難しい環境にあって時には強引な手法を用いたことから、あなたを評して〝開発独裁〟ともいわれましたが、経営史の教科書に学ぶまでもなく、洋の東西を問わず突出して優れた事業というものは、ほとんどが秀でた企業家による独裁的指導の成果であります。国民国家そのものの産業の工業化を主軸とする近代化でさえ、おしなべて絶対君主など独裁的専制によるものでした。

独立自尊のトップリーダーは、孤独な決断と責任に耐えねばなりません。田久先生が、激職にありながら『我が郷党の群像』や『温故と知新』など七冊にあまる著作を残されましたことは、その執筆の過程をとおして厳しい自己確認を試みておられたのではないか、と私は思っております。

田久先生。あなたは、青少年期、1929年ニューヨークの株式取引所のガラに始まる人類の経験した最大の世界恐慌が日本を襲って昭和恐慌となり、また第二次世界大戦の戦時、戦後と、日本歴史においてもっとも激烈な時代を生き抜かれました。さればこそ、人類の安定的・持続的な生活秩序を保全する平和の実現を心から願い、自ら文部省に出向いて平和経済学部の創設を打診したことは有名な物語と承知しております。

先生が常々口にされる孔子の教え、建学の精神を学問的に具体化する大切な方向において、平和経済学が位置づけられておることも私たちは忘れてならないと自覚しております。

先生とのお別れをまえにして、私学としての建学の精神をベースに、全学の構成員が大同団結して、地域社会から真に期待され信頼される学園の再構築に立ち向かうことを、私達はお約束致します。

孔子生誕の地、曲阜郊外の昌平の郷は、山東省の広大な平野がたおやかな山並みに接し、川が流れ、その風情はどこかいわきの夏井川中流域の小川郷に驚くほど似ております。先生は、これからご両親の眠られている二ツ箭山腹の見晴らしのよいお墓で安らかにお休みなさるでありましょうが、どうか私達が大きな間違いをしないよう見守って下さい。

いまふっと思い出しましたが、私が主宰していた大学の地域経済研究所が、磐越高速自動車道のインパクトに関する調査研究報告書を発注先の高速道路調査会に送付したあと、供用開始に先立って工事事務所長が先導して、理事長はじめ研究所員に試乗走行をはからってくれました。

そのときあなたは、関係者一同を裏磐梯の猫魔ホテルにいきなり一泊招待して自ら労をねぎらって下さったのでした。そういう不思議な安心感をあなたはしばしば私達にみせてくれたのでした。

田久先生。お別れはつきませんが、以上をもって私のつたない弔辞といたします。

本当に、いろいろとお世話になり有難うございました。

（2008年6月15日）

五　マルクス経済学者故宇野弘蔵先生へ

世界的な経済危機に直面した現代社会で、原理論や段階論に現状分析を加えた「三段階論」を唱えた先生の偉大さを痛感しています。東京大から移った先生に法政大大学院で五年間、薫陶を受けました。私たちは直接、教わった最後の世代です。

古本屋で見つけ、いっぺんにファンになった『農業問題序論』をはじめ、ほぼすべての著作を読んだ自負があります。論争大歓迎のセミナー室で、現状分析から複眼的に世界の中の日本を見る視点を学びました。先生ほどの泰斗ですら、分からないテーマにぶつかると原典などを「腹が立つほど繰り返し読む」とお聞きし、学問の厳しさを実感しました。

一方で、最近の経済評論家を気取る学者たちや一部のマスコミの言葉の乱暴さをどうご覧になりますか。物事には原理原則があり、時代に合わなければ、それを突き詰めることに学問の本質があるはずです。いろいろな切り口があるのに、自分の頭で理解できない部分は短い言葉で切り捨ててしまったり、社会のせいにしたりする。これが経済学の低迷を招いていると感じるのですが……。

「田舎の鈍才の方が伸びるぞ」という先生の金言を実行中です。ゼミ活動、とくに学生とのコミュニケーションを大切に、と教員たちに説いています。「いい師との出会いが人生を決める」。先生と出会い、かけがえのない誇りを得た私の経験を学生諸君にも味わってほしいのです。

（初出：「朝日新聞」2008年12月6日）

六　降旗節雄先生の画期的な共同体史論

自分の書棚を眺めてみると、文学や芸術を別として社会科学の著作で私が集中して読んだのが、カール・マルクス、宇野弘蔵、大内力、中村吉治の四巨匠で、次に位置しているのが、渡辺寛、降旗節雄先生のものです。

以下三点について、降旗先生のお仕事のエキスを私なりに述べてみます。

マルクスの出発点は、人間の歴史的行為としての衣食住の持続という根本的事実を、トータルに認識しようとするものでした。これが『資本論』の経済学として確立することによって、資本主義社会が商品経済的法則に実現される原理的構造をもって自立的に運動することを論証することになり、社会科学の方法論に画期的な基準を提出したのです。

私が書評の対象として最初に採りあげた想いもありますが、降旗先生の『科学とイデオロギー』（1968年・青木書店）は、歴史的過程の対象認識が「神々の共存」なる相対主義に埋没しつつある昨今の学問の世界において、マックス・ウェーバーや大塚久雄のテキストクリティークをとおして、社会科学の自立性＝非イデオロギー性を明快に説いたもので、本書の論旨が再確認される意義は格別の重みを持っています。

降旗先生が力説されたのは、資本主義にとっての金本位制の体制的な意味でした。

経済の金融化が急速に進行し、サブプライムという低所得者向けに開発されたハイリスク・ハイリターンの住宅ローンが埋め込まれた膨大な証券が、世界中に売りさばかれました。貨幣を、金融マーケットにおいて、株式の時価総額や証券化商品の運用で増やすやり方が支配的となったのです。しかし、これらの擬制資本といわれる商品の価格上昇は、10年ともたずに泡となって弾けて、昨年9月、アメリカのリーマン社の倒産を契機に、世界金融危機といわれる感染爆発を引き起こしました。

折しも、モータリゼーション社会と言われる自動車文明がもたらす二酸化炭素排出の累積的な結果は、地球温暖化による異常気象などによって、環境問題を抜き差しならないものとして重ね合わせてきております。

それは、単に「百年に一度の不況」という理解を超えて、ほぼ五世紀にわたって近代社会の推進力となってきた資本主義というシステムそのものが、信用という事態の根幹を崩壊させ、自己規律を失った姿であります。

資本関係において生産力の発展は、現実的には、市場均衡が景気循環における社会的貨幣資本による外的尺度を通して調整されざるを得ないのでしたが、この運動を媒介する信用という社会的機構の結節点に、貨幣金が位置していたのです。資本制生産は、金本位制と不即不離の体制的構造を保持せざるを得なかったわけです。「資本家的生産様式を、流通形態による社会的生産の把握と規定しうるとすれば、この生産様式の支配は、具体的には金本位制の支配のうちに確認されうる。というのは、金本位制こそ、無政府的生産を、それ自体において社会的統一性のうちに規制する形態的核心をなすからである」（『著作集』第3巻３３４ページ）と先生は言っておりますが、「資本主義の自立性の根拠たる金本位制」（同上・３３６ページ）が放棄されますと、「最終的に経済の自律的規制の仕組みが絶たれることになる」（第5巻２５０ページ）ため、例えば１９７１年夏の金とドルの交換停止以降は、事実上「ドル支配」といっても「体制を支配する実体がない支配」（同上）とならざるをえず、「実はこれが金融グローバル化ということの一番基本的な問題」（同上・２５１ページ）となってくるのです。

世界化の潮流が、自由化の徹底による国民経済という個別的なバリアを取り払って、ＩＴ革命による情報と国際金融の領域が相乗的に結びついて、アメリカを中心に動き出しました。情報も金融もそれ自体はモノをつくる実体経済ではない同質のメディアです。

「情報化社会における物のつくり方、売買の仕方、それから企業の立ち上げ方というのは、要するに情報の組み合わせでやっているのです。つまり、新しい物質的な素材をつくってやっているわけじゃない。結局情報が売買される事になる。ところが、情報の売買は市場経済となじまない問題をもっている」（同上・２３８ページ）と、証券化商品の本質も衝いておられます。

生活資料の持続的再生産という農・工の実体経済を基軸とした「この資本主義体制の健全性を保証する最後のとりでである金本位制がなくなったという事になりますと、この体制は軸のない絶えず変動する非常に不安定なシステムになります。その中では家庭とか国家とかいう共同体も信用できなくなり、作動できなくなる構造となります。これは人間社会としては存在し得ない構造になっている事を意味します」（同上・２６４ページ）。

学説史上マルクス経済学の含蓄に富み、その核心をなしているのが価値形態論でありますが、残念ながらいまこれを学ぶ者は少ないですが、全5巻の『著作集』には収録されていない『貨幣の謎を解く—価値形態論から現代金融まで市場経済の貨幣論的分析』（１９７７年・白順社）は、降旗貨幣論が集大成された名著であります。

先生が晩年になって傾注された国家＝共同体史観は、画期的なものです。私はこれによって、戸塚秀夫の名著『イギリス工場法成立史論』（１９７８年）に示唆された自由主義段階における工場法の政策主体についても明快な根拠を得られました。

「不分割の生産手段に不分離の生産者の集団が、不可分に結びついている」（中村吉治）ことを本質的要件として成立してきた前近代社会における共同体においては、身分秩序に守護されて、社会の経済的再生産を確保していたのです。

「近代国民国家は絶対主義国家として成立したことから理解されるように、近代につくりだされた新しい共同体である」（『著作集』第5巻56ページ）。「旧来の共同体の解体は、一方で国民国家という広大な領域をもった大きな共同体を作り出すが、同時に他方に、一夫一婦制の単婚家族という小さな共同体を作り出す。そして、市場経済で支配された経済領域をこの二つの共同体でかこいこむことになる。国家という共同体の内部の、かつ家庭という共同体外部の領域が、市場経済の領域であり、この領域は資本によって全面的に支配されるのである」（同上・72ページ）。

「資本主義体制成立のためには、したがって国民国家と単婚家族という大・小二類型の共同体を絶対的条件としたが、市場経済は単独でこの二つの共同体を形成しうる力をもっていなかった。／もともと共同体と市場経済とは原理を異にする人間の結合システムである。共同体の内部から商品が発生し得なかったように、市場経済が共同体を作り出すこともできない」（同上・73ページ）。

「人類史を共同体として総括し、共同体と共同体の間から発生した市場経済が、近代にいたって共同体を解体しつつ生産過程を包摂したのが資本主義であり、しかもこの資本主義においても、人類はついに国家及び家族という共同体の支配から脱することはできなかった、とみるべきではないだろうか。そして、その点にまた人類にとっての社会主義の意味があるとすべきではないであろうか」（同上・64ページ）。

こうした視点は、フランス革命によって、民族やナショナリズムの成立を説く政治学の潮流にも反省を求めるものであります。

降旗先生の理論的業績は、日本が誇る宇野理論体系の批判的解説としても最上の成果を私たちに遺されたのです。

（初出：２００９年5月30日・偲ぶ会・追想集）

受験生の皆さんへ
Message to you

自分を見つめ、未来へとはばたくための大切な時間があります。

新たな一歩を刻む皆さんに学んでほしいこと。

それは「真・善・美」の世界を探究するすばらしさを改めて発見することです。

ものごとには原理・原則があり、また判断の基準があります。学ぶということは、自己確認という大切な意味を持っていることを知ってほしいと思っています。

東日本国際大学の魅力は、山や海の景観に恵まれた地方中核の産業都市であるいわき市にあること、そして留学生やスポーツ選手など多様な学生と面倒見のいい教職員が多いことです。人は誰しも個性的な長所を持っています。それを自分の進路と上手く対応させるためのコミュニケーション回路をつなぐのが大学の使命です。

また、私は皆さんに、それなくしては人間たり得ないような、読書や自然への親しみなど、良き趣味に熱中して欲しいと願っています。たとえば私は、モーツァルトの音楽を聴いていると、天井から真珠がこぼれおちてくような贅沢な世界に浸れます。

知識を吸収し、スポーツで体の鍛練をすることも大切ですが、心や感性を磨くことも忘れないでください。皆さんの若い心に、深みと豊かさを与えてくれるものを何か探してください。

青春とは自己発見の旅です。学びを通して深く自分を知り、趣味を通して人間として大きく成長してほしい。東日本国際大学は無限に広がる皆さんの可能性をかたちにするために、一人ひとりの夢を応援しています。

東日本国際大学　学長　石井　英朗

第四章　地方大学の学長として

一　グローバリゼーションの中の地域

いま、グローバリゼーションという世界史的潮流は、IT社会化という不可逆的進行の姿をとって地域の諸相に強烈なインパクトを与えています。

歴史的にみると地方都市存立の安定的基盤は、当該地域経済圏における賦存資源に依拠するものとしての一次産業と二次産業にありました。つまり、鉱工業ないし農林水産業という実体産業をベースとし、その結節機能を主軸とした都市の繁栄が約束されていたのであります。

しかし、情報社会化の進展が別名で経済のソフト化とイメージされるごとく、社会的生産の根幹をなす製造業においても、生産工程におけるシステム的思考が競争的環境のなかで支配的となり、部品生産のユニット化・モジュール化の急速な普及と同時的に、多様なアウトソーシングが活発に実行されています。

つまり従来の工場生産のイメージが、現代的な資本蓄積構造の中枢をなしている自動車や高度な家電製品などの耐久消費財産出部門では、まったく生産とサービスの境界が不明なかたちとなっているのであります。

第三次産業分野として総括されているサービス業における就業人口の確実で急速な増大は、たんに大衆消費社会の成熟としてとらえるのではなく、二次産業の変容と結びついていることを忘れてはなりません。

いまひとつ重要なことは、現代資本主義においては資本の過剰がそのピークに達しているという事実にあります。この事態を現実世界に移してみますと、経済学でいう金融が情報と深く関係して、国際化・世界化すると共に、その投資活動領域を想像を絶する方面にまで拡大するということになっているのです。これをイギリスの優れた経済学者であったスーザン・ストレンジは『カジノ資本主義』とその著書で命名しました。

日本では構造的不況がまだ明るい出口を見出せず、ヒト・モノ・カネ・情報が東京という国際都市に一極集中していることは明確です。対事業所関連サービスを中心として新たな人口集積を呼びおこしているわけです。そして、いわば第2グループが大阪、名古屋、第3グループが札幌、福岡、第4グループが仙台、広島といったところで、第5グループが県庁所在都市というようにサービス業の勢いが順序づけられます。端的にいって人口20万人以下の地方中小都市の存立基盤がますます失われているわけです。そもそも都市というのは背後にある地域圏産業に対する広汎なサービス機能に依拠していたからでありました。地方都市が在来型の地場産業の代表である食品工業などに局限されたり、大企業の工場配置における孤立的な租界地の提供に止まるならば、現代都市発展のダイナミズムを形成する新型のサービス業態を連鎖的に展開させる経済的必然性を欠落させてしまうからであります。

地方都市振興の方策は内発型、ネットワーク型にあるといわれています。私もそう考えていますが、ただこのことはよほど腹を決めて知恵と粘りを持続しないと駄目になるという根拠は、グローバリズムが発現する気味の悪いくらい強いパワーにあることを訴えたい一念のゆえです。

（「地域研だより」・２００７年２月２０日）

二　地域と共生

共生(living together:coexistence) いうことばが、21世紀を構築するキーワードとして注目されています。

いま、再生不可能な石油資源の濫費による大気中の二酸化炭素（CO_2）濃度の累積的増大と、それに起因する地球温暖化にともなう異常気象などによって、環境問題が緊迫の度を加えています。事態の背後に、自動車に代表される耐久消費財の産業構造がひとり勝ち的に世界的浸透をみせていること、言い換えれば大衆消費社会を象徴するマイカー社会化が不可逆な流れとして定着し、これが現代資本主義における資本蓄積メカニズムの根幹をなしていることを見逃してはなりません。

つまり、環境問題のほんとうの困難さは、現代の経済社会の活力を支えている産業構造や資本蓄積の機構そのものに立脚しているということなのであります。

その解決の方向性は、地球生命体としての世界が、トータルな「循環型社会」を回復・保全することをとおして、「持続可能な社会」を展望することです。そして共生の理念は、経済的関係性や生活のレベルで、これを確固たるプログラムとして実現するための基本命題となるものでありましょう。

昨年末、東日本国際大学東洋思想研究会の発足記念シンポジウムが、いわき駅前に新設されたラトブで催されました。

会長の谷口典子博士は、基調講演で――唯一・絶対の一神教的なキリスト教やイスラム教の世界とは異なって、東洋では西暦紀元前およそ500年頃、仏教や儒学が広がり、釈迦や孔子の思想の真髄には「和をもって貴しとなす」という平等や平和に通ずる教えがあり、それは東洋の知恵として共生の理念を説いたものと理解できる――と話されました。

釈迦や孔子が生きた時代は、まだ労働生産力も低い農業中心の社会でしたから、共生ということは、共同体における生産や生活の秩序を保全する実質的なルールでありました。それは、共同体社会の経済的な必然性をもって成立してくる基本的な原理として概念化できるし、共生を共同体の掟としてとらえると経済史的にもよく狸解できる、と私は補足した次第でした。

こんにち、資本主義という共同体とは異質な商品経済システムにおいて、いわばその均衡と安定を担っていた貨幣や資金が金価値との制度的な相関を失ってしまっていること、そして実体経済に対する投資領域が経済世界の成熟化によって相対的に制限されていること、を主たる要因として、グローバリゼーションという激流のさなかにあって、過剰流動性の猛威のもとで、一国的な経済政策の限界が明白となってきました。

ほんらい、国家というのは、国益の名のもとであれ、国民経済の安定的持続を最大使命とする共同体的機能を保持していたのですが、これがとても困難な国際的環境となってしまったのです。

地域には、地縁・血縁とイメージされるような、多元的で重層的な共同体的な要因がまだ残存しています。いわば、バーチャルでない対面的な信頼関係に基盤をもつ、現代的なコミュニティを再生・充実させうるネットワークの関係性が即時的に存在しているのです。

サブプライムローン（アメリカにおける信用力の低い個人向け住宅融資）問題は、私たちに、過剰流動性のワナに落ち入らない知恵を教えてくれています。現実的な対処は、さしあたって、連帯による地域の振興なのです。暗黙であっても、地域に存在する分別の基準こそ、私たちの救いであり、希望の原点であります。

（「地域研だより」・2008年2月20日）

三　〝縮み〟社会でも教育と文化は輝く

　2010年、新年を迎えた新聞やテレビなどの発するメッセージは、総じて元気のないものでした。それは、発展途上国のなかでも成長性が注目されているBRICs《ブリックス》（ブラジル・ロシア・インド・中国）諸大国をいちおう別にして、一昨年のリーマンショック以来、欧米日の先進国経済がおしなべてマイナス成長＝デフレを持続していることの反映かと存じます。

　とりわけ日本社会は、かつての超高度成長経済の歴史的な帰結ともいうべき、少子高齢化が重なり、加えてアマゾンやシベリアの広大な樹林伐採の進捗や、中国における自動車販売世界一達成などモータリゼーションの世界化による化石燃料消費の拡大が招来する気候の温暖化といった地球環境の不可逆的悪化がオーバーラップして、人口減少に明示される〝縮み〟指向に転換したという正視しがたい現実のゆえでありましょう。

　省みますと私たち日本人は、江戸時代（1603～1867）という265年にもおよぶ平和で独創的な文化を生んだ誇るべき歴史を持ったのでした。近代の世界史を始動させたヨーロッパでさえ、この時期、ナポレオン戦争に至るほぼ二世紀間、政治的・経済的主導権をめぐる争いを頻発させていました。速水融先生のハンディな名著『歴史人口学で見た日本』（2001年・文春新書）によりますと、江戸時代中・後期の日本の人口は約3000万人で推移したようです。私は、「江戸時代というすばらしいモデルがある。これからは量より質の時代だ。現有人口が4分の1になっても充分に豊かな生活は可能だし、そういう社会で本当に輝くのは教育と文化ですよ」といっています。仲間の多くはあまり共感してくれないのは残念ですが、〝縮み〟のなかで質を競う輝きと活力――やはりこれです。

　元旦に世界70ケ国に衛星生中継されたウィーンフィルのなんとも粋を極めたコンサート。これなどそのイメージを象徴するものといえましょう。

（「地域研だより」2010年2月20日）

四　地方私大の試練と行方

　成熟社会化とは経済成長が停止した市場飽和型社会の別名であります。日本でも1973年のオイルショックを契機として子どもの出生率が減少し始め、18歳人口は１９９１年をピークに、この20年間で驚くなかれ半減してしまいました。またこれと併行した経済グローバル化の加速によって、地域間格差も拡大し、地方私立大学はきわめて厳しい環境におかれています。

いま私立大学は、高等教育としての学部教育の約八割を担っており、ほぼ六割は東京、大阪、名古屋の三大都市圏以外の地域に存在しています。

学生一人当たり費用の国費負担をみますと、私立大学が約17万円に対して国立大学は約１８７万円と11倍の格差をみせています。

教育支出全体の対ＧＤＰ比をみますと、先進国グループといわれるＯＥＣＤ平均４・９％に対して、日本は３・３％と低く、特に高等教育における私費負担の割合は、ＯＥＣＤ平均27・４％にくらべて67・８％と突出して高くなっているのです。

これは高等教育における私大と国立に対する財政支出の根本的な格差に起因するもので、国民の高等教育における被教育権に、著しい差別が放置されていることを明示しているわけであります。

近世の金産出高などは別にして、国際貿易において比較優位を保つ資源に恵まれていない日本は、いわば「教育力」によって、アジアにおいて初めての国民国家としての社会的統合と繊維産業を主軸とした工業化＝近代化を達成したのでありました。

現在の生産力人口の減少傾向が確定的な社会構造にあっては、若ものたちの労働力としての資質において、一定の水準を確保することはまさに最重要な課題となっているわけであります。

その視点において、大学全入時代が現出していることをみるならば、国民として、高等教育に参入する若ものたちに対する経済的負担の差別は、許されない段階に立ち至っていると知らなければならないのです。

とはいえ、もちろん地方の私立大学は建学の精神の発揚はもとより、知の拠点として自ら地域の公共財となる、自立自助の持続的努力を怠ってはなりません。地方都市圏との信頼と共存なくして、大学の存在理由は見出せないということは不滅の原則でありましょう。

（「地域研だより」２０１１年2月２０日）

五　入学式式辞

新入生の皆さん、３月11日に発生したこのたびの東日本大震災は、巨大な津波を呼びおこすと共に、さらに原子力発電所の事故とも重なり、多くの人の命が奪われ、巨大な物的損失をもたらしました。そして、今なお多くの人びとの日常生活に不安と苦しみを与えております。

私たちの大学も、一部校舎の再建や修築を余儀なくされておりますし、またこうして一ヶ月も遅れた入学式も学部ごとに別れてやらざるをえなくなりましたが、何よりも新入生の皆さんの健やかなお顔を拝見して、とても嬉しく存じます。東北地方が苦難のいま、私たち大学教職員一同、皆さんの入学を心から歓迎いたします。

よく考えてみますと、それぞれの青年期は特有の歴史性を持っております。いま、同世代の国民の二人に一人が大学生であるという現実は、成熟社会を象徴する少子化を背景として、多くの青年たちを学歴競争に参加させるという社会的強制力が働いていることの証明でもあります。もはや明治から昭和の戦前までのように、大学が一部のエリートに欧米の一流の学識を講義し伝達する時代は過ぎ去りました。しかし、人間は、教育によって人間となるわけでありますし、教育とは文化を伝えていく行いとして、共同体としての人間社会を形成していくうえで不滅の営みであることに変わりはありません。

ここで私から三点ほど申し添えておきます。

①は、「建学の精神を見つめ直し、実践する」ことです。私たちは、2550年前に現存した人類の偉大なる教師である孔子の思想が集約された『論語』を、建学の精神として、これを学生諸君と共に学ぶ講義など多くのプログラムも持っております。『論語』から詩のようにうつくしく、味のある一条を引いてみます。

道に志し、
徳に拠り、
仁に依り、
芸に遊ぶ。

宮崎市定先生の訳は、

「学問の道に励み、人格完成を理想とし、人道主義を離れず、その上で趣味にひたりたい」ですし、加地伸行先生は、「普遍的なるものとしての天の道を求め、道徳を根底にして、人の道としての仁を身につけ、学芸の世界を楽しむ」と訳されています。

孔子の器量の巨きさや人柄が親しめる私の好きなことばです。

②は、「先人の生き方や本物の文化・芸術から学ぶ」という事で、コピーや人工空間的文化のみでなく、本物・実物にあたる悦びを見出してほしいというメッセージであります。

人間は、生活の中で学習し、発達する存在です。また、教養といわれるものは、自由な精神をもつ人を結びつける微妙な効用をもっています。とりわけ青春時代によき趣味を持つことは、私たちの生活に持続的で深い歓びを与えてくれます。本を読んで奥行きのある想像の世界に浸ってみたり、モーツァルトの音楽を聴いて、人類の天才が導いてくれる流麗な時間に身を委ねたり、いろいろありますが、是非よき趣味に励むことも大学生活の大切なことと体験してください。

③は、「地域の力で、教育を支える」ということです。私たちは、地域と共に、地域に根ざし、地域を拓く大学を、志しております。とりわけ50万人口からなるいわき都市圏は、大消費地東京に近い石炭産業に始まり、いま東北第一の製造品出荷高をもつ伝統的産業都市としての活力を保持しています。また60キロに及ぶ美しい海岸線をもち、トレッキングに最適な山々や素晴らしい景観に恵まれた渓谷もたくさんあり、温泉資源にも恵まれております。大きすぎず、そしてまた小さからず、皆さんがまさに「悩みと希望の戦場」といわれる青春の自己実現をはかるには、最適の環境にある、と信じます。

私たちは、皆さんや保護者の方々に対して、入学案内に記したことは、大学としての社会契約であると存じております。契約を結ぶということは、責任を伴うということです。

希望を語り、誠実を胸にきざむ、教育コミュニティとして、私たちは真心を持って皆さんのお手伝いを致しますが、新入学生諸君、主役はあなた方自身なのです。

本日は皆さんの自立への旅立ちの日です。どうか心新たに、頑張ってくださるよう期待して、私の式辞と致します。

（２０１１年5月7日）

六　学位授与式辞

本日は、大学卒業という人生の大きな節目を、健やかに迎えられた皆さんに、心からオメデトウと、お祝い申し上げます。

また、いわき市長、いわき商工会議所会頭はじめ、ご要職を持つ多くの来賓各位、保護者の皆様、羹友、全教職員列席のもとに、学位授与式を執り行えることを、ありがたく感謝いたします。

とりわけ福島においては、私たちは世代を超えて、３・11東日本大震災からの三重、四重の災難を直視し、それぞれに歴史的な体験をしました。

なかでも、東京電力福島第一原子力発電所の水素爆発や核燃料のメルトダウンといったチェルノブイリを超える大事故は、フクシマの地名を世界的にしました。いまだふるさと再生への合理的な時間軸も示されず、地震や津波という自然災害とは異質の放射能という不気味な恐怖のもとにあります。

原子力発電は、それが発する人工放射線や核廃棄物の安全かつ経済的な処理方法すら確立していない未完成の巨大技術であり、原子力は自然界の摂理にさからうという意味で、まさに悪魔のエネルギーであることが明らかになりました。

歴史を省みますと、文明の転換期には、かならず一定の混乱をともなってまいりました。現代の日本はまさにその渦中にあります。

そうした不透明な状況において、卒業生の皆さんがすばらしいがんばりと結果を残してくれたことに、私たち大学の教職員は特別の拍手を贈りたい気持ちでいっぱいであります。

まず、皆さんの就職決定率が99・2％と全国トップクラスの驚くべき成果を達成したことです。なかでも福祉環境学部では就職予定者の100％となりましたし、両学部併せてうち30名の株式上場企業と公務員の合格者も出ております。

留学生のうち、中国、韓国、ベトナム、ミャンマーなどからも日本企業の内定者が少なからずでたこともうれしいことでした。

遠藤キャリアセンター長によりますと、皆さんが青年らしく自ら一歩前に出る力を、存分に発揮されたおかげだと申しております。

つぎに、こういう苦難な環境におけるスポーツの効果についてであります。昨年6月7日開幕した第60回全日本大学野球選手権大会に、26の各地域ごとの連盟を代表して、開会式で「私たちが復興のためのかけ橋となる、こうしていま野球ができることを感謝したい」と本学野球部の天野主将が選手宣誓をしました。

一回戦で惜しい試合を逃しましたが、7月3日の東北地区大学野球選手権大会では、9回2死から3点差を逆転し、東北福祉大のV6を阻止する快挙をなしとげました。3勝を挙げ、MVPに輝いたエースの浜崎君は社会人野球、関西の名門NTT西日本に就職が決まりました。

野球部の諸君がユニホームの右袖につけた「がんばっぺ・いわき」のワッペンは、大学コミュニティが一丸となっていくセンスに弾みをつけていただきましたし、全国大会で好成績をみせた柔道部などの諸君に対してともども、改めてこの席から有難うと申しあげます。

第三に、地域的な実りある連携のプロジェクトが実現のきざしを拡大したことであります。秋の鎌山祭という大学祭では、浜通りの代表的な夜桜の名所である、富岡町夜ノ森での著名な、よさこい祭が、キャンパス内で栃木、福島県内各地と全国優勝した高知からの「十人十彩」の自主参加と併せて開催され、地域と大学が一体の復興イベントを盛り上げたことでした。

その他、私たちは地域のために汗を流す大学という目線に沿って、震災関連の講演会やシンポジウム、各種のボランティア参加など、皆さまのお力添えをいただいて、教育はすぐれた公共的な営みであることを実行してまいりました。

4年まえ、学長に就任したばかりの私は、入学式の席上でステークホルダーとしての保護者の皆さまに、大学が入学案内のパンフレット等に記したことは、私たちの学生や保護者に対する社会契約として、そのお約束を守りますと申しあげました。

いま、学生諸君の社会への出口の第一歩において、就職実績など誇りをもって送りだせることを素直によろこびたいと存じます。

東日本国際大学も復興に向けて、迅速な対応をして参りまして、明年の今ごろは、そのシンボルとなる新しいコンセプトの校舎も完成している筈です。東京と仙台のちょうど中間に立地するいわき中核都市圏において、共に生き、協力して汗を流し合う知の拠点、地域の公共財として東日本国際大学の未来は明るいのです。

それは、ピンチをチャンスにするべく、大学を構成する教職員、学生のみんなが、フクシマの魂を共感し、人間として大切なセンスを共有しているからであります。

卒業生の皆さん、いまは「失われた20年」などともいわれて、若い人たちにはつらい時代ではありますが、あなた方が人間として、自分の持ち味を引き出し、お互いにあてにし、あてにされ合うという人と人との信頼の関係性を構築して行くならば、それは必ず、あなたの活動の舞台に、輝きと自信を与えてくれるはずであります。

皆さんはすでに、一歩前に出る力を獲得されました。どうかこれからフクシマで歴史的な体験を胸に刻んだ若い力を、存分に発揮されるよう期待して、学長の式辞を終ります。

（2012年3月18日）

七　平成23年度―春期修了証書・日本語学習認定書授与式　辞

只今お名前を呼ばれ、東日本国際大学留学生別科において日本語学習課程についての修了証書を手にされた皆さんに、先ずはオメデトウとお祝い申しあげます。

人間の本質的な存在のしかたを「関係性の総体」ととらえたのは、１８４０年代、若きカール・マルクスでしたが、まさに社会や経済というものは、人間どうしの関係行動のまとまりによって成り立っています。ですからまず、人口の動向をよく見極めることはとても大切なことなのであります。

いま、アジアには中国14億、インド12億人もの人口があり、そのうち中産階級いわれる富裕層は6億人もいて、これは欧米のそれの3億人の倍にもなっています。

つまりアジアにおけるこうした巨大な購買力需要が、製造業中心の国際分業に基づく生産ネットワークと並んで、二十一世紀をリードする世界経済の重要なプレイヤーとして注目されているわけであります。

その理由は、東アジアや東南アジアの諸国が発展途上国として「後発の利益」を手に入れられることはもちろんですが、なんといっても経済開発において、優れた労働力の安定的持続的な投入が可能だからであります。

皆さま方のうち、引き続き東日本国際大学で学ばれるかたは、10名が経済情報学部、1名が福祉環境学部ときいております。原発の放射能の風評被害が国際化しているなかで、入学志願していただき、私たちは大歓迎します。

中国、ミャンマー、ネパールという留学生の皆さんのお国は、これから驚くべき発展の現実性をもっておりますから、あなたがたは、輝く未来に対して使命と責任をもつ青年として、同じアジアの歴史において、良くも悪くも貴重なモデルを提供した日本について、さらに勉強を積み重ねて下さるよう強く期待しています。

この間、３・11地震・津波・原発事故というトリプル災害のなかで、ほんとうによくご指導いただいた留学生別科の諸先生と国際センターのスタッフの皆さまにも厚い感謝を申し上げ、どうかよきリーダーとなりますようにと留学生諸君の健康を祈って、学長の式辞と致します。

（２０１２年2月21日）

八　地域創共活動の基本的な考え方と本年度の重点目標

人材養成に効果を予定する前提のもとに、「地域社会のニーズに応え」、併せて「積極的に地域社会を活性化していく地方の大学」の活動が、いま喫緊の時代の要請となっている。

文部科学省も、「大学の社会貢献への取組を一元的に管理していること」と、「全学的な共通目標に向けた地域貢献の取組を実施していること」の二大要件のもとで、本年度から「総合的な地域活性化事業支援」を本格的な政策として予算化した。

本学でも、上記の趣旨に即応し、法人を一貫したFD・SDの促進の具体化としてこれをとらえ、去る3月24日、この全学的推進期間として「地域創共センター」を設立した。

年度当初の会議に向けて、本年度の重点目標を差しあたって下記のごとく考察してみたので、各位において充分に吟味されたい。

Ⅰ　本学といわき駅前のラトブを結ぶ、旧6号街道沿線の商店街経営者を主軸とした大学の「まちなかキャンパス構想」の具体化に実質的な展開をはかる。

①・ラトブのサテライトキャンパス事業のいっそうの充実

・公共広報の拡充と参加者増加の工夫

・金子教授提案の「心のケア・相談、診療所の開設」

・市立図書館への学生の誘致

②七夕祭り等での各種イベントの相互共催方式的な盛上げと新企画の提案

③高大連携における昌平中高との親密なる交流・対話・共同企画の実現

④夏井川の河川景観の利活用の企画と沿岸住民との共同事業への参加

⑤商店会との連携による、教職員・学生たちへの購買インセンティブの開発

⑥地元の環境クリーン作戦への参加

⑦本学鎌山祭への地元市民の参加機会の確保

⑧スポーツ活動（小中学生・中年市民）への参加と支援

Ⅱ　いわき短期大学および本学卒業生との交流、対話機会の拡充と信頼関係の再構築による上記事業への協力依頼と、これの展開として学生募集や就職依頼などへの積極的関与への誘導を期待する様々な試み。

Ⅲ
①有力者の名簿の確認
②交流機会の設定
本学の伝統的名物となった「いわき学」通年開講分やサテライトキャンパス講座分について、補助金を利用して、出版を具体化し、地域活動としての本学の発信性を高める。

（学内指示メッセージ・２００９年４月10日）

第五章　我孫子市の文化行政への提案

一　芸術文化ホール建設に向けての提案

基軸的コンセプト：優れた音響設計に担保された座席数1200前後を配置する音楽専用ホール。我孫子駅から徒歩来場可能で手賀沼に近接性をもつ景観にも恵まれた立地性の確保が望ましい。

提案理由：

①我孫子の都市ヴィジョンの確認と市民的共有

公共交通軸としてのJR常磐線を主とした東葛都市圏は既に100万人を超える東京近郊都市圏を形成しています。

新しい文化施設は、刻々と変りつつある我孫子市をめぐる地勢的・経済的環境と不可分の存在であります。東葛地区各市がそれぞれやがて自覚的に持つであろう統合的一体性のなかでの機能と役割の分担を考えたとき、我孫子はどうやったら輝きを放つのか。これこそ私たちがふるさとの次世代のためにも想いをおくべき第一義的要件であります。

我孫子はかつて気象学の岡田武松、歯科医療における血脇守之助といった巨人を輩出してきましたし、手賀沼べりには朝日新聞を確固たるものとした大ジャーナリスト杉村楚人冠や志賀直哉を筆頭とする白樺派の壮年期の文人たちが居住した穏やかな風情のあるところです。いま、人口13万余の地方小都市ながら二つの個性的大学があり、また社員の3分の2は大学院卒業者といわれるNECの研究開発型事業場も立地しており、また手賀沼、利根川という首都圏に最近接した河川・湖沼景観にも恵まれております。

私たちはこうした我孫子市の伝統や立地特性をベースに、松戸市や柏市など先進大都市の実清を考慮したとき、我孫子の場合、注力すべき方向は、文化的インフラ整備に基づくイベントなどソフトの開発を進めることに尽きると思うわけであります。

これが実現すれば、芸術文化の都心への一極集中も相対化されますし、近隣地域からの交流人口の流入も活発となり、経済的な潤いを生むことも確かになります。

②文化行政の重要性

いま、私たちに多様な生活物資が過剰なほど提供されております。21世紀が、人びとの心を豊かにする文化の時代といわれるのは当然でありましょう。

文化行政が地域に根ざすためには、その地域固有の歴史、環境を含めた文化活動としての個性的な発信性を確保しないと持続的な効果は確保されません。これは巨額の初期投資を効果的に発現させるためにも重要なことであります。

現在、全国におよそ1700程度の市民会館ないし文化会館といわれる多目的ホールが存在しています。しかし、その大部分は年間の利用実績がさびしく、地方財政の弾力性を欠くなかでその維持コストも問われるほど予算配分も厳しくなっています。

文化施設としての市民会館型の多目的ホールが何故活性化しないかのおおきな理由は、さまざまな発表・公演形式をもつ伝統的な芸術ジャンルを、無理を重ねた妥協の産物としてオール・イン・ワン方式のホールに仕立てあげたからであります。これは結果として、費用も嵩み、それぞれのプロにとっても客席の聴衆・観客にとっても、公演の魅力に欠けるホールとみられて低い評価しか与えられず、おおかたの地方都市などでは敬遠されることになり、単なるアマチュア市民的各種文化団体がもっぱら自己実現のために利用するハコモノに定着してしまっているからであります。

地方自治体の設置する文化施設が公益性に配慮するのは自明のことですが、文化施設にとって最も大切なのは、文化団体の利害ではなく、我孫子市民および周辺地域の一般聴衆の意見なのであることを忘れてはなりません。

低成長経済が定着したいま、全国の自治体における都市間競争において、真に問われているのは行政の文化化であり、文化行政についての重厚な思索であります。これを機会に、市長および市議会が、明確にイニシアティブをとって、文化行政の柱をうち立てるべきです。

③なぜ音楽専用ホールなのか

1　これまでの我孫子市民会館28年の実績を総括してみますと、オープン記念のエリアフ・インバル指揮・日本フィルハーモニーによるドヴォルザークの「新世界交響曲」にはじまって、各種のプロの公演もありましたが、市民フィルによるオーケストラ、合唱団、吹奏楽など音楽の公演が全体の七～八割を占めており、市民会館の利用は主として音楽が主流をなしてきたという歴史があります。

2　我孫子市に本拠をおく音楽文化発信基地となる世界的にも活躍するトップクラスの演奏家を集めたプロのオーケストラ、「室内合奏団クレメンティア（ラテン語で寛容を意味する）」が存在しています。著名なゲルハルト・ボッセを指揮者に迎えるなど、団長の湯川和雄氏は、市内に在住してこれまで地域音楽活動にも深く貢献されてこられました。また、このオーケストラを応援する友の会会員は2007年10月現在、我孫子市922、柏市175、流山市51、松戸市37、茨城県80、東京都45など全国で1500余の人数をもっています。活動開始4年にしてこれだけ多くの人に支持されていることは、地域市民のレベルの高さを示すものといえましょう。

地域に音楽文化の核があることは、水戸芸術館における水戸室内管弦楽団の例にみるごとく、ホールの活力保持にきわめて重要と考えます。

クレメンティア友の会事務局では、「ホールは楽器です！多目的ホールは無目的ホール！」と訴えて、都市文化の心臓であるコンサートホールの設立に賛同を求めたところ9000余の署名が集まり、これを市当局に伝達してあります。

3　著名な音楽評論家の遠山一行はサントリーホールの登場に寄せて1986年11月17日の「毎日新聞」夕刊でこういっています。

「それはいかにも音楽会場らしい雰囲気をもっている……舞台の額ぶちはなく、反響板もない。音がはねかえるのではなくて、ホール全体の空間が一体になって鳴るのである。天井は非常にたかく、ホールの空間―空気容量―が大きい。……協和音を中心としたクラシック音楽は、やはりこうしたひびきできくものであろう。そのひびきは奥行きのある重層的な感覚に支えられており、心と体をつつむような温かい感触をもっている。これは、扇形のホールの音のひびきとはちがうのである。……ホールはただの空間ではなく、ひとつひとつが個性をもつ楽器なのである」。

コミュニケーションの手段として、言語と音楽は本質的にちがうもの、ともいわれております。民主主義は手続きの体系でもありますが、公益性の名のもとに安易な多数決によって、文化性――我孫子市に銘器が生まれるチャンス――が喪失されてはあまりに情けない次第です。ちなみに、クラシック音楽の本場ヨーロッパには多目的ホールといったものはないのです。

4　費用や外観のうえでも、音楽専用ホールは多目的ホールに勝ります。劇場型の舞台装置が必要でないため、かなりの建設費が節約できますし、外観も一体的な箱型で舞台上部の突出した外観をもたずにすみます。その分、明確なコンセプトを指示して音響設計に磨きをかければ、利用者の少ないウィークデイなど、都心から一時間足らずの我孫子ならば、その立地性から演奏のレコーディングなどのためにこれを利活用する外部からの企画も活発化し、一定の経常的収益も予定されるはずです。

④なぜ我孫子駅からの歩行圏としての手賀沼景観の近接性を求めるのか

1　私たちは、文化施設としての音楽専用ホールを市民的文化団体の自己実現の場としてのみでなく、音楽文化の発信基地として考えています。それは自治体にまるごと依存するのではなく、一定の収益性が確保される展望をもつ優れた施設をイメージするわけです。そのためには、来場者の立場に立って、利便性と快適性をも提供できるものでなくてはならないでしょう。

我孫子市の玄関口である我孫子駅は、ＪＲ常磐線、成田線に加えて地下鉄千代田線が乗り入れ、公共交通に恵まれています。ここから徒歩10分内外で、手賀沼を望む景観にアクセスできます。歩行圏内で心にひびく美しい音楽を聴き、首都圏では珍しい湖沼景観に親しむ――これは最上の歓びではないでしょうか。これからの観光は、個性的な文化の結晶でなければなりません。我孫子の点在する観光資源を有機的にネットワークする文化の核として、私たちはこれを提案する次第です。

2　人口１００万人を超える東葛都市圏をみても、幸か不幸か音楽専用ホールはありません。用意されているのは大小さまざまな多目的ホールです。近隣市の音楽団体や音楽ファンにきいてみても、我孫子に立派な音楽ホールが出来れば是非利用させて戴く所存だといっています。

これからの時代は、棲み分け――共生の時代といわれています。人口13万余の我孫子がすべて自前で揃えるのではなく、東葛都市圏を一体として、機能と役割を分担して連携していかなければ立ち行かなくなってきています。

こういう観点からも優れた音楽専用ホールをつくることは、歴史的なチャンスでもあります。

これが出来れば、全国に沢山あるアマチュア・オーケストラのコンクールなども企画実現されてよいでしょうし、まちの活性化に資するさまざまなソフトも開発されるでありましょう。

⑤座席数を１２００人前後とすることについて

通常のプロ・オーケストラの公演が成立する下限の目安として提案しているものです。つくば市のセンタービルに位置するノバホールは１０００席（障害者席を含む）です。

これはトータルなコンセプトや立地性、概算の許容予算などの枠組のなかで可変性をもつものと考えます。

二　我孫子市企画財政部企画課御中

「我孫子市文化交流拠点、施設整備調査研究業務報告書」に対するコメントを公募しておりました、平成27年1月末までですので私なりの意見を記しました。よろしくお取扱い下さればうれしく存じます。

平成27年1月28日

一　全般

この報告書は各種既存の文化団体の意向をそれなりに採り入れ（それは旧市民会館的機能の再現を主とするもの）市民の生活文化的視点を「にぎわい」の拠点施設として、景観に恵まれている高野山新田エリアに建設しようとするものと受けとめています。

いま時代は巨きな転換期を迎えております。

我孫子市は、世界都市たらんとする大東京に30分余と近接し、常磐沿線を主とする人口は２００万人を超え、隣接する柏市・印西市にはさまれた住宅都市であり、西高東低といわれる細長い小面積で、この小都市を画する手賀沼や利根川といったいわば東京圏では独自の河川景観を〈売りモノ〉とする地域といえるでしょう。

とはいえ、この小さな我孫子市ではありますが、歴史をみますと、江戸時代後半から各地で優れた人材を輩出しており、それらは不滅の誇りを私たちに遺しております。

こうした背景に想いを寄せますと、これからの我孫子にとって最優先にして不可欠なことは、時代のエトスを担う文化戦略であるといえましょう。

そうしたみかたからしますと、本報告書に不足しているのは、この一大転換期を主導する思想というのか哲学らしきものは、星野市長のいわれている「にぎわい」の創成らしきキャッチ・コピーだけであって、それを多機能併存の市民ホールにおきかえる手法には疑問を感じざるをえないのです。

一定の所与条件をもった我孫子市において、きらりと輝く「にぎわい」とは何かという星野市長の問いは適切であり、意義深いテーマではあります。ほぼ四分の一世紀にわたって実質経済成長を停止してきている日本経済にあって、これは根幹的な問いともいえるでしょう。

私自身は持続的な発信性を確保した魅力的な存在が、「にぎわい」には不可欠だと考えています。

そういうのが成熟社会の新しい公共に訴えて支持されるであろうと予想され、多世代におよぶ「持続的な発信性」がいわばキーワードになるのではないかと思われます。

いま書棚から、森啓（編書）『文化ホールがまちをつくる』（初版1991年の学陽書房の2007年7刷）をとりだしてみました。

文化勲章をいただき、先年亡くなった吉田秀和の発言の一部を同書259ページから引用してみましょう。

「公共体のつくった多目的ホールの大半が、はなばなしく開場はしたものの、何年もしないうちに、全然違う催しがめまぐるしく入れかわりかけられる〝共同便所的存在〟（ひどい言い方でごめんなさい！）になり下がり、そのうちごくたまにしか使われない空き小屋同然になってしまうのは当然である。〝はじめに小屋ありき〟で中身は他人任せだった誤り。

ではどうすればいいのか。

病気がわかれば、手当ての仕方、治療方法も考えられてくる。ここでの根本的解決策は今いったのと逆の道をゆくことだ。はじめにやりたいことをもった人を見つけ出し、その人たちの活動の場を作るという考えから出発することである。

音楽だって全く同じ。まず、その町なり市なりに音楽をやっている人がいる、集まって合奏したり合唱したり、時にはオーケストラの会を開きたいということがあって、そのためにホールなり、練習場なりを作る。それがまちの人たちの気に入って相当数の聴衆層が形成され、会場の響き具合も雰囲気も〝良いホール〟だということになれば、内外の有名な音楽家も呼べるようになり、彼らも来たがるようになる……」。

我孫子駅直近の地の利を占める「けやきホール」が他に代替施設がないという理由からコンサートが催されていますが、このホールに発展性がないのはどうしてか本報告書にはなんら言及されていません。

いま、湖北台中出身で、東京芸大で博士号を取得されたあと、プッチーニのオペラ「蝶々夫人」のプリマドンナとしてヨーロッパで人気上昇中の佐藤康子さんが、昨年末ここでコンサートをサービスしてくれましたが、この「けやきホール」は自分の発した声に〝返り〟がなく舞台に立って、始めて経験する困惑を覚えたと伺いました。つまりこのホールはもともとは室内体育施設として誕生したため音が乾いて残響がゼロだったのです。

野田市近郊で著名な埼玉県松伏町の田園ホール・エローラは芥川也寸志の指導助言のもと、ホール形状設計・残響設計についてはコンピューターを駆使してデジタル音響設計を取り入れることにより、音楽ホールとしての残響が1・9秒に設定され、音の広がり、反射、室空間などおいて計算されつくしているそうです（前掲書184ページ）。

我孫子は、快速電車で30分の上野に東京芸術大学音楽学部がありますし、我孫子市民フィルハーモニーの指導・指揮に当たられている冨平恭平さんはじめ、プロの音楽家も少なからず関与しておられます。

芸術文化レベルの重要な条件については少なくとも卓越した専門家の意見を参考にすることが最優先であり、市政のリーダーシップに不可欠な前提かと考えます。

また昨今、市内小中学校では吹奏楽が盛んであります。例えば布佐中学校では体育館ばかりでなく近隣市の市民ホールでの発表会を行っております。若々しく一生懸命な生徒たちのまともなホールでのコンサートのチャンスを市内に確保してあげることは、次世代我孫子人たちへの巨きなプレゼントとなるでしょう。

二　土地の選定について

我孫子の歴史を近世から近代についてみますと、青山から取手市となっている水戸藩の指定河岸だった小堀地区も含め布佐にかけて、利根川と深くかかわってきたことを忘れてはなりません。

本報告書をみますと、気象台公園は4万3千平方メートルの市有地となっており、都市公園法の適用をうけている件さえある程度この規制が相対化されれば（例えば、周辺市長さん方の応援をえて〝特区〟を地方創成策等とからませる努力など）、ユニークな音楽ホールなどに特定（もちろん市立美術館なども考えられる）した開発はまったく不可能とは思いません。

ここは成田線新木駅から500メートルで、対岸には小貝川の接続や東京芸大美術学部などもみえ、関東平野の象徴的な存在である筑波山の美しい姿も視野にあります。

また成田線の活性化に対しても我孫子市が現実的に徒歩圏内ということで寄与するところ多大でありましょう。

高野山新田エリアも、近く千葉県から引渡される「水の館」の発展性ある活用と併せ、ユニークな意義ある提案とは受けとめておりますが、ここになにもかもを集約し、「にぎわい」創出と称して導入するのはどうなのでしょうか。

50億前後といわれている巨費を、この報告書に記された程度の検討で、直接的な責任を負う関係各位はどのように対処されるのか不安でいっぱいであります。

この高野山新田エリアにしても農振法・農地法との整合性の問題があると課題が記されておりますが、こちらは簡単に法の枠が外されて、都市公園法は絶対的制約だというようにみえる主張については、一般的にいえば、高度成長期を背景とした法制度を、新しいゼロ成長のもとで、規制緩和の呼び声が高まる世相において、独断的に処することなく、市民に適切な説明責任を問われていることを自覚せねばなりません。

三　その他

より細かな意見は沢山ありましょうが、先ずは基本的な考え方についての意見表明が大切だと考えます。どうかよろしくご検討ください。

第六章　座談会　我孫子の近・現代の変容―市民による歴史研究の課題を探る

出席者　**石井英朗**（元我孫子市助役　東日本国際大学名誉教授）
小熊興爾（八坂神社　総代　元剥製職）
柴田弘武（元都立高等学校教員　我孫子市史研究センター会長）
安本正道（観音寺住職）
司　会　**荒井茂男**（元我孫子市役所職員　我孫子市史研究センター副会長）

（2015年2月15日我孫子南近隣センター）

〔＊会話文中の（　）内は編集注〕

司会　おはようございます。本日はありがとうございます。

　本年は、我孫子市史研究センターの創立40周年という節目の年です。そこで、記念事業として「40周年記念誌」の編纂に取り組むことになり、我孫子の近現代の変遷の姿を座談会で語り合うという企画を入れることになった次第です。

　我孫子の、主に昭和30年代以降の暮らしの姿の変容を、我孫子地区（旧我孫子町の領域）・湖北地区・布佐地区に分けて、この地で生まれ育った皆さんにお話しいただきながら、市民の手による歴史探究の課題を探っていきたい、このような趣旨でございます。

本家とはつぶれるもの！

司会　では、我孫子の小熊さんから、昭和50年代を思い出していただきましょう。
小熊　その当時は私は会社勤めのバリバリでして、30半ばの年齢でした。職場は柏で、朝から晩まで働きづめでした。使われるという意識ですと疲れてしまいますから、仕事を覚えたらそれを自分の仕事に、道楽にすると、こんな心づもりでしたね。そんな生き方で今日まで。人間はすべて遊び人のはずでしょうと、そんな考えなのですよ。（笑）
司会　その頃は、我孫子の町中の旧水戸街道沿いにお住まいだったのですね。

小熊　ええ。平成になって区画整理があって今の住まいに移りましたが、それまで、分家として構えてから百数十年、一度も引っ越ししたことはありませんでした。本家はすぐ近くに、小熊惣兵衛《そうべえ》という屋号で問屋を営んでいました。今はありません。村役は、今はその分家がやはり街中にありますが、本家の甚五兵衛《じんごべえ》さん、この家も今はありません。甚五兵衛さんができなくなって、その後は甚左衛門《じんざえもん》さんがやるようになったのでしょう。

昔はね、本家はたいてい潰れると、こんなことを言っていたものです。本家は、何かというといちばんの上座に座って出すものを出さなければならない、借金しても出さなければならない、それで、傾いてしまうと。どこの村でもそうだったでしょうね。その点、分家は助かるのですよ。

司会　剥製屋という家業は、どなたの時からですか。

小熊　祖父が始めまして、その祖父は戦争中（昭和18年）に亡くなり、その後を、祖母、そして父と叔母が、そして私。私が実質三代目です。

石井　白樺派の文人たちに剥製をつくったというのは、小熊さんの家だったのですか。

小熊　祖父です。祖父は岡発戸《おかはっと》から婿に入った人で、町通りに面して店を開いていましたので、けっこう、訪れる人はいたのでしょう。志賀直哉なども、おもしろい商売があるということで、注文したんでしょう。

ずっと後、我孫子野鳥の会ができたのが昭和35年の頃で、初代会長の渡辺義雄さんもよく来ていました。

司会　教材としての標本作りもされていたとか。

小熊　元々、祖父太郎吉《たろきち》は我孫子小学校の教員＝訓導で、今でいう指導主事と悶着を起こして辞めたのですが、当時の理科教育それも生物教育では、現物を使って教えることが多く、その標本作りを、商売になると考えてしたのです。たいした商売にはならなかったようです。例えば、稲の害虫の標本ですと、10種、20種を揃えたセットにしなければならず、たくさん採れるものとごく少ししか採れないものがあって、セットに作れる数は少ないのです。同業者はごく少なく、東京に卸していました。今でも家に標本がたくさん残っています。珍しいものでは手賀沼のゲンゴロウ、4㎝もある大きさです。ミズカマキリもあります。ただ、データが、いつどこで誰がどのようにして採ったかの記録がないので、価値がないのです。

私も、昭和20年代には、よく手賀沼に採りに行きました。この写真集『我孫子 みんなのアルバム』に載っているふんどし姿の少年たちは、ほとんど私の同級生。今の第四小学校のいたずら坊主たちです。干拓する前の手賀沼は広く、魚がたくさんいて、藻の中に泳ぐ魚がたくさん見えました。

司会　懐かしいふんどし姿ですね。子どもたちの目が生き生きしていて、きれいですね。今は、若い女性にふんどしが流行りだそうですが。（一同笑）

里の寺の住職

司会　では、日秀《ひびり》の安本さんの昭和50年代は、どうだったでしょうか。

安本　昭和50年は18歳で、大学に入った時ですね。

私の生まれる前のことですが、たまたま湖北の観音寺・曹洞宗ですが、伯父・父の兄が野田のお寺と兼務することになりました。野田が正住職地で、湖北の方が留守になってしまうため、父が管理を依頼されたのです。ですので、父は、サラリーマンをしながら観音寺を維持していました。そんななかで私はこの観音寺で生まれ、育ちました。

中学・高校生の頃には、寺の僧侶になるのかなと思っていました。迷いもあったのですが、ずっと地元の人たち、檀家さんたちに守られてきましたので、やはり自分は寺を継いでその方たちに応えようと思い、曹洞宗の大学である駒澤大学に入ったのです。

大学に入ってもまだ、迷いはありましたが、大学最初の夏休みに、麻布の永平寺別院で特殊安吾《あんご》という修業を一カ月体験させていただき、また、同年代の僧侶たちとのふれあいなどを通じて、次第にお坊さんになることの決意が固まったのです。卒業式には出ず、永平寺に修業に入りました。修業募集の時期が卒業式と重なったのです。

我孫子には曹洞宗の寺が多いのですが、永平寺系は私の所だけで、他は総持寺《そうじじ》系です。

司会　大学へは我孫子から通ったのですか。

安本　ええ、通っていました。2時間半くらいかかりましたね。当時は現在の東急の田園都市線はなく、渋谷からバスでした。成田線も本数が少なくて、一本乗り遅れると遅刻でした。昭和52年に新玉川線が開通し、駒澤大学駅ができて、少し楽になりましたね。1年生の時は〝週に一度は砧《きぬた》まで通いました。

司会　昭和50年の頃は、安本さんにとっては人生の転機だったのですね。

安本　ええ、そして今、息子二人が僧侶の資格を持っていて、どちらが跡を継ぐかという、これが今の転機ですね。（笑）

とびきり若い収入役・助役

司会　布佐の石井さんはその頃は。

石井　昭和51年4月1日に我孫子市の収入役から助役になったのですね。その頃は高度成長期で、我孫子も一足遅れでそれを迎えたという時期です。地下鉄千代田線が大手町直通となり、千葉ニュータウン（注1）もでき、成長成長の時期で、49年には第一次オイルショクが起こっていたのですが、成長が無限に続くと誰もが思っていました。大手デベロッパーによる平和台団地・つくし野団地がつくられ、市の人口もどんどん増えていって、学校を毎年一校ずつ作るというような具合でした。その後、県でも、印西・白井地区にニュータウンを作り始めたのですね。

収入役室に菓子がいっぱいあるんですよ。私は収入役に38歳でなったので、部長や課長は私より年上なのですが、会計課長に「なんでこんなに菓子が」と聞くと、「早く支払ってもらいたいからですよ」と言うんです。支払伝票を上の方に重ねて欲しいからということでした。当時は利子も高く、早い入金は今よりもずっと有利でした。その菓子、効き目があったようなのです。それで私は、振込支払いにしたのです。それも早く支払うようにと。それと職員の給料の銀行振込、これは市労組に反対されましたね。「お前はインテリゲンチャではない、インチキゲンチャだ」と。団交を何度もやりましたよ。

小熊　その頃は現金を本人にみせて支払うものだったのです。

石井　そう、学校の給食作りの職員にも、市役所の職員が毎月給料を持って行って渡す。そんな効率の悪いことでどうするのかと、ガンガンやりましたね。

布佐は、木下《きおろし》・六軒（大森）と同じく商人の町で、戦前の旧制中学校に進む人も多い地域でした。柏に東葛飾中学校ができるまでは、茨城県の龍ヶ崎中学校に通っていました。他には、成田中学校ですね。これは、利根川の河岸《かし》としての伝統によるものでしょう。それで、我孫子地区とはいささか距離感がありました。我孫子の市民文化活動にインパクトがあったのは、参議院副議長をなされた加瀬完先生にもお力添えをいただいて、市民会館の大ホールができたことです。市民オーケストラや合唱グループ活動も、とても盛況をみせてきました。

どんどん金を使えた時代

石井　当時の我孫子駅前の区画整理、トロトロしてなかなか進まない。ＮＥＣを誘致したのですが、これは画期的なことでした。最大時では協力工場も合わせて７０００人の雇用者がいました。昭和57年10月1日にＮＥＣの我孫子事業場がオープンしたのです。取手市になっている小堀《おおほり》地区が、ＮＥＣ工場進出には、メッキを使うから公害が出るということで全員反対でした。納得のいく対応策に苦労しましたが、上水道の供給を軸に、皆さんの理解と協力で解決することができました。

当時は、「C&C」＝コンピューター・アンド・コミュニケーションというキャッチコピーが新鮮でした。東京ドーム10個分の敷地を持つこの大事業場は、地元経済にたいへん効果をもたらしました。このこと、我孫子の現代史研究で採り上げるべきでしょうね。毎年、新卒の高校生・短大生を採用したのです。今も4000人くらいの雇用者がいますよ。

学校の新設工事では、地元の企業の育成にもなるように、大資本と地元企業とが対等の条件でジョイントして取り組むことも始めました。地元から東京に通う大企業の役職員と話し合い、「あなた方の孫や子どもさんたちをあずかる学校を作るのですから、ぜひ知恵と力をサポートしてください」ということで、説得力がありました。このへんが、地元であることの特質ですね。けっこうずけずけと提案でき、実行できましたね。

当時は、地元企業では鉄筋コンクリートの建物が造れないという状況でしたが、それができる企業を育てていくことにつながったわけです。どんどん人口は増えていくと思っていましたから、それに応えられる企業を地元で育成する、こういう思いでした。こんなことで、行政というのもおもしろいと思ったのです。

市史研究も、現代史に関わる大小さまざまな民間企業の動向、これにもっと注目しないといけないでしょう。我孫子市史研究センターは、市民として私は誇りに思っている団体で、布佐の「井上家文書」の研究などたいへん貴重な事業で、布佐の人間として感謝の念があります。だが、民間の動きの視点がまだまだ欠けている、この辺を充実させて欲しいと。特にNECなどをね。

中央学院大学・川村学園女子大学ができたことなども視野に入れて欲しいですね。経済効果という面だけでなくてね。日立精機も、戦後、我孫子町に金がない時に貸してくれたというんですね。

我孫子市も、貴重な公共財としての記録・文書を扱う市史研に適切な援助をすべきだし、市史研の方ももっと訴えるべきですよ。役人世界は特殊な世界で、通り一遍の申請だけでは難しい。日頃から遠慮なく実を示して訴えることですよ。

小熊　史料が民家にあって、それが散逸しやすいのですね。お寺さんにはたくさん残っていたのですが、知られるとまずいとする人もいて、燃やしてしまえと、それでなくなってしまう例も多いですね。公の組織が関与しないといけませんね。

安本　人別帳や過去帳、縁起書、普請時の勧募帳のような史料が寺にはありますね。ただし、火災で消失してしまったりすることはあります。私のところは、住職の入れ替わりが世襲ではなく、寺の史料等がほとんど散逸してなくなっています。

司会　石井さんは、高度成長期のたいへんな時期に助役をやっていたことになりますね。昭和46年に千代田線の乗り入れがあって、東京に近いから人口がどんどん増えて、国家公務員・自衛隊幹部も我孫子に住んでいましたね。今でもそのＯＢが多いです。その人の中から叙勲者が出ていますね。

この頃の市役所職員は、いずれ悪くなるという想像はしなかったのでしょうかね。

石井　いやあ、人間はね、また、今のいい時がいつまでも続くと思ってしまうものだし、その時の記憶がとれないものですね。だから、悪くなる時に備えてという発想はまずしないものです。私も、あの頃の記憶がまだ生き続けていますよ。

司会　オイルショックの時などは市役所職員の採用を止めたのですが、その後バブル経済となって成長を取り戻しました。それがはじけて成長が期待できない時代に入り、これからはどうやっていこうかというのが現在でしょうね。

石井　鎌ケ谷と沼南にまたがって海上自衛隊の基地がありますね。飛行機が飛んでくるので防音工事費をと申請すると―実際には騒音というほどでもないのですが、すぐＯＫされて補助金が出る。それを防音工事に加えて、他でも使う、こんなことが楽にできた時代でした。話は変わりますが、この昭和40年代にできた住宅公団（湖北台）のはたらきも大きいですね。まだ、この研究は未着手のようですね。

司会　できたのは昭和43年頃ですね。それがあって、我孫子は昭和45年に市制施行したのですね。

小熊　湖北台中学校の所に担い塚（注2）があったのですが、いつのまにか、宅地造成でなくなってしまいましたね。

柴田　この『みんなのアルバム』の写真、これが担い塚です。昭和37年の撮影とあり、団地造成のための整地をし始めている様子が写されています。ところがです。私はたまたま昭和42年に訪ねたのですが、この時にはまだ担い塚がありました。整地もまだ始まっていない。整地が始まったのは、少なくとも昭和42年以降ということになります。昭和37年撮影というのはまちがっているのです。

小熊　その写真集の年代は、メチャメチャです。

柴田　その頃に私の写した写真をお見せします。当時の湖北駅です。駅というより停車場ですね。

小熊　養魚場があった頃ですね。干拓のため漁業補償がなされた時代でした。高校のクラブ活動で、採集に行って中野治房《はるふさ》（注3）先生にどんな藻・水草か教えて貰いに行ったりしました。採った魚は、ほんの少し標本にして、あとは、実際にためすのだ、実験だといって食べてしまいます。昭和30年代でした。

この頃に南柏駅（昭和28年）北松戸駅（昭和27年、33年に常設駅に）ができ、柏に光ヶ丘団地が昭和32年にできました。柏というとピンとこなくて光ヶ丘というとピンときたんです。北松戸の駅からは競輪場が見えていましてね、土日に東京から帰ってくる時はちょっと怖かったですね。競輪でオケラになってしまった人がたむろしていまして。取手もそうでした。道路の脇の畑が荒らされました。オケラの人が、腹ぺこだから畑のものを採って食べるんです。

我孫子の駅も停車場という感じでした。この頃は、駅舎の柱はレールを曲げて作っていたのです。

昭和30年、我孫子町ができた

司会　昭和30年の2月6日に町を二分する町長選挙がありましたね。手賀沼の競艇場建設問題ですね。選挙の結果、前職が敗れましたね。その直後の4月29日に我孫子町が、二町一村合併してできています。

この昭和30年代の町の様子をお聞かせ下さい。

私は土地っ子ですので、30年代の手賀沼周辺の美しさを覚えています。沼の水が透き通っていて、泳ぐ魚が見えました。今は「ハケの道」と呼ばれる「沼べりの道」はよい風景でした。沼も大きかったのです。アビスタ前の道路（手賀沼ふれあいライン）はもちろんなく、信号付近にヘルスセンターがありました。

柴田　その頃は少年時代で、町の大事には疎くて、町・村の全体の印象は持てなかったので、記憶もないでしょうね。

石井　自分が勉強するのに精一杯で、まわりのこと、頭に入っていませんので、語れませんね。

小熊　私らの親の時代です。

司会　競艇場問題がきっかけで、住民運動や市民運動が起こってきたのでしょうか。

石井　そう言えるでしょうね。加瀬完先生や子之神の野田弘一さんに伺ったことがあります。

司会　我孫子を別荘地のようにしていた白樺派、この白樺派が残した影響ということも考えられるのでしょうか。

石井　それはないでしょうね。昭和30年頃の我孫子に住む知識人・文化人たちが住環境の悪化を嫌って反対したというのが、核になったのでしょう。

司会　戦前に白山《はくさん》に住宅がつくられますね。ここの住民たちが、今の住民運動につながっているのでは。

小熊　多少ありますね。戦前から桜を植えたりという運動をしました。香取神社の桜などもその一っです。アヤメを植える会の活動もありました。

柴田　坂西志保《しほ》（注4）さんが戦後に我孫子に来ていますね。この人の影響はなかったですか。

小熊　あまり強いものではないでしょうね。我孫子一小でPTA活動を展開しましたが（第二代会長）。

司会　PTA活動に都会風なやり方、バザーの開催など持ち込んで、あまり共感を得られなかったようです。

柴田　アメリカ風すぎて受けつけられなかったのでしょう。

小熊　人の情けを受けることはみっともないという感情があったのでしょう。いまでも、こういう感覚の人は多いですよね。

我孫子の大きい事件といえは、昭和36年9月7日の我孫子中学校の火事ですね。自衛隊の大きな消防車が来て消したのです。水が得られないので、当時は蒸気機関車の時代でしたから、駅に給水タンクがあってその水を使いました。二階建ての木造校舎が丸焼けになりました。

司会　あとになって放火とわかったのですね。当初はタバコの不始末かといわれて、宿直した方はつらい思いをしました。犯人は学校荒らしで、その挙げ句の放火ということでした。

湖北は正に農村そのものだった

安本　私は昭和45年頃中学校に入りましたが、湖北小の高学年時、5年生か6年生の時でしたが、私の妻の母がある程度都会の学校から転任してきました。後に聞いたのですが、その頃の湖北はほんとうに田舎で、子どもたちが裸足《はだし》で遊ぶのに驚いたと言っていました。

小熊　その頃、校舎の入り口には足洗い場があって、校舎に入る際には足を洗ってよく拭いて、そして入りました。

安本　昭和39年頃でしたか、成田街道で交通事故に遭いました。助かったのは、道路が舗装されていなかったからです。

小熊　その頃は車は歩行者に気を遣うということはなかったのです。ただ砂利道なので、スピードは出ない。

安本　下水も土を掘っただけのどぶでしたし、風呂水は毎日は換えなかった。道も整備されてなくて、学校に行くにも遊びに行くにも、人の庭を突っ切って行ったものです。

布佐は全体が商店街

司会　石井さんの子どもの頃、布佐はたいへん賑わっていたようですが。

石井　布佐は、商店街でしょう。子ども心では、商店は100円で買った物を120円で売るという悪いことをしている、と惑じていたのですよ。うちは肥料と米を扱う問屋でしたので、農業が正業だという感覚ですね。それで大学に行って農業論を学んで農民の味方になろうなどと考えたのです。大阪市立商科大学に行って、農業論を受講する人がごく少ない中、農業論を軸にした経済学を学んで、衣食住といった生活資料を産むという実体経済ではないにせよ、金融や商業は、マイナスをマイナスするサービス経済として社会の効率化に大きく寄与していることを知ったのです。資本主義というのは、人間の労働力までも商品化した市場経済として効率が軸になった社会です。マルクスの『資本論』は革命のイデオロギーではなく、資本主義のシステムとしての効率を解剖して見せたものであるとかを学んだのです。

小熊　農業というのは骨が折れるばかりで効率が悪いのですね。

石井　現実的にはそうですね。土地や環境に関わりますから。

　父の商売を助けて働いたのは昭和30年代の後半、法政大学の大学院に入って週二回通い、他は土日も含めて、家業に励んだのです。私は浪曲の広沢虎造《とらぞう》（注５）のスライドと連動するテープを持って農家の人を公民館などに集め、聴かせて肥料の小売りをする、本来卸商ですから、他の小売商より安く売れるわけですね。そんなことで父の商売を少し替えたんです。損保の代理店やガソリンスタンドも始めました。

司会　商人としてもなかなかだったのですね。石井さんの家系のことですが、石井源左衛門《げんざえもん》さんの家は、石井さんの分家なのですか。

石井　本家です。私の家が源左衛門家の分家です。

司会　そうでしたか。石井さんの祖父の英《えい》さんは町長をされたのですね。英さんのお父さんも首長をされていますね。松岡鼎さんの前の町長です。

石井　曾祖父の英次郎《えいじろう》ですね、私の家＝石井分家の初代です。

　私は大学院に通って宇野弘蔵《こうぞう》というたいへんな学者の指導を得て、「学問に何よりも大切なことは、対象の本質に迫る問いを持つことだ。知らないことを恥じるな」と言われたことは、鮮烈な教えでした。考える力・判断する力・論理的に展開する力をつけるのが学問なんだと、教えられたのです。それで、商売よりも学問の方がおもしろくなってしまったんですね。それで、研究職の空きを待っていたというのが当時の私でしたね。

　市役所に入るという考えは全くなかったのですが、我孫子市の収入役への誘いを受けたのです。友人からは「田舎で収入役とは立派なものじゃないか」と言われてなったわけです。地域の事情には疎かったのですが。

司会　当時の布佐の町の様子はどうでしたか。

石井　すべて商家で、商店街ですよ。東京に近いから、洪水を防ぐ高水《こうすい》工事（注6）が早くから始まって、町並が利根川からずれていきましたね。土手を高く太くするために、移転したのです。昭和の初期には今の商店街になっていたのでしょう。

延命寺から下の方が町並で、県道を挟んで町中は家がびっしりでした。住宅を造れる土地がなくなって、人口が限られていたというのが布佐ですね。

戦前の、旧制中学校へ進学する少年たちは、柏に東葛飾中学校（大正14年創立）ができてからは、そこへ通うようになりました。私の父は、東葛飾中の二回生です。女性は松戸の高等女学校か野田の高等女学校でした。

小熊　農家の子では、今の取手一高の取手農学校か今の成田市の松崎《まつざき》の八生《はぶ》農学校＝今の県立成田西陵高等学校でしたね。

河岸の文化がある地　岡田武松のことなど

司会　布佐の柳田國男や岡田武松《たけまつ》（注7）などを意識して上の学問を目指したということはあるのでしょうか。

石井　東葛飾高等学校（略称は東葛高校、前身は旧制東葛飾中学校）で岡田武松先生のおそらく最後の原稿をもらったのは、編集長だった私です。若い頃の英語を学んだことを書いてもらえませんかと。当時は、「東葛高校新聞」は千葉新聞社で印刷したものです。その原稿に、小学校の高等科で「ナショナルリーダー」の1を習ったと書いてありました。「ナショナルリーダー」、イギリスが英語を世界に広めるためにつくったテキストです。2・3・4は日比谷中学校、府立一中ですね（現都立日比谷高等学校）。布佐小学校にこのテキストを持っている先生がいて、それを小学生の岡田武松に貸したということですね。僕の想像ですが、岡田の母親は江戸生まれの人で、仕入れ先に——岡田の家は呉服商だったのです——岡田を下宿させて府立一中に通わせたのでしょう。第一高等学校、東京帝国大学の青春時代は安い寮生活で、休みの日には上野から歩いて布佐まで帰ってきたのです。みんな健脚でしたね。柳田國男と一緒に歩いて、筑波・水戸・銚子・鉾田《ほこた》と。旅の楽しさを初めて知ったと、柳田の『故郷七十年』にあります。布佐は、岡田と柳田と井上二郎が、一年違いくらいで東京帝国大学に入っているのですね。河岸町だから情報が集まり、学問への気運があったのでしょう。近世の小林一茶がいちばん訪ねたのは対岸の布川の古田月船《つきふね》（——げっせん——とも）の家です。

司会　「ナショナルリーダー」は井上家にも残っていましたね。

石井　そうですか。知識人はそういうものを買い求めたのですね。

　岡田の家では、それを買ったという確証はないのです。先生が「この子は優秀だから府立一中に入れなさい」と言ったに違いない。それで、母が——父は婿さんなので発言権がない——仕入れ先に下宿の渡りをつけられるし、入れたのでしょう。柳田や井上は家庭環境が整っていますが、岡田の家は裕福でもありません。東京でごく安く下宿させたのでしょう。次男坊だから跡継ぎの心配はないしということで。こういう教師や親がいたということが河岸の文化だと思いますね。岡田武松は、百万都市である江戸・東京への基幹的物流ルートとなった利根川が生んだというのが、ゲスト・ティーチャーとして私が布佐の子どもたちに話す、仮説ですね。

司会　石井さん、子どもの頃は岡田武松の文庫にはよく行ったのですか。

石井　それはもう、何しろ大戦中に総カラーの「キンダーブック」などがあって楽しいものでした。日曜日に、午前中は低学年生、午後は高学年生と分けていまして、勝手に見させてもらいました。東京からお客が来ると、私たちは食べたこともないお菓子を出してくれたのです。お二人だけの暮らしですから余るのですね。それをくれるのです。お菓子が出るのを待って外で遊んでいる子もいました。

　岡田先生、風船爆弾（注8）の製造に関わっていたということで、戦後まもなくは、進駐軍の軍人がよく来ていました。子どもたちにチョコレートやチューインガムをくれるのです。アメリカはなんて豊かなんだ、と思いましたよ。

小熊　我孫子のゴルフ場にも進駐軍がよく来ていて、私らもお菓子をもらいましたね。来ていると子どもたちが寄っていくのです。今のグリーンの所にはジャガイモを植えていたのですが、空いているところでゴルフをしていました。欧米人たちが、これだけ広いところなら牛を飼えるといったと聞いています。あのゴルフ場、昭和の初期にできたものです。

石井　あのゴルフ場も、我孫子の近現代を考える上では貴重なものですね。

我孫子町・湖北村・布佐町比較

司会　我孫子・湖北・布佐と分けた場合、湖北は農村そのものだったようですが、町場の人が農村部の人たちをちょっと低くみる、農村部の人がいささか引け目を感じることがあったのでしょうか。また、我孫子と布佐では、町としての雰囲気とか気風が違っていたのでしょうか。
小熊　湖北は、我孫子と布佐の谷間という感じでしたね。布佐は隣の大森とともに町場で、繁華街でした。大森、今は印西市に入っていますが、狭い地域で戸数も少なかったのですが、町でしたね。
石井　確かに大森はごく狭い地でしたが、私たちは六軒といい、賑わっていましたね。
柴田　星野七郎さんの『村の記憶』を読むと、湖北地区は全くの農村でしたね。
　私が湖北台二丁目に住み始めたのは、昭和44年の暮れでした。家の周囲はまだ宅地造成半ばと言ったところで、野兎が跳ねていましたよ。先ほど安本さんのお義母さんの話がありましたが、私の子どもは小学三年生と一年生で転校してきたのです。当時、湖北台西小学校はまだ開校していませんで、一時的に湖北小学校へ通いましたが、子どもたちは、学校のトイレが汲み取り式だったことにひどく驚いていました。こんなことが思い出されます。
石井　布佐は、ほんとうに商人の町で、それも商圏が広くて買物客も多く、気風は開放的で、農村部の人たちへの優越感などは全くなかったですね。それは、子どもの世界でもそうでした。むしろ、湖北のような農村が新鮮に見えていましたね。何しろ、大切なお客様たちなので、一段低く見るなどという気風はありませんでした。河岸のいいところですね。
小熊　今の千葉ニュータウンのあたりからも、布佐に買物に来ていましたからね。
司会　湖北の人たちは我孫子地区を町場といっていましたが、布佐を町場と言うことはあったのでしょうか。
石井　私らは町場という意識は持っていなかったですね。祭の時には、近郷からたくさんの人が来るのですが、朝の4時まで御輿《みこし》を担いでまわって、誰彼なく酒食を振舞います。この時とばかりに飲み食う人がたくさんいました。それもタダでできるわけですよ。まさしくハレの日です。
小熊　年に数度の飲み溜め、食い溜めでしたね。我孫子町の祭も同じようですが、布佐ほどの振舞いはしなかったですね。布佐は商圏が広かったですから。
石井　『増田實日記』を書いた増田實《みのる》、彼も私の家に現物を持って買物に来ていました。物々交換ですね。舟持ちが多くて、移動にも舟を使っていました。
柴田　布佐の隣が木下《きおろし》ですが、木下には商店は少なかったのですか。
石井　香取・鹿島・息栖《いきす》の三社めぐりの乗合船の発着場として飯屋・宿屋などが目立ちますが、いま、吉岡まちかど博物館にみる吉岡家など、汽船を持ち、利根運河に多大な投資をした問屋もありました。古くからの河岸ですが、新河岸の布佐のほうが発展したのです。進取の気風があったのです。

司会　我孫子の町は、柏・取手・松戸とかへのライバル意識があったのでしょうか。

小熊　いくらかはありましたね。柏は新しく開けた所でして、そうは意識していなかったのですが、小金は、近世の宿場町で古くからの町でしたので、意識していましたね。近世は小金牧が広がっていたので、耕作地は少なくて、小さい町という感じでした。

白樺派

司会　我孫子町では、白樺派の文人たちの影響、そう広くは及んでいなかったようですが。

小熊　今の白山、緑《みどり》、寿《ことぶき》の一部から子之神《ねのかみ》神社のあるところまでですね。その地域でもよそ者という感じで、水と油、ほとんどつき合っていなかったようですね。

石井　我孫子駅前のレストランの主、小熊覚三郎さんから聞いたのですが、杉村楚人冠《そじんかん》（注９）は一年間の薪を買ってくれた、御礼に剥製を差し上げたとかの話でした。薪炭を扱う商人は、東京の大金持ちの家とも取り引きがあったようで、羽振りがよくて、近所の子どもたちを舟に乗せて船頭に漕がせて遊ばせたというようなことも話してくれました。今八十何歳ですが、ヒアリングしておくとよいでしょう。

小熊　東京と取り引きする人は現金収入が多くて羽振りがよかったのです。うちの爺さんが亡くなった時に、楚人冠が「ああ変わり者が一人いなくなった」と、『湖畔吟』（注10）に「はくせい屋」と出して載っています。

お寺の役割・御葬式の変容

司会　安本さん、寺院の役割の変遷ということで、昭和30年代以降のお話を伺いたいのですが。

安本　私の寺は、日秀《ひびり》の人のお寺で、地域の集いの場＝公民館的な役割をずっと果たしていました。私が生まれてからずっとそうでした。隣の新木《あらき》などには村の集会所があったのですが、日秀にはなかったので、すべてお寺に集まりました。講ごとも青年団にしてもそうでしたし、農家の皆さんの集まりの場でした。

司会　曹洞宗のお寺ですが、念仏との関わりもあったのでしょうか。

安本　念仏はありましたね。お寺で御葬式があってもまずは念仏ですね。住職による法要の前に念仏講が呼ばれて念仏を唱えました。

司会　今はなくなったのでしょうね。

安本　なくなりましたね。

小熊　年金が出るようになってなくなりましたね。年金が出る前は、御葬式での念仏の謝礼が収入になっていたのです。我孫子でも昭和50年頃までは僅かに残っていたのです。55年にうちも念仏を頼みました。五～六人しか来ませんでした。最後だったかと思います。

司会　女人講《にょにんこう》はあったのですか。

安本　ええ、子安講《こやすこう》、一六夜講《いざよいこう》などと、呼び方はさまざまでした。私の寺ではマツドッコ（待道講）といって、白泉寺《はくせんじ》に版木があってその刷り物、待道（注11）権現の掛軸をかけて農家のお嫁さんたちが集まり、夕方から夜にかけて、野良仕事が終わった若妻たちが安産祈願で集まります。年代ごとに集まりがありました。寺のある石塔を見ると、かつては月待や庚申講もあったようです。

柴田　御葬式で思い出したのですが、湖北では御葬式の時に赤飯を持っていくという習慣があるということですが、日秀でもそうなのですか。

安本　あります。赤飯と決まっていて、子ども心になぜ赤飯なのか不思議に思っていました。

小熊　我孫子にもありました。ごま塩をかけないで塩だけかけてふかす前に塩水につけてしょっぱくしておいて何もかけないで食べるということもありました。

安本　当時の葬儀の流れは、葬家にまず念仏講のお年寄りが出向いてお念仏を唱え、次いで住職が行って葬儀を務めます。それから葬列を組んでお寺に行き、お寺の向背あたりの少し上がったところに棺を置いてまた念仏をします。そして本堂に上がってお経をあげ、焼香して葬儀を執り行い、それからまた行列を組んでお墓に行くという流れでした。お墓は、あらかじめ六道《ろくどう》（注12）によって穴が掘られていてそこに埋葬し、その後葬家にまた行って、会食ですね。料理も大体決まっていて、赤飯があって冷や奴にカジキの煮付けと魚の煮しめ。華美になってはいけないという申し合わせがあり、これが定番メニューになっていました。先ほど申し上げたとおり、何で赤飯なのかなとずっと思っていましたが、ハレとケという点では、葬儀はハレなのですね。だからふだんと違う赤い御飯を食べたのでしょうね。

小熊　確かに、葬儀は実際にはハレなのです。

司会　葬儀が葬儀社の手で行われるようになったのは、いつ頃からでしょう。

安本　昭和50年頃からですね。それまでは、だいたい自宅でやったものです。

小熊　そのため、農家はぶち抜きの部屋をつくっていました。

安本　いまはほとんどが葬儀場でして、自宅葬もお寺の本堂ですることもありませんね。どんどん箇略化が進んでいて、親が生前に自分の葬儀は自宅でしてもらいたいと言い残していても、あるいは、「オヤジのジャンボン（葬儀）は家から出してやりたい」と言っても、やはり葬儀場を使います。参列者も車で来ますしね。

司会　花輪もどんどん減っていますね。

小熊　外花輪《そと》はほとんどありませんね。葬儀場でも外花輪を懸ける器具は揃えていますが、ほとんど使いません。葬儀用の造花屋さんはほとんどなくなり、開店祝いなどに出す祝儀用の花輪もなくなりました。

司会　若い人のお寺あるいは仏教への回帰という面ではどうでしょう。若者の間で、今、筑波山神社がパワースポットとして人気を集めていますが。

安本　ブームがあればということです。昭和51年、NHKの大河ドラマで平将門を描いた「風と雲と虹と」があった年は、観音寺前にも観光バスが停車して見学者が多数いました。

何かイベントをしませんとね。お寺でのコンサート、テラコンといっていますが、そんなこともあちこちで行われています。来た人たちを住職が如何に定着させるか、これがなかなかですね。

お通夜も行わず、葬儀のみで済ませるということもあります。業者がユーザーの要望を聞き、お金をかけないようになってきているのです。通夜＝夜伽《よとぎ》は大切な行事なんですが……。

司会　自宅で儀式が行われていた時代で、祝儀などでの振舞料理には根菜、ゴボウや里芋を出すということを聞いていましたが、湖北ではどうだったのでしょうか。

小熊　確かに、ゴボウ、ニンジン、里芋などはハレの時に出していましたね。今でも成田山では、特別なゴボウ料理を振舞っています。ニンジンなども、今は当たり前に食べますが、ハレのものとして食べることが多かったのです。

司会　赤い華やかな色ということもあったでしょうかね。

小熊　それもあったし、生産量がごく少なかったのです。

司会　当時では根菜は高級食材だったのでしょうね。

小熊　そうですね。収穫のため掘るのだけでもたいへんですからね。ゴボウなどは一メートルほど掘らなければならなかったのです。作るにも深く耕さなければならなかったし、山芋などは特にたいへんでしたから、とりわけの高級食材でしたね。

地域の歴史研究のありよう

司会　昼食を挟んで、座談をもう少し続けます。地域の歴史研究のあり方を討議してみたいと思います。

石井　学校で地域のことを採り上げるようにしていくことが大切でしょう。

司会　我孫子市では、教員たちに地域の史跡廻りを勧めています。以前は、夏休みに一カ所での会議室の研修で済ませていましたが。こういうことを生活の中でしないと、地域の暮らしや文化というものがなかなか理解されないし、守れませんし、育たないでしょう。

　我孫子ではいい副読本も作っています。平成24年に『ふるさと我孫子の先人たち』という本も作り、身近な偉人を採り上げています。この先人たちのことを、私らよりも十歳年下の人で、もう知らないのです。日本の家庭がだんだん崩壊をたどっている、それと同様な歩みをしていると思います。

　布佐はお祭りが盛んです。伝統行事を大事にしないといけないと思うのです。我孫子町の祭はどうも住民の共有になっていない向きがありますね。

小熊　我孫子町では7月にやっていますが、二つの小学校のうち一つは協力してくれますが、もう一つの方は、宗教行事だからということで、協力してくれません。確かに神社祭としてやっていますが、集まる人の99・9％はイベントとして集まっているのです。

石井　宗教行事というのはちょっと疑問ですね。イデオロギーがなく、礼式だけですよ。

小熊　一部の宗教の方に抵抗があるのです。千年以上続いている祭りです。

　多神教で全部に神が宿っているという感覚ですから、無理に教義をつけるなんてことはない。そんなことは利根川の水を山に流すようなものですよ。（笑）

市民の歴史研究のあり方＝構えることなかれ

司会　最後に市民の研究のあり方について話し合っていただきたいと思います。

柴田　若い人たちに関心を持ってもらえるようなことを模索しないとならないでしょうね。若い人たちに、地域の歴史にもっと関心を持ってもらいたいものです。疑問を持ってもらいたいし、その疑問を解く努力をするように持っていく、これに尽きるんじゃないでしょうか。

小熊　頭を若くして柔らかくならないと。幼稚園の児童が「これなあに？」という感覚です。もうちょっと野次馬根性になって貰いたいですね。

安本　小学校に、地域の話をしてくれと頼まれていったことがあるのですが、堅い話はせず、例えば石碑の話で「何か絵が彫ってあるよね。裏にはどんなことが書いてあるのだろう」といって、建てた年や建てた人の名前があることを知らせます。わざとお坊さんの格好をして、何で衣《ころも》や袈裟などいくつも着るのか、持ち物がいくつもあるのかというような話をして興味を喚起しました。

司会　子どもたちにアニメが流行っていますね。この影響、けっこう大きいですね。

小熊　最初これを使うとイメージが狂っちゃうなと思いましたが、今の子どもたちにはこれから入った方がいいと思いましたね。

司会　私が白樺文学館に勤めていた時、雑誌『白樺』の表紙を写真で使わして欲しいとある出版社から電話があり、できた本を送ってもらったのですが、漫画の中にうまく取り込んでいました。文字ももちろんありますが、通常の歴史書よりもわかりやすくなっていました。しかし、これだけですと、本を読まなくなってしまうようで、よしあしですね。

小熊　フェイスブックとか電子書籍とか、ざーっと見る分にはいいのですが、あとで確かめようとするには不便ですね。

安本　お寺にも史料や貴重な建築物、仏像などがあるのですが、これをお寺だけで修理したり維持していくのはたいへんなのです。この間、中里の薬師堂の修理の話がありましたが、援助があれば直して後世に伝えていくことができるのですが。

小熊　金もかかりますし、職人さんもいなくなっています。檜皮《ひわだ》も手に入らなくなっています。

石井　歴史というのは誰もが関心を持つもので、何でも疑問を持つ、それを探究することで浸透が図れるのではないでしょうか。若い人に向けてということにこだわるより、広く疑問を持ってそれに応えていく、こんな姿勢が大切でしょう。そうであれば、若い人も加わってくるものだと思います。

例えば、平和台だけで一級建築士が11人います。こういう人たちも組み込んで、例えば遺跡の保存事業をするとか、市役所もこうなると一生懸命やりますから。大企業を退職した、技術・経験を持っている人たちに加わってもらう、こんなことをですね、取り入れていったらよいと思います。

この普及の仕方が、市史研はどうも下手ですよ。コミュニュティづくりとしては市史研は高度な役割を果たしています。もっと働きかけていくことですよ。学校へ地元の歴史の話をしに出向くとか、大学などでも、実は望んでいますよ。こういうところは礼を尽くして迎えますよ。

司会　地元の人たちからの聞き書きも取り入れたいですね。

今、若い人たちは、近世はもとより、近・現代の史料を手にすることがないのですね。史料にじかに触れる機会も増やすことでしょうね。

石井　目先の賑わいだけを追求すると持続しないですね。持続性のあるものにしないとダメですね。料理の講習に100人来たからといって、料理とは個人でしっかりやるものでしょう。

地域というもの、そんなに甘いものではないですよ。品田副会長の実物を示すということ、はっとしましたね。大切ですね。

小熊　地域に実在しているものですからね。生きています。

柴田　生活上の変容が激しいからといって、暮らしの歴史が無視されてよいということではありませんね。しっかり見つめていかないと、社会を住みよくする智恵が得られません。我孫子市史研究センターは、そのあたりのことをしっかり自覚していかないと、お話を伺ってさらにその思いを強くしました。

司会　まとめていただきました。皆さんのご発言をしっかり受け止めて、市史研の今後の活動に活かしますことをお約束して、今日の座談会、終わらせていただきます。ありがとうございました。

〔注〕

（1）千葉ニュータウン　千葉県北西部（船橋市・印西市・白井市）の大規模新住宅地。1966年に千葉県が単独で造成開始。1978年に宅地開発公団（現UR都市機構）が参画。

（2）担い塚　手賀沼畔にあった二つの小高い塚。寛永期に戦国末期にこの地で戦死した河村出羽守夫人を追悼する石碑が建てられた、との言い伝えが『湖北村誌』に書かれている。

（3）中野治房（1883―1973）　旧中里村出身。植物学者、東京帝国大学教授、戦後湖北村村長を務めた。

（4）坂西志保（1896―1976）　戦前にアメリカで哲学博士の学位を取得、終戦直後から我孫子に住み、住民運動・PTA活動を組織し1948年8月に転出。その後外務委員調査室・評論活動。

（5）広沢虎造（1899―1964）　昭和のもっとも人気のあった浪曲師。次郎長ものが代表的な演目。

（6）高水工事　洪水を防ぐため堤防を築く工事。対して、水運のため川底を掘る等の舟の通りをよくするための工事は低水工事。

（7）岡田武松（1874―1956）布佐生まれ。わが国の気象学・気象観測事業の礎を築く。晩年、布佐に蔵書を開放した文庫を設けた。

（8）風船爆弾　第二次大戦末期に日本軍が作ったアメリカ本土攻撃目的の爆弾搭載の気球。九千個放ったが、効果はほとんどなかった。

（9）杉村楚人冠（1872―1945）朝日新聞の著名な記者。晩年は手賀沼湖畔に住み、俳句の会を地元の人を入れて主宰。

（10）『湖畔吟』　杉村楚人冠が我孫子に住んで、大正末から昭和初期にかけて湖畔の生活の中で思うままに書き綴ったエッセイ集。

（11）待道　利根川流域の下総地域に見られる安産祈願の女人講。我孫子市岡発戸の待道神社が発祥と伝えられる。祭神は待道権現。

（12）六道　本来は仏教で転生する六つの世界のこと。転じて、葬儀で棺を担ぎ・墓穴を掘り、埋葬を受け持つ人をいう。

（初出：『市民による我孫子史研究―市史研40周年記念誌』２０１７年11月）

第七章　〝乗り鉄〟秋の３日間―四国、関西―

第Ⅰ日～Ⅱ日

２０１４年11月４日(火)、21時10分、ドリーム徳島１号（ＪＲ関東バス）は東京駅八重洲南口を定時発車。

出発時に〈東名〉集中工事で50分遅れると伝えられたが、途中導眠剤でよく眠れ、翌５日(水)、６時36分、「高速鳴門」に20分遅れで到着。洒落た坂道を大鳴門橋を見上げながら下り、20分ほど歩いて、ＪＲ鳴門駅にて、誕生月ならＪＲ四国の全線・全列車に三日間乗り放題の、バースデイ切符（１０２８０円）を購入する。

７時32分発の徳島行のディーゼルカーは、学生や通勤者で三両編成が満員。

坂東太郎が関東の利根川、筑紫二郎が九州の筑後川、四国三郎といわれたのが吉野川とは知っていたが、吉野川下流部の広大な流域を、いくつもの鉄橋で渡るのがうれしい。

初乗りの鳴門線は18・８キロにすぎないが、８時09分に徳島に着いて、駅前を散策してみると、徳島のシンボル眉山《びざん》も可愛らしい山にしかみえない。28年間営業中という森珈琲店で、美味のモーニングセットを採り、３袋の持ち歩きコーヒーを求めて、保温ポットに熱湯をいただく。

地方紙にしては分厚い「徳島新聞」を購入して、９時51分発の特急「むろと１号」に乗車。最前列の席で視界がよく、牟岐《むぎ》線の79・３キロの初乗りにわくわくする。

妻のふるさと阿南に入る直前の那賀川も大河であった。阿南から先は住宅が急減し、トンネルも大小数多く、単線路の両側に樹木が窓をこすらんばかりに連なり、秘境の鉄道のようである。なるほど四国全体が山国の島なのだ。

海が見えたのは日和佐海岸のほんの一コマにしか過ぎず、典型的な山間の鉄道だ。これでは保線の方々も樹木の枝の伸びを調整する作業が大変かと思われる。先方に名高い室戸岬があるとはいえ、徳島から毎日４本の特急を往復させるというところに、ＪＲ四国の「想い」を感ずる。弘法大師ゆかりのお遍路さんで賑わう寺も、四国48カ寺のなかではその過半が徳島県に所在するというのも、人の流れを支えるローカルにして伝統的なインフラといえようか。列車やバスでも必ずその独特のスタイルに出会う。

室戸岬へ向う列車・バスの連絡は、徳島からの特急の運行に呼吸を合わせて好都合に編成されている。

バス路線は、甲浦から室戸岬まで、国道55号の海岸線に沿って約35キロ、天候にも恵まれて紀州灘を眺めつつ、対向車もほとんどなく、絶景を独占している気分である。

１９４０円を支払って岬の先端で降りたら、バス運転手さんがケータイ電話してくれたタクシーが待ってくれていた。つぎの奈半利駅まで25キロの連絡バスに乗り継ぐのに60分しかないので、第24番の最御崎寺《ほつみさきじ》と名高い室戸岬灯台に加えて、室戸スカイラインの最高所である展望台まで往復することにした。

24番札所もお遍路さんの姿が目立つ立派な寺であったし、台風銀座に直面する白亜の灯台もどっしりと立派であったが、いまは無人で年一回しか一般公開はされていない。スカイラインの駐車場から木段をかけ登った展望台は、右と左で紀州灘と太平洋の波の色の違いもよく判るし、ふり返れば四国山脈の最高峰石鎚山《いしづちやま》や剣山を望む、横に連なって果てない景観をひとり占めにした。一服のコーヒーは至福であった。

室戸岬の先端、バス停の直前に、中岡慎太郎の巨像が立っていたのは不思議なアクセントをなしていた。

13時48分に連絡バスは出発し、沿線の町なかに立ち寄りながら左に太平洋を望みつつ奈半利駅に到着し、15時01分発、土佐くろしお鉄道は一両編成のディーゼルカーに乗車。〈ゆず列車〉という名称で沿線特産のゆずが枝ごと網棚などに沢山配置され、天井もユニークなデザインで彩られ、微笑ましいローカル列車から太平洋を眺めるのも一興であった。

高知着16時22分。高知駅は高架となり、以前とは面目を一新してモダンになっていることに驚いたが、市電に乗ってはりまや橋で乗り換え、高知城前で降りた。チンチン電車は一行程乗換券付で全線２００円、車種もいろいろあり楽しめる。

ホテル「ザ・クラウンパレス新阪急高知」はグループカードでウエルカムドリンクと朝食付で１０６２９円。巨きなホテルながら機能的で清潔な部屋であった。

和食レストランでの特製塩や三種のタレで賞味するカツオの叩きはまさに絶品であった。パーカーのボールペンを失くしたので筆記具を売店で求め、喫茶室で旨いコーヒーで一服できたのは何より。

疲れたのでテレビなどみず、すぐに寝た。

第Ⅲ日

早朝5時過ぎ起床。前夜、リュックの荷物は整理したので気楽だった。ドアにサービスされていた「高知新聞」を一読して、ホテル3階で6時からのバイキングの朝食。休日でないせいかもうすでに30人ほどの客がいた。

タクシーに乗って、高知城や県庁辺りの城下町らしい風格のある通りを高知駅へ。7時発特急「南風4号」のグリーン車は、82・7キロを走って阿波池田着8時13分。列車は長く高い峠を越すのだが、土佐はつくづく深い山脈にさえぎられていることを実感する。著名な大歩危・小歩危の渓谷は、樹木が林立して、対岸の国道からの眺望の方がベターである。

司馬遼太郎の『街道をゆく―阿波紀行』にも記されていた交通の拠点であった池田の歴史など面白く、散策してみたかったが、〈乗り鉄〉優先の旅で、若いころ、蔦《つた》監督のもとで甲子園を沸かせた池田高校のことなど想い出しながら、初乗りの徳島線74・0キロは、阿波池田発8時34分、9時47分徳島着の二両編成でディーゼル特急「剣山4号」に乗車した。

狭い川筋が中流、下流と大河の品格をみせる吉野川を、穏やかに見られるのは鉄道の愉しみといえる。先年、剣山に登頂した帰途、高速道路をドライブしたときとは気分がちがう。しかし、指定席の一号車は一割くらいしか乗車しておらず、過疎地帯の鉄道経営は容易でないと察せられる。再び徳島に着いて昨日立ち寄った店で、はやめの腹ごしらえをして、緑の窓口で宇高連絡船の出航時間を確認する。

高徳線は二度目だが、徳島発10時28分、高松着11時38分で、特急「うずしお10号」は74・5キロを70分で走る。三両編成でほぼ満席に近い。讃岐の国に入ると、瀬戸内海沿岸にはときどき大きな溜池が目につく。

駅から宇高連絡船の発着場までは、7～8分歩くが、高松城の櫓やモダンな高層ビルが調和する海岸通りを歩く。四国海運のフェリーは999トン（何か規制上の効率上限の由）、高松発12時05分、宇野着13時10分。

瀬戸内海は風もなくまったく穏やかで、飛島《とび》や直島《なお》を中継する純白の連絡船も行き交い、ひと眠りする間もないうちに見事な操船で宇野港に着岸した。

JR宇野駅前の広場に設置されている、他に類例をみないモニュメントも魅力的だ。

宇野駅窓口は最小要員で運営されているのか、短時間しか開かずジパング割引で、尼崎経由による福知山線・加古川線廻りという加古川までの乗車券を求めるのに発車ギリギリであった。

宇野発13時41分、岡山着14時29分で、32・８キロの宇野線完乗となった。

岡山から尼崎までは山陽線で１６８・８キロあるが、途中下車するため岡山発15時11分、吉永着15時46分しかなく、ここでタクシーに乗り３キロ余り、岡山県備前市の美しい小盆地に所在する特別史跡旧閑谷《しずたに》学校の見物にいく。

これはＮＨＫのＢＳテレビでも世界の名建築１００選に紹介されたが、岡山藩主池田光政公が武士や庶民のため建てられた儒学教育を主とする学校である。この建物の外観も屋根瓦に色彩も多様な備前焼が使用され、雄大で見事なたたずまいであるが、講堂としての内部も床板にうるしが塗り重ねられて何とも美しく、素晴らしい保存状態にある。群馬県に足利学校もあるが、２本の珍しい楷《かい》の木や、１００本ものモミジが彩る絶妙な環境にある閑谷《しずたに》学校の存在感には及ばない。この時期、18時から二時間ほどライトアップが用意されていて、これを待つ駐車場にはかなりのクルマがあった。同じタクシーで帰路についたが、これを世界遺産登録の動きがあると伺った。〈乗り鉄〉のせわしい旅のなかで、必見の宝を拝見できて大満足。

江戸時代、薩摩や長州といった西南の雄藩と、京を結ぶ瀬戸内の交通要路にあった31万５千石の大藩である岡山藩が、幕末の動乱期に勤王佐幕のいずれにも荷担せず、著名な人物を輩出していないのに、明治、大正、昭和と近代日本資本主義の展開期にあっては、代官所を置く天領であった倉敷から、大原孫三郎・総一郎の親子や山川均、宇野弘蔵といった巨星を生んだことは興味ぶかい。

ちなみに、時代の基幹産業であった倉敷紡績を基盤に、倉敷中央病院や大原社会問題研究所、さらに大原美術館を開設するなど時局を鋭く認識し、ユニバーサルな理念のもとローカルに徹した大原孫三郎（１８８０―１９４３）は16歳の秋までの約二年間、閑谷学校（当時は閑谷黌《こう》といわれた）に学んでいた。その波瀾にみちた生涯を辿るには、兼田麗子《れいこ》『大原孫三郎―善意と戦略の経営者』（中公新書２０１２年）を見られたい。

息子の大原総一郎（１９０９―１９６８）は、国産初の合成繊維ビニロンの開発を成功させ、そのプラント輸出を新生の中国にするなど、国際感覚を先取りするリーダーシップを発揮したが、私には、１９５７年から三ヵ年にわたって、東京大学経済学部での講義原稿を集大成した『化学繊維工業論』（１９６１年・東京大学出版会）の名著者としての記憶が鮮烈である。「クラレ」は独創的な技術を持って世界的な企業となっているが、彼のような学者経営者が

80代にしてこの世を去ったことは残念であった。

山川均（1880―1958）は、日本における社会主義の歴史の真髄にせまるには欠かせない人。山川菊栄・向坂逸郎編『山川均自伝―ある凡人の記録・その他』（1961年・岩波書店）は、忘れ難い名著であった。

倉敷もんでいまひとりは、私の生涯にわたる恩師であり続ける宇野弘蔵（1897―1977）先生。宇野の凄さは、社会科学における世界最高の古典であるマルクスの『資本論』（初版1867年）の難問を解明し、これを原理論・段階論・現状分析として、経済学の体系的展開の方法を示したことにあった。

ソ連崩壊後のいまは、こうした成果は無視されて、アメリカ文明を象徴する数量的バランスや、政策的操作性を優先する新古典派の経済学が支配的である。大学でもマルクス経済学の講座は消滅寸前であり、若い人たちが歴史の大局観を学ぶ機会が失われていることは、不幸であろう。

吉永16時47分発。備前の山々は四国と違って円やかで優しい峯々を連担する。相生より「新快速」で尼崎着18時37分。

JR西日本系列、ホテル「ポップイン」アミング尼崎に投宿。ツインルームのシングルユースで10300円前払い。屋根付の美しい回廊を渡る駅直近で有難い。

第Ⅳ日

きょうは予定の日程が厳しいので超早起きしてホテルを出る。尼崎発6時01分の福知山線で73・0キロ走って谷川着7時37分。途中宝塚あたりは東京近郊の丘陵地からみればかなり標高のある山腹に住宅を見受けるが、この住人たちは毎日の通勤通学はご苦労なことだろうなどと想像するが、居住環境優先の文化もすてがたい。

谷川から加古川まで53・4キロの加古川線は初乗りである。谷川発7時43分、一両のワンマンディーゼル車で、ほぼ加古川に沿って下っていく。「黒田庄」などという駅があり、NHKテレビの「軍師官兵衛」にあやかった〈官兵衛の里の〉小旗がはためいている。また「日本へそ公園」という地図上のポイントを駅名にした過疎の地には驚きの楽しい駅もある。西脇市で乗換となり、18分後に三両編成の電車がスタート、播州平野が広がりをみせ、川幅も豊かさを増す、加古川着9時15分。

鶴林寺など訪ねてみたい寺もあるが日程優先である。駅の窓口でトクトク切符の「秋の関西1デイパス」を3600円で購入する。

加古川9時38分発のJR西日本の誇るべき〈新快速〉に

乗る。明石大橋や六甲山なども眺めながら草津着11時20分である。これはなんと平均時速80キロと快適で乗車効率も充分である。

つぎは初乗りの草津線36・7キロだが連絡もよく電化されている。草津発11時25分、近江鉄道とも接続する貴生川着11時49分。駅前に昼食をとる店もなく、農協の直売所で焼きそばのパックとお茶を求める。貴生川12時21分発で柘《つ》植《げ》12時40分到着。

直ちに関西線に乗換え、12時42分発車、亀山始発のワンマンのディーゼル運転は、これより41キロ走行して加茂着が13時35分。その昔、東京発奈良行の夜行列車に乗ったが、この区間は電化もされぬ単線で、いまや大阪と名古屋を結ぶ鉄道としては、ほぼ併行する近鉄大阪線か京都経由の新幹線にはるかに及ばぬローカル線なのであろう。しかし、この区間には、ことし松尾芭蕉生誕３７０年の地である風格ある伊賀上野も存在するし、また沿線のロケーションはいくつかの峠を上下し、小盆地をとり囲む山陵もたおやかで、また陽にあたるススキの群生が美しい。スピードと成長を優先する社会には、感触しえない宝がここにはある。

加茂からは複線電化となる。加茂発13時45分、６キロで木津着13時57分。

以下は〈乗り鉄〉にとっての未消化区間の対応記録だ。大阪市内と近郊エリアは、和歌山線部分の王子—高田以外のほかはすべて複線電化区間で接続時間は好都合となっているので、乗車順に線名と営業距離を記す。

まず未乗区間①は、片町線の木津—放出の41・6キロ、これを完乗して放出—久宝寺９・２キロの東おおさか線を通って、久宝寺—王子15キロを大和路快速に乗る。そして未乗②の王子—高田間11・５キロの和歌山線区間単線をディーゼル車で往復し、王子17時44分発の快速は26・7キロでＪＲ難波の地下駅に到着。直ちに新今宮までの未乗③の1・5キロを戻って、大阪環状線外廻りに乗換え、6・4キロで西九条に到着。学生時代の下宿先が、小さなビルになっており、眼科医院の表示があったことをホームから確認して、未乗④の桜島線に乗る。西九条—桜島はわずか4・1キロの区間に駅が三つもある。ふたつ目のユニバーサルシティ駅で、婦人や子どもで満員の乗客が降車して、終点まで行ったのは一両につき三人しかいなかった。夜間割引の素晴らしい企画でもあるのだろうか。旅の最後は、桜島—大阪間7・7キロであった。

大阪駅がよりモダンで機能的になり、新幹線ターミナルが新大阪に移ったにもかかわらず、集客力のある拡張をみせていたことには驚いた。

東京行の高速バスターミナルも駅構内にある。ドリームプレミアム号の出発は22時10分。まだ二時間ほどあるので、北口ビル10階の寿司屋で夕食を奮発する。隣席の和服の中年のカップルの会話に好感し、大阪のなかなかのパワーに思い到った。巨きなビルの中央空間は、美しいレイアウトで充たされ、エスカレーターの対面も高く広いドームとなって、そこに近年新名物となったイルミネーションの多彩な輝きが人びとを歓迎していて、気分がよい。

テラスでの最後のコーヒーで、ひとり旅の余情に浸った次第。昨春、JR九州線の未乗区間を完乗し、この夏、広大なJR北海道全線も、夕張や新十津川それに増毛などそれより先は接続のない終着駅を目指す路線をこなして完乗した。

このたびは、急日程であったがJR四国とJR西日本の完乗を果せて、あとは来春予定しているJR東海の短い三路線で、やっと全国のJR線は完乗となる。

鳥海山

あとがき

本書は社会秩序の関係性として、これを国家・地域・私の三編に構成しました。各章末の初出一覧にあるとおり、主に、大学の研究誌や地域の新聞・雑誌などに発表された著作から撰んだものです。読み返して楽しく、85歳の自祝の書籍ともなりました。

読者のみなさまには、重複した論述があると気づかれましょうが、私なりの共同体や資本主義体制にかかわる認識が発現していますので、そこは読み飛ばしてください。

社会秩序というと、物事の条理といった次第ときまりを超えた問いがあるはずです。

それは、共同体の本源性を連想させますし、個人というより、イエや家族を単位とした人びとの生活資料の安定的な確保が、一定レベルの仕組みをもって循環性な繰り返しをしつつ、長期的継続性を予定する状況、を前提しております。つまりは、平和な生活の持続です。

私たちはすでに一年有余、新型コロナウィルスの世界的流行のもとにあります。このウィルスが変異しつつ強力な感染源であり続けても、人間と同じく生き物である以上、「3密」を避けるなど賢い生活で対応するしかないようです。ペストのときより圧倒的に死亡率が低い自然災害なのです。

アルベール・カミュ（1913～60）が34歳のとき発表した小説『ペスト』（宮崎嶺雄訳・新潮文庫）は、アルジェリアのオラン市一帯の殺戮のない戦争ともいうべき、寄せ木細工的に感染症が積み重なって展開する事態を、抑えた美しい文体で伝えていました。

訳者の宮崎氏は、これは「コミュニズムとキリスト教のあいだ」に実在するいわゆるTPOを特定できない格別のテーマだったと言われておりました。

カミュはノーベル文学賞に輝きましたが、46歳で交通事故死してしまいました。

この30年間、実質的には成長を停止してきた日本経済のもとで、国債依存を強めていた国家財政は、政府債務が国内総生産（GDP）の2・5倍を超え先進国で最高でしたが、今回の対コロナ関連歳出が加重され、つまりはあの太平洋戦争の結果と同様の姿とならざるを得なくなっているのです。戦後の財政史から学べば明らかですが、近未来、大インフレにもとづく国家債務の切下げを計るしかない状況が必然なのです。

先日、私は青森県の八戸市から宮城県の南三陸町まで、太平洋岸を鉄道に乗って旅してきました。とりわけ岩手県一帯など、画一的な大土木工事の連続で、海がまともにみられない景観には、只々驚きばかりでした。

どうでしょうか。私たちは廻りの関係性を、この歴史転換の時代に再考することを求められているようです。

地震は多くとも、人口は半減でも、景観に恵まれ、多様で安心な地産地消を旨として、多彩な地域文化を保有し、互いに顔の見える地域を形成する人びとが、自から出資し関与する組合や企業による実物経済ネットワークを形成するなど、夢と実益の両全する方途はたくさんあるでしょう。

社会評論社の松田健二社長には、貴重な助言と出版の機会を賜わり、心から感謝を申しあげます。

２０２１年３月28日　石井　英朗

石井英朗（いしい・ひでお）

1935 年 11 月生まれ。
1958 年 3 月、大阪市立大学経済学部卒業。
1968 年 3 月、法政大学大学院（博）満期退学。
1973 年 7 月、我孫子市収入役。
1976 年 4 月、我孫子市助役（～ 1982 年 9 月）。
1983 年 12 月、我孫子市議会議員（～ 1995 年 11 月）。
1991 年 4 月、いわき短期大学教授（～ 1995 年 3 月）。
1995 年 4 月、東日本国際大学教授（～ 2008 年 3 月）。
2008 年 4 月、東日本国際大学学長（～ 2012 年 3 月）。
2012 年 4 月、東日本国際大学名誉教授、東洋思想研究所名誉所長。

〈著書〉『地域と文化の周辺』（1982 年）社会評論社、『日本経済と地域変動』（1995 年）批評社、『現代の資本主義を読む』（共著、2004 年）批評社、『地域という劇空間』（2005 年）白順社。

社会秩序の関係性と国家・地域・私

2021 年 4 月 23 日初版第 1 刷発行
著　者／石井英朗
装　幀／右澤康之
発行者／松田健二
発行所／株式会社　社会評論社
〒 113-0033　東京都文京区本郷 2-3-10　お茶の水ビル
電話　03（3814）3861　FAX　03（3818）2808
組　版／株式会社カテナ
印刷製本／倉敷印刷株式会社
ご意見・ご感想お寄せ下さい　book@shahyo.com